論語 上

吉川幸次郎

角川文庫
22396

目次

下巻目次

まえがき

一

「論語」という書物それ自体について、あまりくだくだしい説明は、不必要であろう。周知のように、それは孔子（BC五五二あるいは五五一—四七九）およびその弟子たちの言行録である。最も多く記録されているのが、孔子自身の言行であることは、いうまでもない。弟子たちのうち、頻繁にあらわれるのは、書物の中にあらわれる順にかぞえて、有子すなわち有若、曽子すなわち曽参、子夏すなわち卜商、子貢すなわち端木賜、子游すなわち言偃、子路すなわち仲由、子張すなわち顓孫師、顔淵すなわち顔回、その他である。弟子のいずれかと孔子との対話であると明記した条もあれば、単に、子曰わく、すなわち、先生の言葉に、でおこる条もある。後者も、孔子が、誰か弟子に語りかけた言葉であるにはちがいない。また孔子もしくは弟子たちの対話の相手は、教団以外の人物であることもある。つまり当時の、更にくわしくいえば、多くの侯国が、周王朝を形ばかりの「共主」として仰ぎつつ、各地方に分立していた前五〇〇年前後の中国の、何人かの為政者たち、また稀には隠遁者たちが、対話の相手となることもある。

要するに、孔子を中心として行われた対話の記録であることを、おもな内容とする。その点からいって、「論語」という書名を大ざっぱには、対話篇と訳してよいであろう。少なくとも「語」の字は、対話という意味をもつ。一世紀にできた漢字典、「説文解字」には、「直だ言うを言といい、論難を語という」という。ただし論の字については、説がわかれる。現存最古の図書目録であり、キリスト紀元ごろに編集された「漢書」の「芸文志」では、孔子の没後、弟子たちが討論編集したものだから、「論語」というとする。

——論語なる者は、孔子、弟子と時の人とに応答し、及び弟子の相い与に言いて、夫子に接聞せる語なり。当時、弟子各おの記す所ありしが、夫子の既に卒するや、門人相い与に輯めて論じ纂む。故に之れを論語と謂う。

ところで、この「芸文志」の説には、異説があるのであって、たとえば清の段玉裁の「説文解字注」は、論の字が、倫もしくは理と、近似音であるのに着目し、道理あり秩序ある語だから、「論語」というとする。何にしても、論の字は、平声の luen に読み、去声の luen には読まないのが、中国での読みくせである。

いつ誰が編集したかは、よく分らない。「漢書」の「芸文志」がいうように、孔子の生前から、いくぶんかずつ記録されていたということがまず考えられる。そうしてその編集は、孔子の死後のことであったにちがいない。二十篇のうち、前半十篇がまず整理され、後半十篇はあとから附加されたとは、わが伊藤仁斎の説である。より詳しい研究は、近ごろ武内義雄博士の『論語之研究』（昭和十四年・岩波書店）などによって、行われつつあり、さいごの整理と定着は、漢代になってからとするのが、近ごろおおむねの学者の意見である。

二

ところで、中国の歴史を通じ、「論語」ほどひろく人人によって読まれた書物は、他にない。

そのさいしょのきっかけは、前二世紀、漢の武帝の政府が、儒学を国教とし、孔子が人間の規範としてえらび定めておいたという「五経」、すなわち、「易」、「書」、「詩」、「礼」、「春秋」の五古典を、人間必読の書として指定すると共に、「論語」をも、その附随としたことにある。しかし附随として指定された「論語」は、そのころすでに「五経」よりもよく読まれたようである。且つそれは知識人の読書であるばかりでなく、やがては一般の市民農民の教科書ともなった。唐の杜甫の「最能行（さいのうこう）」という歌に、

小児の学問は止（た）だ論語

大児は結束して商旅に随う

というのは、八世紀中ごろの四川の小都市の市民の教養のひくさをなげいたものであるが、低い教養の中にも「論語」だけはふくまれている。また元の無名氏の戯曲「漁樵記（ぎょしょうき）」のなかで、農村を廻る小間物屋が、村の東はずれの寺子屋の師匠の読んでいる本の文句として、

君子は固より窮すれど

云云というのは、十三世紀ごろの北中国の農村のようすを暗示する。またこの戯曲の制作にすこしさきだって、宋の学者たちが、儒学の改革を行い、「論語」の地位を「五経」以上にたかめてからは、一そう人人の必読の書となった。いやしくも字を読める限りの中国人で、「論語」を読まない人間はなく、また、一ばんはじめに読む書物は、「論語」であった。儒学が独尊の地位を失った今日の中国でも、状態はあんがい変っていないかも知れない。

また状態は日本にも波及した。応神天皇の時代に、百済（くだら）から博士が、「論語」を伝えたというのは、伝説であるにしても、日本人が中国の書物を読むようになって以来、もっとも多く読まれた中国の書物は、やはりこれであった。ことに中国の書物を読むことが、学問の正統とされ中心とされた徳川時代では、一そうそうであった。状態は、漢字文化の及ぶ他の極東の諸地域、すなわち朝鮮や越南（ヴェトナム）でも、ほぼおなじであったと

思われる。

かく中国でも日本でも、常にひろく読まれて来たのは、歴代の政策も、ある程度、原因として働いていよう。しかしより根本的には、この書物が、人間の生き方についての知恵を、広汎に縦横に与えるという魅力、つまりこの書物自身に内在する魅力のためであったと、考えてよい。またそれは、必ずしも古代の書物であるからという理由で、尊重されて来たのではない。むしろ古今を超越した、人生の知恵の書として、尊重されたのである。それには、この書物の文体が、他の中国の古書よりも、かくだんに平易であり、明晰であるということが、あずかって力あるであろう。その使用漢字数が、全部で千五百二十字であるということは、文体の平易さを示している。

三

しかし、平易であり明晰であるといっても、二千年前の古代語で書かれた書物であるにはちがいない。一条一条をどう読むかについては、早くからいろいろと説がある。ことに誰でもが読む本であるだけに、思いつきの説も、さかんにとびだし、末端的な注釈に至っては、奇説のコンクールのような感じをさえうける。

ところで私がいまここに企図するところは、「論語」の各条につき、従来の諸家の説の上に出て、新説をのべようとするのではない。われわれの祖先、それはひろく極東の国国にもまたがっての祖先が、ひろく読んで来た書物であるだけに、祖先たちが普通に理解して来た説にもとづきつつ、この書物を読むということ、それを趣旨とする。少なくともそれを原則的な趣旨とする。

　ところで二千年という長い年月は、権威とすべき注釈、したがって一般の理解のもととなった注釈を、いくつか生んでいる。一つだけをとりあげることは、できない。私がえらんだのは、次のいくつかである。

　一の一、古注。すなわち魏の何晏の「論語集解」であり、三国時代、つまり三世紀中ごろにできた。「論語」に対する注釈の事業は、それにさきだつ漢代からすでに盛んであったが、何晏は、それらを取捨選択し、この注釈を編集した。漢の学者では、孔安国、包咸、周某、馬融、鄭玄、魏の学者では陳群、王粛、周生烈の説が、名をあげて引用されている。もっとも、うち孔安国の説というのはほんとうに前漢の大儒であるその人のではないとされる。編者何晏は、宮廷政治家であり、光源氏のような好男子の標本としても有名であるが、思想家としては老荘の思想になじんでいたため、自説をのべたところは、老荘思想による歪曲があるといわれる。しかし現在完存する注釈として、最古のものであり、中国では唐まで、日本では奈良朝、平安朝を経て、鎌倉期の末まで、「論語」を読むものは、これを第一の依拠とした。

　一の二、皇侃の「論語義疏」。前者の再注釈である。著者皇侃は、六世紀前半、梁の武帝の時代の人であり、儒者であるとともに仏教信者でもあった。何晏以後、彼の時代に至るまでの学者の説もいろいろ引用されており、甚だ面白い説に富むが、引用された説、彼自身の説、いずれも老荘による歪曲や、その他の原因のために、面白すぎる場合がある。そのためであろうか、中国では早く亡んだが、日本ではずっと保存され、江戸時代の中ごろ、荻生徂徠の弟子、根本遜志が、下野の足利学校の書庫で写して来た本を、寛延三年、一七五〇に出版した。それが中国に伝わって、むこうの学界をおどろかし、乾隆帝による清朝宮廷の覆刻と、鮑氏知不足斎による覆刻とが、あいついで作られ、再び中国の学者の目にふれるようになった。過去の日本が、中国の文化に貢献した最も大きな業績の一つである。しかし、「論語」の注釈としては、前にものべたように、すこし面白すぎる説にとむと、私は思う。

一の三、邢昺の「論語正義」。十世紀末、北宋初期にできた。やはり古注すなわち何晏「集解」の再注釈であり、古典の権威的な詳注の叢書「十三経注疏」の一つに数えられる。国家試験受験者の教科書であることを目的とするために、おだやかな再注釈であるが、新味には乏しい。「論語疏」「邢疏」などとも呼ばれる。

二、新注。南宋の朱子、すなわち朱熹（一一三〇―一二〇〇）の注である。中国の儒学史は、北宋のはじめ、つまり前述の邢昺の「論語正義」が書かれたころまで、一般に古典は、三世紀ごろまでの漢魏人の注釈、すなわち「論語」でいえば、何晏の

「集解」を権威とした。ところが北宋の中ごろから、諸古典を資料として一つの形而上学を組み立て、そうして組み立てられた形而上学の裏づけによって、古典を読み直し、注釈し直そうとする運動が、道学、理学などという名のもとに、おこった。運動の開始後、百数十年を経て出た学者が、この注釈の著者朱子(しゅし)であって、近ごろ千年間に於ける中国の最も偉大な学者であると思われる。また「論語」は、彼の最も尊重する書であった。すなわち従来、最上の古典は、「易」、「書」、「詩」、「礼」、「春秋」の「五経」、つまり孔子が孔子以前の記載を編集したと伝えられる書物であったが、朱子は、もっとも重要なのは孔子自身の言行の記録である「論語」であるとし、別にえらんだ「大学」、「中庸」、「孟子」とあわせて、「四書」と呼び、それらを「五経」よりも重視した。これは孔子の規範としたものを、孔子とともに規範としようという態度から、孔子その人を規範とする態度への転移であること、私の旧著『支那人の古典とその生活』(昭和十九年・岩波書店、筑摩版『吉川幸次郎全集』二巻——以下全集と略称)を参照されたい。以上のような経過で、もっともすぐれた学者朱子が、その最も重視する書物を注釈したのであるから、大へんすぐれた注釈である。正式の書名は、「論語集注」。またその書は、元、明、清の時代、ひいては江戸時代には、国定の教科書となったため、最もひろく普及した。ただ、「論語」をもって人間の規範とする意識が、ときどき窮屈な解釈を生むこと、その保持する形而上学の体系にひきつけて読むために、無理な解釈を生むこと、古代言語学の知識の不足が、誤解をも生むこと、いずれもその欠点であって、それらの欠点が、やがて日本では、仁斎の、ついで徂徠の、また中国では、清朝の学者たちの、反撥をまねくこととなる。

三、劉宝楠の「論語正義」。著者は清朝末の学者。朱子の新注の欠点として前にのべたものへの反省、したがってそれへの是正のこころみは、まず日本の学者によって起るのであるが、それはのちに述べるとして、中国では、十七世紀の中ごろ、明末清初の時代からおこりはじめ、十八世紀の後半である清の乾隆嘉慶の時代に至って、最高潮に達する。そうして久しくかえりみられなかった古注、すなわち何晏の「集解」が、再検討されはじめる。またそのころ急速に進歩した古代言語学の知識によって、どの旧説にも必ずしもとらわれない新解釈が、提出される。それらを、その時期の末に、手ぎわよくまとめたのが、この書であって、皇侃、邢昺の書とおなじく、何晏の「集解」の再注釈の形をとっているが、実は何晏にこだわらぬ。著者の死後、同治五年、一八六六、子の劉恭冕の補訂を経て、出版された。著者は江蘇省宝応県の人、揚州から北へ、大運河を百キロほどさかのぼったところにあり、昭和六年、江南の旅をした私は、著者の故宅をおとずれたことがある。

四

はじめに述べたように、せいぜい普通の説をという趣旨から、中国人の注釈として参考したのは、以上にとどまるのであるが、日本人である私は、その特権を利用し、日本人による二つのすぐれた注釈をも、そのほかに参考した。あえて特権というのは、この二つの注釈は、私が日本人であるという立場をはなれて見ても、つまり、中国の注釈の中にまじえても、すぐれた注釈である、と思うのであるが、従来の中国の学者で、それを知る人は少ないからである。

四の一、「論語古義」。伊藤仁斎（寛永四年一六二七―宝永二年一七〇五）の著。私は日本思想史にくわしくない。ただしかし、江戸時代の学者として、もっともすぐれるのが、仁斎、徂徠、宣長の三人であるとすることは、甚だしく見当ちがいでないと、考えている。仁斎が、諸大名の何度かの招聘をしりぞけ、七十九歳の死に至るまで、近衛氏その他の公卿、大石良雄その他の武士、井原西鶴その他の町人を、聴講者として、京都堀川の私塾、古義堂に、学を講じつづけたのは、徳川綱吉が将軍であった時代であり、彼はそのころの日本の学界の代表者であった。ところで、そのころの中国は清朝のごく初期であり、朱子の注の欠点が、まだ充分に指摘されていたようでない。しかるに彼は、中国の学者たちにさきだってそれをさとり、彼によれば、「最上至極宇宙第一の書」である「論語」につき、新しい注を書いた。それが「論語古義」である。「古義」とは、後世の説である朱子の臆見をしりぞけ、「論語」の古い原義を明らかにするという意味であり、ことに強く反撥されているのは、朱子の往往にしてもつ厳格主義である。宇宙は無限の生成発展の過程であり、人間はその重要な一物であるとする積極的な哲学をとなえ、したがって道理は人間のごく身近なところにこそ発見されるとする彼にとって、朱子の往往にしてもつ過度に思弁的な態度、また過度に厳格主義的な態度は、容認しがたいものであった。もっとも、仁斎の中国古代語に関する知識は、彼ののちに出た清朝の乾隆嘉慶時期の学者ほどには、豊富でなく、正確でない。しかしそのするどい直観、それは哲学者としてのそれのみでなく、言語学者としてものそれは、往往にして「論語」の原義を、把握していると、私は感ずる。また彼が、「論語」二十篇のうち、ことにすぐれるのは、前半の十篇であって、それが正篇であり、後半十篇は、続篇のごとくであるというのも、大へんすぐれた見解であり、私が一おう前半十篇のみを、一冊としたのも、彼の影響である。なお「古義」の原書は、正徳二年、一七一二、子の伊藤東涯によって刊行されているが、「日本倫理彙編」におさめた「童子問」は、仁斎の哲学の根本を知るものとして、あわせ読まれてよい（岩波『日本古典文学大系』）。

四の二、荻生徂徠の「論語徴」。荻生徂徠すなわち物徂徠（寛文六年一六六六―享保十三年一七二八）は、伊藤仁斎の次の時代をになうた日本学界の選手であり、その活動は、徳川吉宗が将軍であった時期を頂点とする。仁斎より四十歳後輩である彼は、はじめは仁斎とは独自に、朱子の説に疑いをいだき、やがて仁斎の説をきいて、江戸からはるかに敬意を表しようとしたが、のち感情のゆきちがいから、仁斎に反撥した。そうしたことから、仁斎の主著である「論語古義」に、対抗することを一つの動機とし、彼自身の主著として書いたのが、この書である。朱子に対する反撥は、仁斎より更にはげしい。そうして仁斎は、往往なお手ぬるしとして、盛んに反撥されている。徂徠の学問の根本の態度は、この書物の自序にもいうように、「古言明らかにして後に古義定まる」であった。「古言」とは、古代言語の状態、徂徠にあってはことにその感情の表白としての面をいうのであって、それに通じてこそ、古義すなわち古代思想は明瞭になる、という主張であるが、この書物の名を「論語徴」というのも、すべては、「古言」、すなわち一一の語の古代に於ける用例、ことにその感情の表白としての用例、それを徴、すなわち証人、とするからという。その自負にそむかず、徂徠の古代中国語についての知識は、仁斎より豊富である。また中国人とくらべても、彼の時代は、清朝では、雍正の時代であり、まだ古代言語学の研究の本式にははじまらないころである。それ以後にむこうで展開した古代言語学の精密さはないにしても、同時代の中国の学者とならば、あまり差違はなかったかも知れぬ。そうして仁斎同様に、鋭敏な日本の選手の直観は、なかなかにするどい。その結果、劉宝楠の「論語正義」には、日本物茂卿曰わくとして、彼の説を引用した部分がある。ただときどきするどすぎて、奇矯に流れる説があるのは、日本の選手の一人である彼のために、おしいとせねばならぬ。なお徂徠は、意識としては、仁斎に反撥しつつも、孔子を超人ではないとする見方、また欲望を肯定する見方については、一致すること、私の随筆集「雷峰塔」（筑摩）に収めた一文をも、参考されれば幸である（全集十七巻「仁斎と徂徠」）。一方二家のちがいとして、仁斎が、鬼神の存在を厳重に否定するに対し、徂徠が鬼神の存在を肯定するのにかたむくのは、徂徠の次の時代の選手である宣長をひらくものである。

なお以上のほか、従来の学者がほとんど全く参考しなかったもので、私が参考したものがただ一つある。すなわち

五、漢の鄭玄（じょうげん）の論語注残本

であって、それについては、述而篇の解説（二四九―二五一頁）を見られたい。

五

本文の訓読は、もっとも普通に行われているものとして、江戸中期の儒者、後藤芝（し）山（ざん）（享保六年一七二一―天明二年一七八二）の点によったところが、もっとも多い。江

戸時代に与えられた訓点として、ほかに林道春（天正十一年一五八三―明暦三年一六五七）の点、山崎闇斎（元和四年一六一八―天和二年一六八二）の点、佐藤一斎（安永元年一七七二―安政六年一八五九）の点があり、それらをも時に参考した。また以上はいずれも、朱子の新注に附した点であるが、何晏の古注にもとづく訓点としては、嘉永元年（一八四八）、北野宮寺学堂が、古写本の訓点をうつして開版したものを、神田喜一郎博士から拝借して、参考した。しかしけっきょくのところは、後藤点によるところが、もっとも多い。ただし、それは、訓読の一つの標準を示すだけであり、必ずこう読まねばならぬというわけのものではない。私自身も、解説の中に引くものを、前に標出した訓読と、わざとちがえているところがある。

六

この書物をつくるについて、もっとも感謝をささげねばならぬ人は、尾崎雄二郎君である。まずこの書物は全部、私の口述を、同君が筆記して下さったものである。また解説についても、しばしば私の足らぬところを、注意された。しかしそれらは、私の尾崎君に対する感謝として、なお最も大きなものでない。私は、この友人を、口述のたびごとに、目の前におくことによって、私が平生たくわえてきた知識と思考のうち、これだけは若い友人たちに知っておいてもらいたいと思うことを、力をこめて語ることができた。それこそ私が尾崎君にささげる最も大きな感謝である。もしそうでなく、書斎の中で、私一人で書いたとしたら、この書物は、まず何よりも私自身にとって、より不満足なものとなっていたであろう。

なお私の旧著『中国の知恵』（新潮文庫、全集五巻）も、「論語」を資料とするものであり、本書とあわせ読まれるならば、もっとも幸である。たとえば「論語」の重要な話題である「仁」については、旧著の第三章は次のようにいうが、それらは重複をさけて、この書物にはくりかえさない。

――「論語」のなかで最もしばしば現われるトピック、それは周知のごとく「仁」という言葉である。もっともそれは、軽率な人人が或いは抱く予想のように、「論語」の至るところに、お題目のように、現われるのではない。為政、八佾、郷党、先進、季氏など、全くこの字の現われない篇も、一方にあるけれども、全四百九十二章のうち、五十八の章に百五度この字が現われるといえば、この書物の最も重要なトピックは、やはり「仁」である。そうしてこの頻繁なトピックが何を意味するかについては、明瞭な定義が、この書物自体によっては、与えられていない。そのため学者の間に、いろいろな説が分れている。弟子の樊遅が、「仁」とはと問うたのにこたえて、人を愛する也、というのからすれば、人間の愛情に関する言葉であるには違いない。おそらくそれは、人間の愛情を基礎とする道徳と、そう定義するだけではなお不充分であって、そうした愛情の道徳を実行する意力、そういう風に定義するのが正しいであろう。

一九五九年一月

吉川幸次郎

論語（上）

学而第一

学而とは篇の名であるが、「論語」二十篇の篇名のなづけ方は、大へん無造作である。すなわち各篇のはじめの章のなかから、二字ないしは三字をつまみとって、一篇の名とするのであって、この篇では、はじめの章の第二句、学んで時に之れを習う、学而時習之、の、二字をとって、篇名とする。

このような無造作な篇名のつけ方は、秦以前の古書のなかでも、めずらしく、他の書にはほとんど見られない。たとえば管仲の著と伝える「管子」が、その第一篇を「牧民」と名づけるのは、一篇の主題が人民の育成にあることを、総括したのである。また荘周の著と伝える「荘子」が、その第一篇を「逍遙游」と名づけるのは、一篇の主題が、精神の自由な飛翔にあることを、総括する。それらは一定の方向の、したがって何らかの意味で窮屈な、主張をもつ書物であるゆえに、一一の篇で主張する事がらの方向を、短い言葉に抽象し、篇名として表示することが可能であった。

ところが「論語」はそうでない。

このことはこの書物の性質を、すでにある程度ものがたるかも知れない。つまり、「論語」の各篇の内容は、複雑であり、多岐であり、寛容であり、主張的であるよりも、示唆的であるために、短い言葉にしばることが困難であり、やむを得ず、はじめの二字を、無造作に篇名としたのではないか。似た例、そうしておそらくは「論語」に先だつ例としては、「関関たる雎鳩は」ではじまる詩が、「関雎」を篇名とするように、「詩経」三百五篇の詩が、常に第一行の字をつまんで篇名とするのが、思いあわされる。なお他の散文の例としては、「孟子」、これは強烈な主張の書であるけれども、「論語」の後継者をもって自任したからであろう、「論語」とおなじ方法で篇名をつけている。

子曰、學而時習之、不亦說乎、有朋自遠方來、不亦樂乎、人不知而不慍、不亦君子乎、

子曰わく、学びて時に之れを習う、亦た説ばしからず乎。朋有り遠方より来たる、亦た楽しからず乎。人知らずして慍らず、亦た君子ならず乎。

冒頭の子曰の二字は、先生の言葉に、の意味である。先生とは、孔子を指すこと、いうまでもない。以下みな同じ。ときどき、孔子曰、と書いたところもあるが、おお

むねは、ただ、子曰、である。弟子たちの間では、子、すなわち先生といえば、それだけで孔子を意味し得たのである。

　ところでこの開巻第一に位する孔子の言葉は、学問のよろこびを語る。「学びて時に之れを習う」、学而時習之。「学」とは、いうまでもなく、学問の意味であるが、具体的には、教団の重要な教科書であった「詩経」と「書経」を読み、礼と楽とを勉強することであったろう。「時に」、とは、然るべき時、英語でいえば **timely** の意であって、時どき、**occasional** の意ではない。勉強したことを、「時に習う」、しかるべき時に、何度も繰り返しておさらえする、その度に、理解が深まり、自分のものとして体得される。「亦た説ばしからず乎」、それこそ人生のよろこびではないか。説は悦と同じ。

　またこうして勉強をしていると、有朋自遠方来、「朋有り遠方より来たる」。学問について志を同じくする友達が、遠いところからやって来て、学問について話しあう、「亦た楽しからず乎」。それこそ愉快なことではないか。

　しかしながら人生のあり方は、さまざまである。自分の勉強が、つねに人から認められるとは限らない。人から知められないことがあっても、腹を立てない、それでこそ、紳士ではないか、というのが、最後の、人不知而不慍、不亦君子乎、「人知らずして慍らず、亦た君子ならず乎」である。慍の字は、古注、すなわち魏の何晏の「論語集解」に、「怒る也」と訓ずる。

以上のように、三つのことがらは、あい関連したものであり、それぞれに孤立したことがらではないと見るのが、おおむねの注釈家の説である。

亦た説ばしからず乎、亦た楽しからず乎、亦た君子ならず乎、は他にも説ばしいこと、楽しいこと、紳士らしいことが、いくつかあるであろうが、これも同様にまたそうである、いいかえれば、これも説ばしいことの一つ、楽しいことの一つ、紳士の条件の一つ、と見る説も、宋の邢昺の「正義」などにあり、またぞんがいそれが普通の解釈になっているようであるが、それは正しくない。ここの亦の字は、普通の亦の字とは少し違っているのであって、語調を緩やかにするために、加えられた、ごく軽い助字である。清の王引之の「経伝釈詞」に、「凡そ不亦と言える者は、皆な亦を以って語の助けと為す。不亦説乎とは、不説乎、説ばしからずや、なり。不亦楽乎とは、不楽乎、楽しからずや、なり。不亦君子乎とは、不君子乎、君子ならずや、なり」というのこそ、古代中国語についての権威者の説として、傾聴すべきである。わが伊藤東涯の「用字格」にも、不亦……乎、亦た……ならずや、は、不其……乎、其れ……ならずや、にひとしいという。要するに、どうだ説ばしいことではないか、どうだ楽しいことではないか、どうだ紳士だとは思わないか、と強く且つやわらかに、相手の同意を、導き出すいい方であると見るのが正しい。なお、説ばしからずや、の説の字は、悦の古字であって、持続的なよろこびを示し、亦た楽しからずや、の楽の字は、突然のよろこびを示す如く感ぜられる。

また学而時習之の之の字は、はっきりした再帰代名詞ではない。学而時習之、と読むのは、室町中期の桂菴和尚以来のこと、もしくは、桂菴の学をうけついだ文之点の「四書集注」以来のことであって、より古い和点は、学而時習之、学んで時に習う、と読み、之の字を読まない。ただリズムを充足するだけの助字としたのである。

学問のよろこびということを、今日では、誰でも知っているが、古代においては、必ずしもそうでなかったであろう。孔子は、それを最初にはっきりと、指摘した人物の一人である。この章が、全四百八十七章の、ないしは数え方によっては全四百九十二章の、はじめに位するのは、「論語」の編者の心づかいであろう。

有子曰、其爲人也孝弟、而好犯上者鮮矣、不好犯上、而好作亂者、未之有也、君子務本、本立而道生、孝弟也者、其爲仁之本與、

有子曰わく、其の人と為りや孝弟にして、而も上を犯すことを好む者は鮮し。上を犯すことを好まずして、而も乱を作すことを好む者は、未まだ之れ有らざる也。君子は本を務む。本立ちて道生ず。孝弟なる者は、其れ仁の本為る与。

これは孔子の言葉ではなくして、弟子の有子、すなわち有若の言葉である。

言葉の大意はこうである。人柄が、孝弟、すなわち、両親と兄弟に対する善意に富むものでありながら、目上のものに抵抗したがるものは、あまりない。目上のものに抵抗したがらないもので、乱、無秩序状態を、おこしたがるもの、これは絶対にない。紳士は、根本の事柄に努力する。根本が確立してこそ、道理が生長する。孝弟、すなわち家庭における善意というものは、仁、すなわち、ひろく人間に対する善意の、根本であると、いってよいであろうか。

儒家の思想では、血によってつながるものに対する、本能的な善意こそ、ひろく人間に対する善意の、出発点であるとする。この章も、それを説いたものと思える。

最後の句は、其仁之本与、となっているテキストと、其為仁之本与、となっているテキストと、二つある。更にまた後者を、其為二仁之本一与、其れ仁の本為るか、と読む読み方と、其為レ仁之本与、其れ仁を為うの本か、と読む読み方と、二様の読み方がある。宋の儒者たちは、孝弟は、仁そのものではなく、形而上学的な仁の、形而下的表現が、孝弟であるに過ぎないとして、孝弟也者其為レ仁之本与、という読み方を固執する。しかし、日本に伝わる古写本では、たいてい、其仁之本与、となっており、為の字がない。ただしなお、専門的なことをいえば、「後漢書」の延篤という人の伝に、この章に関係した議論があり、それには、其為仁之本与と、すでに為の字がある。

而好レ犯レ上者鮮矣の矣の字は、和訓では捨て字として読まないが、本来の中国語では、yǐ の上声であり、句末に添えられて、語勢をつよめ、強い断定の気持をあらわす助字である。それに対し、其為仁之本与、あるいは其仁之本与の与の字は、か、と和訓され、句の末にあって、語勢をゆるめ、断定を躊躇する助字である。歟とも書き、yú の陽平声。また、孝弟也者の也者は、孝弟なる者は、と和訓されるように、主題を、おもおもしく提起する助字である。孝弟者だけでも、やはり、孝弟なる者は、と和訓され、重い言い方であるが、也者、なるものは、と重なれば、一そうおもおもしくなる。

なお有子、すなわち有若の言葉は、この学而篇のあとの方にもう二条と（四三頁、四五頁）、ずっとあとの顔淵篇第十二に、魯の哀公との問答が見える（下冊一一一頁）。司馬遷の「史記」の「仲尼弟子列伝」によれば、孔子よりも十三だけ若く、弟子のなかでも長老であった。そうした関係からであろうか、孔子のなくなったあと、子夏、子張、子游など、主だった弟子が、孔子と容貌の似た有若を、孔子のかわりとして、つかえようとしたが、曽子、すなわちこの篇の次の次の条に見える曽参だけが、不承知をとなえたので、実現しなかったという説話が、「孟子」の「滕文公」篇に見える。また当時の歴史を記した「春秋左氏伝」には、孔子六十五歳、魯の哀公八年、魯のくにと呉のくにが、戦争したとき、魯の決死隊三百人のなかに、有若も加わっていたとして、その名が見える。

子曰、巧言令色、鮮矣仁、
子曰わく、巧言令色、鮮し仁。

再び孔子の言葉である。
巧妙な、飾り過ぎた言葉、たくみな顔色、という事柄、乃至は、そういう事柄をもつ人物の中には、仁、真実の愛情、の要素は少ない。
鮮の字の意味は、前の章の鮮の字とともに、少、である。鮮と少はおなじくsを子音とし、たがいに音を類似させる単語であるが、音を類似させる語は、しばしば意味をも似かよわせる。また、鮮矣仁、とは、普通のいい方ならば、仁鮮矣、というべきところを、語序をひっくり返して、語勢を強めた。
なお、後の陽貨篇第十七にも、全く同じ言葉が、もう一ど出てくる（下冊三四五頁）。

曾子曰、吾日三省吾身、爲人謀而不忠乎、與朋友交而不信乎、傳不習乎、

曽子曰わく、吾れ日に三たび吾が身を省りみる。人の為めに謀りて忠ならざる乎。朋友と交りて信ならざる乎。習わざるを伝うる乎。

今度は、弟子曽参の言葉である。「史記」の「仲尼弟子列伝」によれば、孔子より四十六歳年少であるが、「論語」の中で、もっとも重要な人物の一人である。先進篇第十一に、参也魯、と評せられているように、その人柄は、篤実であった（下冊五三頁）。

さて、ここの言葉の意味は、私は、毎日、三つの事柄について、私自身を反省する。人の相談に乗ってやりながら、あるいは、単に相談に乗るばかりでなく、その人のために行動しながら、忠実さを欠いていることはないか。それが一つ。友達との交際に、信義を欠いていることはないか。それが二つ。よくのみ込んでいないことがらを、相手に教えている、ということはないか。それが三つ。最後の一つは、伝を習わざる乎、と読み、古典の勉強をおこたっているのではないか、と読む説もある。

この言葉は、いかにも曽参らしい、篤実な言葉である。ところで、伊藤仁斎の「論語古義」にはいう、反省される事柄が、すべて他人に関係する事柄であることに注意せよ。ただ一人ひきこもって、自分の心を研ぎすます、というようなのは、「論語」の道徳ではない、と。

毎句の末に見える乎の字は、第一章にも見えたが、疑問の気もちを表すために、句末に添わる助字であって、今の中国語の嗎である。

子曰、道千乘之國、敬事而信、節用而愛人、使民以時、

子曰わく、千乗の国を道びくには、事を敬みて信、用を節して人を愛し、民を使うに時を以ってせよ。

知識人は、政治への参与を、むしろ義務とする、というのが、孔子の考えであったから、「論語」の中には、政治の方法に関係する言葉が、いろいろと見える。これは、その最初である。

千乗の国を道びくには、もしくは、千乗の国を道むるには、の千乗とは、戦車千台の意であって、千台分の戦車と、それに相応した兵士とを、供出しうるだけの地域が、千乗之国であり、具体的には、当時、各地に分立していた大名たちの国を意味する。

さて、それらの国国の政治の方法としては、事柄を大切にして、信用を失うな。事を敬みて信、の事の字の、具体的な内容は、あまり明らかでない。またいわく、入用を節約して人民を愛せよ。またいわく、人民を工事に使役するには時を以ってせよ。使レ民以レ時、の時は、はじめの章の、学んで時に之れを習う、の時と同じく、しかる

べき時、の意である。具体的には、農繁期に、農民を、建設工事に使ってはいけない、ということである。

私は政治のことに暗いので、政治の要諦が、以上に尽きるか、どうかを知らない。ただ一つ気づくことは、用を節して人を愛し、といい、民を使うに時を以ってす、といい、何よりも大切なのは、人民だ、としていることである。事を敬んで信、の信の字も、人民に対する信義を、失ってはならぬことだと、何晏の「集解」に引いた漢の包咸の注、宋の朱子の注、ともに、そう説いている。

荻生徂徠の「論語徴」の説では、千乗之国の政治の心得が、こんな簡単なことで済むはずはないとし、最初の句を、「千乗の国を道ぎるには」、と読み、天子が、諸侯の国国を巡行する場合、無理な設備や饗応をさせて、人民を苦しめてはいけない、ということだと説く。徂徠らしい面白い説であると共に、面白い説の常にもつ不安をも伴なっている。

子曰、弟子入則孝、出則弟、謹而信、汎愛衆而親仁、行有餘力、則以學文、

子曰わく、弟子、入りては則ち孝、出でては則ち弟。謹んで信。汎く衆を愛して仁に親づき、行いて余力有らば、則ち以って文を学べ。

若者よ、父母のいる奥の間では孝行。兄弟たちのいる表の間では弟かれ。万事に気をつけて、嘘をつくな。人びととひろく交際しながら、人格者に親しめ。以上のような実践をして、余裕があれば、本を読め。

一般的な教えとしては、学問を軽視した言葉ととられそうなので、弟子は後生の意味であって、若者のことであり、専らそれに対する教訓だと、清の劉宝楠の「論語正義」には説く。

子夏曰、賢賢易色、事父母能竭其力、事君能致其身、與朋友交、言而有信、雖曰未學、吾必謂之學矣、

子夏曰わく、賢を賢として色に易え、父母に事えて能く其の力を竭くし、君に事えて能く其の身を致し、朋友と交わるに、言いて信有らば、未まだ学ばずと曰うと雖も、吾れは必ず之れを学びたりと謂わん。

「論語」の原文は、簡単な、緊迫した言葉であるから、種種の解釈を発生しうる。この章の、はじめの句、賢賢易色、は、その例である。

まず、賢を賢として色に易えよ、もしくは、賢を賢とすること色の易くせよ、つま

り、賢人を賢人として尊重すること、美人を尊重するごとくなれ、というのが、古注、すなわち、二、三世紀の、漢魏人の、解釈である。また、賢を賢として色を易ためよ、つまり、賢者に遭遇した場合は、それを賢者として尊重すること、はっと顔色を易えるほどであれ、というのが、それにつぐ時代である六朝人の解釈であり、わが仁斎の「論語古義」、荻生徂徠の「論語徴」、ともにそれを祖述する。さらにまた、賢を賢として色を易んぜよ、賢人は尊重せよ、美人は軽蔑せよ、というのは、儒学に厳粛の気の加わった、十一、十二世紀、宋の朱子の新注の説である。私の学力では、どれがよいとも、定めかねるが、元来の儒学には、欲望を否定する思想は少なく、したがって女色は、否定されていないから、しばらく、賢を賢とすること色よき美人のごとかれ、という、古注の説に従っておく。のちの子罕篇第九には、吾未レ見二好レ徳如レ好レ色者一也、吾れ未まだ徳を好むこと色を好む如くする者を見ざるなり、という言葉もある(三七七頁)。

また四世紀末の話であるが、東晋の桓玄が、殷仲堪を訪問した時、殷仲堪は、妾の部屋で昼寝をしており、左右のものがとりつがず、会えなかった。あとで桓玄がひやかすと、殷仲堪はあわてて、とんでもない、もしあなただと知っていたら、賢を賢として色に易えたであろうに、と答えたという話が、「世説新語」の「言語」篇にある。これは当時流行の、機智のやりとりであるが、その頃は、この言葉をそのように読むことが、支配的な解釈であったことを示す。

とにかく、そういう風に、賢者を尊重する人物、そうして、父母に事えるにあたっては、その力の限りを竭くしうる人物、また君に事えては、その身を致げうる人物、そうして、友人との交際では、言葉に信用のある人物、そうした条件をそなえたものであれば、たとい、本を読んで、正式に学問したことはなくとも、それは学問をした人物であると、私はきっと評価するであろう、と、弟子の子夏が言ったというのである。子夏は、のちにも屢しばあらわれるように、有力な弟子であって、「史記」の列伝によれば、孔子より少いこと四十四歳、そうして、先進篇第十一に、文学には子游、子夏、といわれるように、実践よりは、むしろ学問に長じた人物であるが（下冊一二頁）、その人物が、ここではこのように、実践を尚んでいると、宋の游酢はいい、仁斎もおなじことをいう。

なお、君に事えて能く其の身を致す、の致の字は、事柄を究極までもってゆくことであるが、といって、致身とは、献身的に、いのちまでも投げ出すということではない。生命と身体とを、かるがるしく犠牲にするのは、妾婦のすることであるか、ないしは、無教養な人間が、一時の興奮にまかせてすることである。ここで「君に事えて能く其の身を致す」、というのは、職務に忠実であって、職務を愛すること、あだかも、わが身を愛するが如くでなければならぬことだ、と、これは徂徠の説である。

子曰、君子不重則不威、學則不固、主忠信、無友不如己者、過則勿憚改、

子曰わく、君子は重からざれば則ち威あらず。学べば則ち固くならず。忠信を主とし、己れに如かざる者を友とすること無かれ。過てば則ち改むるに憚ること勿かれ。

ふたたび孔子の言葉である。

紳士は、おもおもしくなければ威厳がない。学問をすれば頑固でなくなる。忠実と誠実を、主要な道徳とせよ。自分に劣る者を友とするな。過失を犯したら、躊躇なく改めよ。

以上は、だいたい仁斎の説である。そうして仁斎は、言葉が断片的に羅列してあるのは、異なった時間に孔子が言ったことを、一つにまとめたのだ、という。学則不レ固、の解釈は、私も、以上のようでなければならぬと思うが、別の一説として、この四字をも、上の、不重、重からざれば、という仮定からひき出される結果とし、人物が重厚でないと、単に威厳がないばかりでなく、学問をしても堅固でない、と見る説もある。また逆の方向の解釈として、寛容主義の徂徠は、不レ重則不レ威を、重重しき

ことならざれば則ち威あらず、重大なことでない限り、威厳をつくろうことはない、と読んでいる。また、過てば則ち改むるに憚る勿かれ、とは、一般的な過失についての教えでなく、上の、己れに如かざる者を友とする無かれ、を受けて、しかし、万一もし友人の選択をあやまった場合は、遠慮なく変更せよ、と見る説もある。また、この章の後半は、子罕篇第九にも、全く同じかたちで、くり返してあらわれる（三八三頁）。また主忠信については顔淵篇第十二をも参照（下冊一一三頁）。

曾子曰、慎終追遠、民徳歸厚矣、
曽子曰わく、終りを慎み遠きを追えば、民の徳厚きに帰せん。

終りを慎しむ、とは、人生の終りである死、殊に、父母の死、に対する儀式、すなわち葬式の礼を、慎重に、大切にすること。遠きを追う、とは、何代も前の、自己から遠くなった先祖を、いつまでも追慕して、それらに対する祭祀を、鄭重にすること。そういうことに、諸家の解釈が、ほぼ一致している。そうしてそれは、為政者へのいましめであるが、もし為政者がそうしたならば、一般の人民の行為も、篤実な方向へと、帰着するであろう。

階級の存在を以って、社会に必須な秩序であるとした儒家の考えでは、喪礼、祭礼、みな階級によって区別があり、庶、すなわち一般の人民は、為政者である諸侯の階級、大夫の階級、士の階級、に比して、親を葬るにも、先祖を祭るにも、より簡素な儀式をしかもたぬ。しかし為政者が、血族に対する儀式を慎重にすれば、一般人の風俗も、それに応じて、簡素は簡素ながら、美しくなる、というのである。

曽子、すなわち曽参は、「孝経」の著者であるとも伝えられるように、孔子の弟子のうちでも、血族間の善意を、殊に重視する学者であった。

子禽問於子貢曰、夫子至於是邦也、必聞其政、求之與、抑與之與、子貢曰、夫子溫良恭儉讓、以得之、夫子之求之也、其諸異乎人之求之與、

子禽、子貢に問うて曰わく、夫子は是の邦に至るや、必ず其の政を聞く。之れを求めたる与。抑そも之れを与えたる与。子貢曰わく、夫子は温良恭倹譲、以って之れを得たり。夫子の之れを求むるや、其れ諸れ人の之れを求むるに異なる与。

子禽、子貢に問うて曰わく。問われた方の子貢は、言語には宰我と子貢（下冊一二頁）、といわれる有力な弟子であり、「論語」の中にもしばしばあらわれる。問うた方

の子禽は、あまり顕著な人物でなく、やはり孔子の弟子であったという説と、孔子のまた弟子であり、すなわち子貢の弟子であったとする説とがある。

さて、子禽が、子貢にたずねるには、夫子（ふうし）、すなわち先生、すなわち孔子は、その半生涯の遊歴の旅の間に、ある国に着かれると、きっとその政治に参与された。それは先生の方から、要求されての結果だったのでしょうか。それとも、向うから、相談をもちかけたのでしょうかと。

子貢はいった。先生は、温（おん）、おだやかさ、良（りょう）、すなおさ、恭（きょう）、うやうやしさ、倹（けん）、つつましやかさ、譲（じょう）、ひかえめ、この五つの人柄から、そうした結果を得られたのである。先生の要求の仕方は、そう、他人の要求の仕方とは、ちがっているようだ、ね。

孔子が、その政治的な理想の実現のために、諸国を遊歴したことは、その伝記の、もっとも顕著な事実である。そうした事実についての問答であり、子貢の答えは、たいへん含蓄がある。

ところで、この章で、もう一つ注意すべきことは、問答の言葉のありさまを、その口語のままに写そうとした努力が、顕著なことである。それは、この書物に、時どきあらわれる現象であり、この書物が、「論語」、すなわち、対話篇、と呼ばれる理由も、そこにあるであろうが、現象は、この章において、とくに顕著である。殊に、最後の、夫子之求ㇾ之也、其諸異㆓乎人之求㆒ㇾ之与、は、意味の必要のためには、たとえば、夫子求レ之、異二人求レ之、だけでも、充分であろうが、助字、つまり意味の充足のためよりもリズムの充足のための補助の字、であるところの、之が、四度もはさまれて、リズムをなだらかにし、活潑にしている。また、其諸の二字も、言葉にいきおいを与えるための、純粋にリズムのための、助字であり、其れ諸れ、と訓ぜられる。

三度現れる助字の与は、いずれも yü の陽平声に読むが、求レ之与、抑与レ之与、この二つの与が、単純な疑問であるのに対し、さいごの与は、みずからの判断に疑問をのこして、決定をさける語気である。

至二於是邦一也の、是は、一つの国を是と指すのでなく、どこでもある一つの国へつくと、と、不定の指示詞である。やはり口語の語気を、そのまま写したと思われる。

子曰、父在観其志、父没観其行、三年無改於父之道、可謂孝矣、

子曰わく、父在ませば其の志ざしを観、父没すれば其の行を観る。三年父の道を改むる無きは、孝と謂う可し。

孔子の言葉。

ある一人の人物を評価しようという場合、彼の父の在世中は、彼が何を考えているかを観察せよ。何となれば、父の在世中、息子である彼は、何ごとも一存ではやれな

いからである。父がなくなってからは、彼の行為を観察せよ。三年間、というのは、すなわち父の喪にこもっている期間であるが、そのあいだ、父の時代のやり方を変えないものは、孝行ものと判断してよろしい。

普通の説は以上の如くである。つまり、父に対する態度を基準として、人を判断し、評価する方法を説いたことになるが、一説ではそうではなく、すべて、孝行そのものについての教えであるとし、子たるものは、父の在世中は、父が何を考えているかを、よく観察しなければならない。また父他界の後は、父の一生の仕事を、よく観察しなければならない。つまり其の字を、子供にかけず、父にかけて読む。そうして三年間、父の道を改めないものこそ、孝子と判断してよい、と清の銭大昕などは、主張する。いずれにしても、謂の字は、軽いいうではなく、評価判断の意図をふくめての、重いいうである。

三年無レ改ニ於父之道一、可レ謂レ孝矣、は、全く同じ言葉が、のちの里仁篇第四にもあらわれる（一四九頁）。「三年」というのは、前にも触れたように、父の喪にこもっている期間であるが、足かけ三年であって、実は二十七か月、もしくは二十五か月とするのが、礼の学者の説である。

ところで、父の死後、二十何か月か、父の方法を変えないという教えは、君主交替の場合など、いろいろ差支えの生ずる場合がある。そのため父の道を改めないというのは、無条件にそうせよというのではない。父の道が、妥当でない場合は、必ずしも、そうする必要はない。どしどし改めるがいい。そういう説が、諸注釈家の間に、意外に多い。朱子の注に引いた尹焞、游酢、仁斎の「古義」、みな、そういっている。また徂徠は、善不善を問わず、三年間は変更しないのが、孝である。しかしそもそも孝は、最上の道徳でない。義しさという、より高度の道徳を考えれば、別の立場となると、切り抜けている。

有子曰、禮之用和爲貴、先王之道斯爲美、小大由之、有所不行、知和而和、不以禮節之、亦不可行也、

有子曰わく、礼の和を用って貴しと為すは、先王の道も斯れを美と為す。小大之れに由れば、行われざる所有り。和を知って和すれども、礼を以って之れを節せざれば、亦た行う可からざる也。

礼についての議論は、「論語」の中に、しばしばあらわれるが、この有若の言葉は、その最初である。

礼とは、婚礼、喪礼、また冠礼すなわち元服の儀式、相見礼すなわち初対面の時の儀式、郷飲酒礼すなわち地方体の人たちが集まって宴会を開くときの儀式、聘礼すな

わち他国の外交使節に応対する儀式、など、家庭生活、乃至は社会生活、政治生活における、儀式の定めであるが、それは、人間の文化生活の理想的な法則を示すものと意識され、いわゆる詩書礼楽の一つとして、孔子から重視された。なお、礼の書物として、いまに伝わるものは、「儀礼」十七巻、「周礼」六巻、であり、ともに孔子に先だつ聖人、周公の定めたもの、といわれる。

さて、ここの有子、すなわち有若の、言葉であるが、その最初の句、礼之用和為貴、を、普通に行われている宋儒の注では、礼之用、和為貴、と読む。すなわち、すべてのものには、体と用、すなわち本体と作用の二面があるが、礼の作用として、最も貴重なものは、調和である、と解するのである。しかし、このような体と用という思想は、仏教から導かれたものであり、儒家思想の本来ではないと、のちの多くの学者から反駁されている。そうしてそれらの学者は、礼之用和為貴の六字を、ひと連なりの句とし、うち用の字の意味は、以、もって、と同じであって、「礼の和を用って貴しと為すことは」、と解するのが、本来の意味である、という。

さて、そうであるとして、章全体の意味は次のごとくなる。礼という重大な事象が、調和という事柄をもって、その重要な側面とすることは、先王、すなわち、人類の法則を定めたすぐれた先代の王たちの、道、方法も、その点でこそ美、りっぱ、であった。しかし大小にかかわらず、そればかりに、すなわち調和ばかりに、由っているとするど、行動できない点も、おこって来る。調和ということは、なるほど大切であるから、調和ということをよく認識して、調和を得たとして、強い意志の表現でもある礼、礼のそうした側面で、折り目をつけなければ、やはり動きがつかない。

　儒家の考えには、何ごとにも、二つの側面を抽出し、真理は、二つの側面の中央にある、とする傾向が有力である。この章も、おそらくはそれであって、礼について、まず顕著な側面は、調和ということである、たとえば、交際の礼である士相見礼や聘礼では、いかなる場合に、いかなる挨拶をすべきかと、最も調和を得た時間と、最も調和を得た言葉が、規定されている。あるいはまた、酒を一ぱい飲むにも、最も調和を得た飲み方が指定されている。なるほど、かく、調和は、礼の重要な側面ではあるが、調和の美ばかりに、あこがれ、溺れていては、いけない。事柄の秩序だった遂行、という、礼の別の側面、それをも重視すべし、というのである。

有子曰、信近於義、言可復也、恭近於禮、遠恥辱也、因不失其親、亦可宗也、

有子曰わく、信、義に近づけば、言復むべき也。恭、礼に近づけば、恥辱に遠ざかる也。因ること、其の親を失なわざれば、亦た宗とすべき也。

もう一度、有若（ゆうじゃく）の言葉である。

普通には、はじめにあげた和訓のように、信、約束をたがえぬこと、それは、無条件に道徳でない。それが、義（ただ）しさに近づいた場合に、はじめて約束の言葉が、吟味に堪え、実行に堪える。また、恭、うやうやしさ、ということは、無条件に称揚されない。礼のおきてに接近したうやうやしさである場合に、はじめて恥辱から遠ざかり得る。そのように、はじめの部分を、解する。

しかしまた、別の読み方もできる。信は義に近し、言復（ふ）むべければなり。恭は礼に近し、恥辱に遠ざかればなり。つまり、信と恭とは、義そのもの礼そのものではない。しかしそれらに近いものではある。何となれば、信であれば、言葉はたよりになり、恭であれば、恥辱を受ける危険が少ないから。と、そういう風にも読める。

最後の句は、因、たよりにすべき人間をえらぶのに、当然親近すべき人間を見失わないものは、これもまた尊敬すべきである、ということのようであるが、具体的に何を意識しているか、よくわからぬ。因（いん）を姻（いん）の音通と見て、縁組み先を適当に選択することだ、という一説も、貴族政治の時代である六朝（りくちょう）期にはあった。

子曰、君子食無求飽、居無求安、敏於事、而愼於言、就有道而正焉、可謂好學也已、

子曰わく、君子は食飽くを求むること無く、居安きを求むること無し。事に敏にして言に慎む。有道に就いて正す。学を好むと謂う可きのみ。

孔子の言葉である。

紳士は、食事にあたって満腹を求めず、住居については安楽を求めない。古注に引いた漢の鄭玄は、その理由を与えて、学者の志は、それに暇あらざる所有ればなり、学問に志ざすものは、そんなことにかまっていられないからだという。必ず貧乏な食事、貧乏な住まいに満足せよ、ということではないであろう。

そうして、事というのは、具体的に何をいうか明らかでないが、かりに行動と訳せば、行動に敏捷であり、そうして言語には慎重であれ。

以上のような諸点に気をつけつつも、自己だけの判断では誤謬に陥ることを恐れ、道徳ある人人に接近してその批判を求める。そうした行為をなしうる人物は、学問を好むものと判定してよかろう。

この章の、一おうの意味は、以上のごとくである。ところで、ここに記されている事柄は、すべて実践であるが、それによって学問を好むものという評価を、孔子から得ているのは、こうした実践をも、学問の内容と見て、そういったのであるか。あるいは、学問とは、直接には読書のことであるが、こうした実践につとめるものも、読書にはげむものと、同様の効果をもつと見て、つまりすこし前の条の子夏の言葉に、「未まだ学ばずと曰うと雖も、吾れは必ず之れを学びたりと謂わん」、とあるようなつもりで（三四頁）、「学を好む者と謂う可し」、と言ったのであるか。そのいずれとも、私には定めにくい。

なお、可謂好学也已の也已は、句の末で感情を深める助字であって、最古のテキストである二世紀の漢の石経では、可謂好学已矣につくる。また、六世紀六朝の、皇侃のテキストでは、可謂好学也已矣につくり、菅原道真の筆蹟であるというわが国の古写本も同じい。いずれにせよ、感情を深める助字の連続であることは同じである。また就二有道一而正焉の焉の字は、和訓では捨字として読まないが、yen の陰平声であり、句末にそえて断定の気持を表わす助字。矣の字と似て、矣の字ほどは強くない。矣の字の方は、断定をきつくしぼり上げてゆく感じなのに対し、焉の方は、断定をやわらかに持続させる感じである。

なお、この章と似た言葉としては、里仁篇第四に、やはり子曰として、君子は言に訥にして、行いに敏ならんことを欲す（一五一頁）。

子貢曰、貧而無諂、富而無驕、何如、子曰、可也、未若貧而樂、富而好禮者也、子貢曰、詩云、如切如磋、如琢如磨、其斯之謂與、

子曰、賜也、始可與言詩已矣、告諸往而知來者、

子貢曰わく、貧しくして諂うこと無く、富んで驕ること無きは、何如。子曰わく、可なり。未まだ貧しくして楽しみ、富んで礼を好む者に若かざる也。子貢曰わく、詩に、切するが如く、磋するが如く、琢するが如く、磨するが如しと云うは、其れ斯れを之れ謂う与。子曰わく、賜や、始めて与に詩を言うべきのみ。諸れに往を告げて来を知る者なり。

のちの先進篇第十一に、言語には宰我と子貢、と評されているように（下冊一二頁）、子貢は、宰我とならんで、「言語」にすぐれた弟子であるとともに、おなじ先進篇に、賜は命を受けずして貨殖す、とあるように（下冊五五頁）、金もうけも上手な弟子であり、はじめは貧乏であったが、のちに金持になったので、この問答があると、朱子はいう。

子貢、貧乏はしているが、卑屈でない、金をもってはいるが、傲慢でない、というのは、いかがでしょうか。

孔子、よろしい、いけなくはない。しかし、貧乏でありながら楽しみ、富んでいてしかも礼を好む者には、及ばないであろう。

貧にして楽しむ、を、日本のおおむねの写本は、貧にして道を楽しむ、貧而楽道、

につくる。また、富んで礼を好む、の、礼とは、文化的な行為、と言いかえてよい。

すると子貢、「詩経」の詩に、いやが上にも磨きをかける、という意味の句がありますが、それはこのことを、指すのでしょうか。

孔子、お前こそ詩のわかる人間といってよい。何となれば、与えられたものから、与えられていないものを、お前は、ひきだし得たから。

子貢が引いた「詩経」の詩は、今日の河南省の北部、淇県にあった衛の国の民謡、すなわちいわゆる「衛風」の第一篇、「淇奥」の詩の第一章である。

　彼の淇のかわの奥を瞻れば
　緑の竹の猗猗とうつくし
　有にも匪けき君子は
　切するが如く磋するが如く
　琢するが如く磨するが如し

云云（吉川「詩経国風」、全集三巻一九四頁）。

これらの詩は、孔子の塾における、最も重要な教科書であり、子貢は、師の教訓と符合するものとして、詩の言葉を思い浮かべ、突嗟にそれを引き、師の教訓に、詩の美しい言葉で、同意し、且つ強調したのである。「詩経」の古い注釈である「毛伝」を見ると、骨に対する加工が切、象牙に対する加工が磋、玉に対する加工が琢、石に対する加工が磨となっている。もとの詩の意味は、道徳ある君子は、工人が、対象に対する加工を怠らぬように、つねに道徳の修練を怠らない、ということであるが、この子貢は、少し意味をずらせて、貧乏な者が、卑屈でないだけでなく、生活を楽しむという条件を加えること、また富める者が、傲慢でないばかりでなく、文化愛好という条件を加えること、それは、ほんらい美しい材料である獣骨、象牙、玉、石を、いやが上にも美しく磨き立てるのと同じだとして、二句を引いたのである。このように、詩の本来の意味と考えられるものから、少しずつずらして、新しい意味をもたせること、つまりいわゆる「断章取義」は、むしろ、詩の、真実の理解として、称揚されたようである。何となれば、それは、詩の句に、新しい生命を加え与えることであったから。このことは、今日われわれが、文学を鑑賞する方法にも、ある示唆を与えるであろう。

また、この子貢の詩の引用に対して、孔子の喜んでいった言葉を、ややくわしく説けば、賜や、の賜とは、子貢の本名である。後世の中国では、人に呼びかける場合に、相手の実名を言うのは、たとい、相手が弟子であっても、失礼なこととされるが、古代は素朴であったから、孔子はいつも、弟子たちを実名で呼んだと、今記憶しないが、誰かの説である。かわいい賜よ、お前こそは詩のわかる男だ。お前とこそは詩の話ができる。始めて与に詩を言う可きのみ。諸れに往を告げて、往とは過去を意味し、孔子が、未まだ貧しくして楽しみ、富んで礼を好む者には若かず、という教訓を与えたことをさす。而うして来を知る。来とは、未来の意味であって、自分が話した時には、まだ未来の事態としてあった詩の句を、すぐさまつかみ取って、詩に新しい生命を付与したぞ、おまえは。

私はこの章を、たいへんおもしろいと感ずる。子貢のいう貧而無レ諂、富而無レ驕は、たしかに一つの道徳であるが、孔子は、それが、一つの道徳であることを認めつつも、すぐ次の段階として、貧而楽、富而好レ礼、を提議する。すると子貢は、すぐぱっと飛躍して、詩の文句をつかまえる。このように既に与えられたものに満足せず、積極的に、次なるもの、次なるものをと、求めてゆく精神こそ、儒家の積極主義として、私の愛するものである。

なお、徂徠は、貧しくして諂うことなく、富んで驕ること無きはというのも、貧しくして楽しみ、富んで礼を好むというのも、ともに個人的な心構えでなく、為政者が、人民をそういう風に、指導することだというが、これは徂徠の政治尊重主義から出た行き過ぎのように思える。

賜也の也は、かるくそわった助字。何何也というときの也ではない。其斯之謂与は、後代の普通の語序ならば、其謂レ斯与というところを、目的語の斯を前に出し、且つ之の字を中に入れて、語勢をつよめた。また告二諸往一の諸の字は、之乎の二字のつまったものといわれ、コレヲと訓読する。

なお、富而無驕については、のちの憲問第十四に、貧にして怨む無きは難く、富みて驕る無きは易し（下冊一九五頁）、というほか、似た言葉として、「左伝」の定公十三年に、衛の史鰌の語として、富而不驕者鮮、富んで驕らざる者は鮮し、がある。

また「始めて与に詩を言うべきのみ」という同じ賞賛が、のちの八佾第三では、子夏にむかって与えられている（九八頁）。

子曰、不患人之不己知、患不知人也、
子曰わく、人の己れを知らざるを患えず、人を知らざるを患うる也。

普通のテキストは、右の通りであり、また右のように訓読されているが、私は、清初の学者、臧琳の「経義雑記」とともに、不患人之不己知、患不知也と、下の人の字のないテキスト、それは唐の陸徳明の「経典釈文」のよったテキストであるが、それをよしとしたい。そうして人の己れを知らざるを患えず、知られざるを患うるなり、つまり、自分が人から認められない、というのは、自分の悩みでない。認められるような点がない、ということこそ、悩みである、と読みたい。里仁篇第四に、不レ患レ莫二己知一、求レ為レ可レ知也、己れを知ること莫きを患えず、知らるべきを為すを求むるなり、と同じ意味であり（一四二頁）、結局、開巻第一の、人知らずして慍らず、と、意味を同じくすると思う。また似た言葉として、憲問篇第十四に、子曰わく、人の己れを知らざるを患えず、其の不能を患うる也（下冊二二二頁）、衛霊公篇第十五に、子曰わく、君子は無能を病う、人の己れを知らざるを病えざる也（下冊二六〇頁）。

為政第二

すでに学而第一の条で説いたように、篇のはじめの、為レ政以レ徳の句の、はじめの二字を取って、一篇の名としたこと、他の諸篇とおなじい。

子曰、爲政以徳、譬如北辰、居其所、而衆星共之、

子曰わく、政を為すに徳を以ってせば、譬えば北辰の、其の所に居て、衆星の之れに共うが如し。

道徳による政治が、いかにすぐれているかを、比喩によって説いたものである。比喩はこうである。北辰とは、北極星のこと。北極星は、じっとその場所にいるだけだが、他の多くの星どもは、それを中心として旋回する。道徳による政治の、人人に対する関係も、その如くであって、人人は、あるいは、万事は、それを中心として、円満に進行する、というのが、大体の意味である。

せまい部屋の、しかし明るい灯火の下で、夜をすごすことになれたわれわれとちがって、古代の人は、毎晩のように、天空をふりあおいだにちがいない。夜の星空は、古代人にとって、はなはだ親しい存在であった。ことに、北中国の空は、湿気の多い日本とちがって、よるの星空は、すぐそこに、美しいカーテンをひろげたように、ひろがっている。かつそれは星の位置によって、いまはいかなる季節であるかを知るという、実用のための存在でもあった。「詩経」の中には、いかにしばしば星があらわれることか。天文学は、古代の中国において、もっとも早く発達した自然科学であった。孔子のこの比喩も、そのような天文学の知識の上に立つ比喩であろうが、より厳密な知識を予想し、北辰というのは、北極星ではなく、北極星にごく近い一点、つまり現在の天文学でいう北極であり、天空の旋回の軸となる部分、そうしてそこには、星があるわけではない部分だ、という説は、こまか過ぎて、比喩の美しさを破壊するであろう。

また而衆星共レ之の共の字についても、いくつかの読み方がある。星どもが北極星を共同に尊崇することだとするのは、梁の皇侃の「論語義疏」や、宋の邢昺の「論語正義」の説、また「共は向なり」と訓じ、星たちがその方角に向かっていると説く宋の朱子の新注の説は、共の字の訓詁として適当でないであろう。共は拱の音通であるとし、星たちが北極星の方に向かっておじぎをし、挨拶をしている、と説く漢の鄭玄の説を、私はとりたい。砂子をまきちらしたように、大空いっぱいにひろがる星が、北極星の方に向かって、おじぎ、といっても、それはからだを折りまげたことごとしいおじぎでなく、今の中国人がよくするように、軽く両手を前に組合わせてのおじぎをしている、というのは、道徳による政治の効果の比喩として、美しいイメージである。

ただ私に、よくわからないのは、北極星が、徳による政治の比喩になるのは、他の星はすべて移動してゆくに反し、北極星だけは、じっととどまって動かない、あだかも、道徳による政治が、無為であるが如くであり、さればこそ、周囲からの尊崇を得るのだと、古注にも新注にも、述べていることである。道徳による政治が、無為を属性とするということは、私にはよく分からない。中国の書物を、さわがしい日本人の心で理解することは、やはりむつかしいことなのであろうか。

子曰、詩三百、一言以蔽之、曰、思無邪、

子曰わく、詩三百、一言以って之れを蔽えば、曰わく、思い邪しま無し。

詩三百とは、「詩経」のことである。今の「詩経」には、三百五篇、またもし題名だけあって本文のないものもあわせ数えれば三百十一篇の、詩が収められているが、端数を切り捨てて三百といったのである。子路篇にも、「詩三百を誦するも」と見え(下冊一四八頁)、いずれも、孔子がその学塾の教科書として使用した「詩経」が、現行のものと、同じかたちのものであったことを、証明する資料とされる。

さて三百何篇かの「詩経」の詩、そこにはむろん、さまざまの内容をもつものがあり、全部の句数は、七一九五句に達するが、もしそのなかからただ一句で、全部の性質を、蔽い得るものを、えらぶとすれば、おしまいの「魯頌」の巻に見えた「駉」という詩、それは、魯の僖公(BC六五九―六二七在位)といって、孔子から、百五十年ばかり前の、魯の君主をたたえた詩の中に見える一句、思無邪、思い邪しま無し、感情の純粋さ、という句であるであろう、と、それが孔子の詩に対する評価であった。

詩と音楽との尊重が、孔子の教育の一つの特徴であったことは、私が前著「中国の知恵」の第五章で説くごとくである(全集五巻)。そうして孔子が、教科書としてえらんだ詩三百篇の、半ば以上は民謡であり、奔放な恋愛をうたった歌、人生の苦悩をうたった暗い歌、などをも含むが、それらの詩をも、みな純粋な感情の上に成立したものとして、孔子は尊重したことを、この章は示す。

ただし、もとの「駉」の詩のなかにおける、思無邪の一句は、孔子がここにつかった意味とは、少し意味がずれているようである。孔子は、前の学而篇でも説いたような(五一頁)、いわゆる断章取義、すなわち詩の原意にはこだわりなく、自分が言いたいと思う意味を表現するものとして、この句を利用したものであろう。また、一言以蔽之、の蔽の字を、to cover の意に解したのは、朱子が、蔽は猶お蓋のごときなり、という説をとった。古注の、蔽は猶お当のごときなり、というのは、意味がつかみにくい。また蔽は断なりと、訓じ、ただ一句だけで全体を切断裁定すれば、と解する説もある。

子曰、道之以政、齊之以刑、民免而無恥、道之以徳、齊之以禮、有恥且格、

子曰わく、之れを道びくに政を以ってし、之れを斉うるに刑を以ってすれば、民免れて恥じ無し。之れを道びくに徳を以ってし、之れを斉うるに礼を以ってすれば、恥じ有りて且つ格る。

この条も道徳による政治を称揚する。

これを道びくに政を以ってすの、政を、古注には、法教を謂う、また新注には法制禁令を謂う、と注し、法律による規制を意味するとする。またかく法律によって規制した上、規制にはずれるものが出た場合、刑罰で整頓するのが、之れを斉うるに刑を以ってす、であるとする。ところでもしそうした政治ならば、民免れて恥じ無し、人

民たちは何とか抜け穴をつくることばかり考えて、恥じらいの心を失のうであろう。
それよりもさらにすぐれたものは、道徳による政治である。道徳によって人民を導びき、礼、すなわち文化的な生活の法則で、整頓すれば、恥ずべきことを恥じる心がおこり、且つ格しくなるであろう。あるいは、新注のごとく、格を、いたる、と読めば、人民たちは、正しき道に格る、であろう。

子曰、吾十有五而志于學、三十而立、四十而不惑、五十而知天命、六十而耳順、七十而從心所欲、不踰矩、

子曰わく、吾れ十有五にして学に志ざす。三十にして立つ。四十にして惑わず。五十にして天命を知る。六十にして耳順う。七十にして心の欲する所に従って、矩を踰えず。

一読してあきらかなように、孔子の自叙伝である。吾十有五而志于学、の吾は、いうまでもなく一人称の主格であって、「論語」では、すでに見て来た部分でも、吾日三省吾身、あるいは吾必謂之学矣のように、主格もしくは所有格である場合には、吾が使われている（三〇頁また三四頁）。いいかえれば、あとに何かをいい継ぐ場合の「われ」は、我の字をつかうよりも、吾の字をつかう方が、普通である。も

っとも、その場合も、我が全く使われないでないことは、すぐ次の条に見える。

十有五、の有は、又の字の音、つまり you の去声に読み、意味も又の字に同じいとされる。つまり十有五とは、十と五、であり、わが国の古語でいえば、十あまり五つ、である。

さて、十有五にして学に志し、とは、十五歳の時に、決心をした、その決心は、学問をしようとすることであった。というのであるが、幼年の時期の教育は、「礼記」の「内則」篇に、「六年にして之れに数と方の名を教え、九年にして之れに日を数うることを教え、十年にして書計を学び、十有三年にして楽を学び」、などと見えるように、それまでに積んでいたに相違ないから、十五になって、学問をすべく決心したというのは、高度の学問に向っての意志を、決定した、ということでなければならない。それは恐らく、文化によって人間に貢献するということであったであろう。

三十にして立つ。三十歳のときに、そうした学問の、基礎ができ上った。

四十にして惑わず。自己の学問に対して、自信を得、自己の向っている方向が、人間の生活として、妥当なものであることを、確信するようになった。

五十にして天命を知る。かく文化のために努力することが、天から自己に与えられた使命であること、ないしは、かく文化のために努力せざるを得ないことが、天から人間に与えられた運命であることを、感知しうるに至った。そういうことであると、私は思う。天命という言葉によって、孔子が何を表現しようとしたかは、むつかしい問題であるが、私はしばらく、以上のように解する。拙著「中国の知恵」第十章を参照されたい（全集五巻）。

六十にして耳順（したご）う、もしくは、耳順（なろ）う。これは、難解な言葉であるが、自己と異なる説を聞いても、反撥を感じなくなった。つまりそれらの説にも、それぞれ存在理由があることを感得するようになった。さらにいいかえれば、人間の生活の多様性を認識し、むやみに反撥しないだけの、心の余裕を得た、ということだと、私は解する。さいごの、七十にして心の欲するところに従って矩（のり）を踰（こ）えず、とは、自己の行動に、真の自由を得たことであって、欲望のままに動いても、人間の法則を踰えないという境地に達した、ということで、これはあるに相違ない。

徂徠はいう、孔子は自己の経歴を述べるにあたっても、何も特別のことがらはいっていない。普通人でもできることを述べている。孔子の道が、日常的なものを尊重することは、この条においても顕著である、と。その通りである。しかし、私は、その言葉が、抽象に過ぎて、具体的には、いかなることをいうのか、私などには、よくわからないものをも含んでいることを、この条については、うらみとする。

孟懿子問孝、子曰、無違、樊遅御、子告之曰、孟孫問孝於我、我

對曰無違、樊遲曰、何謂也、子曰、生事之以禮、死葬之以禮、祭之以禮、

孟懿子、孝を問う。子曰わく、違うこと無し。樊遲、御たり。子之れに告げて曰わく、孟孫、孝を我れに問う。我れ対えて曰わく、違うこと無し。樊遲曰わく、何んの謂いぞや。子曰わく、生けるには之れに事うるに礼を以ってし、死すれば之れを葬むるに礼を以ってし、之れを祭るに礼を以ってす。

孟懿子とは、魯の国の家老である。魯の国には、孟孫、叔孫、季孫という、三つの家老の家があり、いずれも、魯の君主の同族であり、いずれも世襲で家老を出した。孟懿子は、孟孫の家から出た家老であるが、その父の遺言により、孔子について、礼を学んだことがあると、昭公七年の「左伝」に見える。時に孔子は三十五歳であったというが、のち孔子が五十代の半ばで、魯の内閣の一員になったときには、孟懿子も同僚の大臣であった。

その孟懿子が、ある時、孔子に、孝行とは何であるかと問うたのであるが、孔子はそれに対し、ただ、無レ違、とりちがえないように、とだけ答えて、辞去した。

樊遲御たり。御は馭とおなじ。かえりみちの馬車の馭者は、弟子の樊遅であったが、車上の孔子は、樊遅に語りかけた。さっき孟孫、すなわち孟懿子が、孝行とは何であ

るかを、私にたずねたが、私は、とりちがえるな、ふみはずすな、とだけ答えたよと。

その言葉は、樊遅にも分りにくいものであったので、どういう意味ですか、と、樊遅がたずねると、親が生きている間は、万事、礼の法則に従って奉仕し、親がなくなると、礼の法則にしたがって葬式を営む、また、礼の法則に従って、法要をいとなむことだ、と、孔子は答えた。

きっと孟懿子が、樊遅に、孔子の言葉の意味を、問うであろう、ということを予想して、あらかじめ、樊遅に告げたのだと、いうことになっている。そうして、宋儒の説では、無違という言葉が、何事も親の命令を違えないように、と、とられるおそれがあるので、そうではなく、何事も礼のおきてに従って行動するようにと、補足したのだとする。

樊遅は、「史記」の「弟子列伝」に、「樊須（はんしゅ）、字（あざな）は子遅（しち）、孔子より少（わか）きこと三十六歳」と見え、この次には雍也（ようや）篇に現れる（二三三頁）。

なお孟孫問孝於我と、目的語のわれには、我がつかわれているが、そのすぐあとに来る、我対曰、の我は、主語であるけれども、やはり、我がつかわれている。そうしてここでは、吾が使われていない。つまり、我は、主として目的語につかわれるが、時にはこのように主語にもなることが分る。

孟武伯問孝、子曰、父母唯其疾之憂、

孟武伯、孝を問う。子曰わく、父母は唯だ其の疾まいを之れ憂う。

孟武伯とは、前の条の孟懿子の子であって、「左伝」を見ると、哀公の十一年、BC四八四、孔子六十九の年、魯と斉の戦争の際に、孟孺子泄、右師を帥いる、と見えるのが、その人が「左伝」に見えるはじめであり、そこでは孟孺子、つまり孟の坊っちゃんと呼ばれているが、三年後の哀公の十四年の秋の八月辛丑、父の孟懿子がなくなると、青年は父のあとをついで、家老となった。要するに、孔子よりはずっと若い青年であり、孔子の、かつての同僚の子供である。この問答は、孝行についてのものであるから、父の孟懿子が死ぬよりまえ、すなわち、孔子七十一歳よりも前、とするのがふさわしいであろうが、何にしても老年の孔子が、友人の子供であり、将来の重臣を予約されている青年に、語りきかせた言葉であるには、ちがいない。

ところで、その言葉には、およそ三通りの解釈がある。「論語」の言葉が、いかに異解を生むか、という例となる。

一、病気以外のことでは御両親に心配をかけないようになさい。病気は不可抗力だからやむを得ないとして、それ以外のことでは、両親に心配をかけない。そういうふうにするのが孝行です。それが古注に引いた後漢の馬融の説である。つまり、父母をして唯だ其の疾をのみ之れ憂えしむ。

二、おとうさん、おかあさんは、子供が病気をしやしないかと、そのことばかりを心配していらっしゃる。父母の子に対する愛は、それほど深い。そうした愛にむくいるべく身をつつしむのこそ、孝行です。そう答えたとするのが、宋の朱子の新注の説である。つまり、父母は唯だ其の疾をこそ之れ憂う。

三、子は父母に対し、何よりも父母の健康をこそ憂慮すべきである。老いさき短い父母について、まず祈るべきものは、その健康である、それが孝行というものだというのが、伊藤仁斎の説であるが、清の劉宝楠の「論語正義」によれば、後漢の王充や、高誘も、仁斎と同じ説であったらしい。つまり、父母には唯だ其の疾を之れ憂う。

私は、若い頃から読みなれているせいか、第一の、古注の説によって、この章を読んでいる。

子游問孝、子曰、今之孝者、是謂能養、至於犬馬、皆能有養、不敬、何以別乎、

子游、孝を問う。子曰わく、今の孝なる者は、是れを能く養うと謂う。犬馬に至るまで、皆な能く養うこと有り。敬せずんば、何を以って別たん乎。

子游とは、先進篇第十一に、「文学には子游と子夏」と見えるように（下冊一二頁）、有力な弟子の一人であり、姓は言、名は偃、字が子游である。孔子より三十五年下であったともいい、四十五年下であったともいう。この若い弟子が孝行を問うたのに対する答えが、この条であるが、はやく二つの解釈が、古注に見える。

第一の説は、いま普通に孝行といっているものは、物質的な奉仕に過ぎない。犬や馬でも、人間に奉仕する。犬は家の番をし、馬は労働を提供する。それも奉仕ではないか。敬虔の情をともなわない限り、子の親に対する奉仕を、犬や馬の人間に対する奉仕から、どうして区別しうるか。敬虔の情を伴なってこそ、孝行である。

第二の説は、犬馬に至るまで皆な能く養うあり、の読み方がちがうのであって、犬や馬に対しても、人間は食糧を与えているではないか、と読むのである。親に対しても、もし英語でいうならば、to feed するだけで、敬虔さを伴なわなければ、犬や馬に対する愛情と、なんら区別がない。この第二説は、すでに魏の何晏の古注に見え、朱子の新注もそれによっているが、親を畜生と同じにあつかうのは、おかしいというので、賛成者が少ない。

子夏問孝、子曰、色難、有事、弟子服其勞、有酒食、先生饌、曾是以爲孝乎、

子夏、孝を問う。子曰わく、色難し。事有れば、弟子其の労に服す。酒食有れば、先生に饌す。曽ち是れを以って孝と為せる乎。

こんどは弟子の子夏が、孝行を問うたのに対する答えである。色難し、とは、孝行について一番むつかしいことは顔色、表情、ということに相違ないが、親の顔色を見てその意向にそうように行動するのこそ、孝行のうちで一番むつかしいこと、とするのが古注の説。親に対して、いつもおだやかな顔色でいるのこそむつかしい、とするのが新注の説である。何にしても親子のあいだの関係は、はっきりした言語、行動、となってあらわれるまでの、ほのかな顔色、そうした機微なものを、尊重するのこそ、美しい、という教えである。

孔子はさらに語をついでいう。会合とか、寄り合いとか、の用事があれば、弟子がその労に服する。つまり弟子が、労働を服って世話をする。また酒食あれば先生に饌す、すなわち、酒やごはんがあれば、先生、すなわち先輩にまずさしあげる、そうしたことは、一般に弟子が、すべての先輩にすることであって、別に親だけにすることでない。曽ち是れを以って孝と為せる乎、そんなことだけで孝行になるかね。機微な感情への配慮があってこそ、孝行である。

酒食有れば、の食の字は、陸徳明の「経典釈文」に、音嗣という。つまり飯を意味するシの音に読み、ひろく食物を意味するショクの音に読まない。また、曽是以為孝乎、曽ち是れを以って孝と為せる乎、の曽の字は、これらの場合、句のはじめに添わって、意味を強める言葉であり、「曽は乃なり」と訓ぜられる。発音も、かつての意味の曽が ceng の陽平であるのとことなり、zeng の陰平。

以上四条、すべて孝行についての問答であるが、孔子の答えは、相手によってちがっている。孔子の教えが寛容であり、相手かまわず同じ言葉を押しつけないという、活潑さをもっていたことを、示すために、編集者は、一か所に、まとめたのであろう。

子曰、吾與回言終日、不違如愚、退而省其私、亦足以發、回也不愚、

子曰わく、吾れ回と言うこと終日、違わざること愚なるが如し。退きて其の私を省りみれば、亦た以って発するに足れり。回や愚ならず。

回とは弟子の顔回である。姓が顔、名が回。字は子淵であるので、顔淵とも呼ばれる。孔子と同じく魯の国の人であり、三十歳の年下であったが、孔子のもっとも愛する弟子であった。且つこの愛弟子は、年若くして死んだので、彼に対する批評の言葉、また哀惜の言葉は、「論語」のなかに、もっともしばしば現れる。

ここではいう、わしは顔回と、終日話していても、彼はわしの言葉に、さからわない。ばかみたいに見える。しかし彼が、わしの前を引きさがってのちの、その私的生活、つまり、弟子たちと一緒にいるときの言動を、観察すると、人をはっとさせるものが充分にある。彼は、ばかではない。

退いて其の私を省す、の私とは、公に対する言葉であって、private life の意である。省は、観察と訳してよい。亦た以って発するに足る、の発を、古注には、大体を発明する、と説き、新注には、夫子の道を発明す、と説くが、要するに重要なものの端緒が見出されることであって、彼の私的生活は、人をして、そうしたものの発見を可能にするだけのものを、足以、充分にもっている、というのである。人をはっとさせる、と訳したのは、しゃれではない。

子曰、視其所以、観其所由、察其所安、人焉廋哉、人焉廋哉、

子曰わく、其の以いる所を視、其の由る所を観、其の安んずる所を察すれば、人焉んぞ廋さんや、人焉んぞ廋さんや。

其の以いる所を視る、とはその人の行動を観察すること、其の由る所を観る、とは、行動そのもののみでなく、行動の動機を観察すること、其の安んずる所を察す、とは、

その落着くところ、というのだから、行動の目的とするところ、それを考察すると、解してよかろう。人間を観察する場合、以上の三つについて観察を重ねれば、人焉んぞ廋さんや、その人間の真実は、おおうところなくあらわれる。かくそうたって、かくしきれるものではない。

以上のうち、観其所由の由る所を、動機、と解したのは、新注によったのであって、古注では、これまでの経歴と説いている。また、視と観と察とは、大たい同じ意味であるが、それぞれの字の本来の意味から見て、観察の程度が、だんだん深くなるのだと新注は説き、清の劉宝楠の「論語正義」などは、それを古代言語学の知識によって実証する。また廋の字は、古注に引く孔安国に、匿也、人の終始を観れば、安くにか其の情を匿す所ぞ、と訓ぜられている。

人焉廋哉、人焉廋哉、は、普通のテキストはそうなっており、繰返しによる強調であるが、現存最古のテキストである後漢の石経では、人焉廋哉、人焉廋、となっているよしであり、おもしろい一種の修辞法である。

子曰、温故而知新、可以爲師矣、

子曰わく、故きを温ねて新しきを知る、以って師と為るべし。

温故知新（おんこちしん）という言葉は、だれでも知っているものであり、また「四書」の他の一つである「中庸」にも、同じ言葉がある。温故、故（ふる）きを温（たず）ねる、の温とは、語源学家の説によれば、肉をとろ火でたきつめて、スープをつくることだという。ところで、この条の孔子の言葉は、温レ故而知レ新、可二以為レ師矣であり、温故知新ということが、教師の資格となっている。故とは過去の事象、歴史の意味といってよいであろう。歴史に習熟し、そこから煮つめたスープのように知恵をまず獲得する。そうしてかく歴史による知恵をもっているばかりでなく、あるいは、もっていることによって、新しきを知る、現実の問題を認識する、それでこそ、人の教師となれる。人の教師となるほどの人物は、そうでなければならない。

後漢の思想家、王充（おうじゅう）の「論衡（ろんこう）」には、この条を敷衍していう、古きを知りて今を知らざる、これを陸沈（りくちん）という、歴史を知って現実を知らないものは、陸沈、陸上での溺死だ。今を知りて古きを知らざる、これを盲瞽（もうこ）という、現実を知って、歴史を知らないものは、盲だ。故きを温ねて新しきを知りてこそ、以って師と為（な）る可（べ）し、古きも今も知らずして、師と称するは何ぞや。

王充は奇矯に流れやすい思想家であるが、この言葉は正しいであろう。

また皇侃（おうがん）の「義疏（ぎそ）」の説が、「故」をみずからの過去とすることについては、子張第十九（下冊三九〇頁）を参照。

子曰、君子不器、
子曰わく、君子は器ならず。

紳士は技術的でない、それがこの条の訳として充分であろう。すべて器物というものは、ある用途のためにつくられ、その用途のためにのみ有効である。梁の皇侃の「義疏」にいう、舟は海に浮べるが山に登れない、車は陸を行けるが、海を渡れない。紳士はそうであってはならない。

子貢問君子、子曰、先行其言、而後従之、
子貢、君子を問う。子曰わく、先ず其の言を行うて、而うして後に之れに従う。

この条も前条と同じく、君子すなわち紳士たるものの資格についての、問答である。弟子の子貢が、君子の資格を問うたのに対し、与えられた孔子の答えは、不言実行ということであった。先ず其の言を行うて、而うして後に之れに従う。すなわち、言語としてあらわすべきものを、まず行動としてあらわし、その後に言語が行動を追っかける。

一説に、先ず行う、それだけを一句とし、其言の二字は下につけて、其の言は而うして後に之れに従う、と読む。何にしても不言実行ということであり、里仁篇に見える「古者、言を出ださざるは、躬の逮ばざるを恥ずる也」（一五〇頁）、また「君子は言に訥にして行に敏ならんことを欲す」（一五一頁）と、同趣旨のおしえである。

子曰、君子周而不比、小人比而不周、
子曰わく、君子は周して比せず。小人は比して周せず。

君子と小人とは、反対概念として、しばしば対比される。君子とは紳士であり、小人とはつまらぬ人間である。君子は友情に富むが、仲間ぼめはしない。小人はその反対に、仲間ぼめはするが、真の友情をもたない。それが、この条の、大体の意味のようであって、周の字を、古注では忠信、すなわち忠実の意味に解し、新注では、普偏と訓じている。普偏と訓ずれば、友情の輪をおだやかにひろげる、ということになるであろう。周は公的であり、比は私的である、とも新注に見える。君子の友情は理性的であるに対し、小人の友情は感情的である、ということにもなるであろう。似た言葉として、子路第十三に、君子は和して同ぜず、小人は同じて和せず（下冊一七三頁）。

子曰、學而不思則罔、思而不學則殆、

子曰わく、学んで思わざれば則ち罔し。思うて学ばざれば則ち殆し。

これは孔子の学問論として、はなはだ重要な条である。

学んで思わざれば、の学ぶとは、読書を意味し、思うとは、思索を意味する。むやみに読みあさるだけで、思索しなければ、則ち罔し、混乱を来たすばかりである。逆にまた、思うて学ばず、空な思索をするばかりで、読書をしなければ、則ち殆し、生活は独断に陥り、不安定である。殆の字をあやうし、と読んだのは、新注に従ったのであって、古注が殆る、と読むのは、おそらく劣るであろう。

この条については、吉川「中国の知恵」第五章をも参照のこと（全集五巻）。

子曰、攻乎異端、斯害也已、

子曰わく、異端を攻むるは、斯れ害あるのみ。

異端とは異端邪説という言葉があるように、正しくないことがはじめからはっきりしている学説をいう言葉であると、ふつうには理解されている。また、異端を攻むるの、攻むとは、研究することであって、異端の説を研究することは、斯れ害あるのみ、百害あって一利なし、とするのが、この条のふつうの読み方である。しかし異端という言葉は、「論語」のこの条のみに見え、その確実な意味を帰納しうべき更なる使用例が、他の書に見えない。仁斎が、古えの方語ならん、というように、当時の俗語であり、従って、異端という二字の結合が、異の字、端の字が、ふつうに示す意味の範囲を、はるかに上回った意味を、もっていないとはいえぬ。

もっとも慎重な態度をとれば、この条の本来の意味は、わからない。

子曰、由、誨女知之乎、知之爲知之、不知爲不知、是知也、

子曰わく、由、女に之れを知ることを誨えん乎。之れを知るを之れを知ると為し、知らざるを知らずと為す。是れ知る也。

由よ、と孔子は呼びかけた。由というのは、弟子の子路の実名である。また女の字は汝とおなじく、二人称である。由よ、おまえに認識とは何であるかを教えてあげようか。認識しえたことを、認識したとし、認識の外にあることは、認識の外にあるとする、それがほんとうの認識なのだよ。

由、と呼びかけられている子路は、「史記」の列伝によると、孔子より九つだけ年少であったが、本来は、遊俠の徒であり、弟子のうち、一番やんちゃな情熱的な人物

であった。情熱的な人物のつねとして、奇矯な行為と思索とを好み、認識のかなたにあるものに、一足とびに跳びつこうとする傾きがあったことは、これからあとのいくつかの条が、示すとおりである。「中国の知恵」第二章参照（全集五巻）。

このやんちゃな、しかし孔子にはかわいかったらしい弟子に対し、孔子は、この条では、由よ、と、その実名を呼びかけ、認識とは何事であるか、したがって学問とは何事であるかを、おだやかな調子で語っている。

子張學干祿、子曰、多聞闕疑、愼言其餘、則寡尤、多見闕殆、愼行其餘、則寡悔、言寡尤、行寡悔、祿在其中矣、

子張、禄を干めんことを学ぶ。子曰わく、多く聞きて疑わしきを闕き、慎みて其の余りを言えば、則ち尤め寡し。多く見て殆うきを闕き、慎みて其の余りを行えば、則ち悔い寡し。言に尤め寡く、行いに悔い寡ければ、禄其の中に在り。

子張とは、孔子の弟子、姓は顓孫、名は師、字は子張であって、孔子より四十八歳若かったと、「史記」の「弟子列伝」に見える。

禄を干むることを学ぶ、の、禄を干むとは、官僚としての地位を得て、俸給を得ることであると、説かれている。つまり就職のための学問をしたいと、希望したのに対

し、孔子の答えは、なんじの知性によってまずせいぜい多くの事柄を摂取せよ。耳からする摂取としては、多くのことを聞け。しかしなんじの聞いた言葉の中で、なんじとしては納得のゆかない事柄、すなわち疑わしい事柄があるであろうが、それは将来の問題として、しばらくそのままにしておく。そうして聞いたことのなかで、その残りの事柄、つまり疑わしくないもの、自信をもち得るもののみを、慎重に自分の言葉とすれば、全く尤(とが)め、あやまちが、ないとはゆかなくても、あやまちを少なくすることができるであろう。また目を経由する摂取についても、同様に、せいぜい多くの事を見、読んで、あやふやなものはのこしておき、そのほかの、あやふやでないものだけを、慎重に実行すれば、悔恨が少ない。言葉にあやまちが少なく、行動に悔恨が少なければ、俸給は自然にその中から生まれる。俸給を得るための特別の勉強というものはない。

　多く聞きて疑わしきを闕く以下の教えは、実証的な学問をとうとんだ孔子の態度として、禄を干(もと)むること、すなわち就職に関係させなくとも、立派な倫理である。それが、なぜ禄を干めることと関係して説かれているかは、子張のその時の行動と関係しているからなのであろうか。干禄の二字は、「詩経(しきょう)」の「大雅(たいが)」の「旱麓(かんろく)」に干禄豈弟、また同じく「仮楽(からく)」に干禄百福と見え、詩におけるこの二字の意味は、もっと広義な幸福という意味に、禄をつかっているようである。子張も幸福の獲得という意味で、干禄の二字を取り上げたのに対する答えであって、見聞をひろくした上で、慎重な行動をすれば、人の非難をうけることが少なく、したがって幸福は自然にそのうちから生まれる、というふうに、読めないこともない。

しかし衛霊公篇に、君子は道を謀んばかって食を謀んばからず、耕やすとも餒えは其の中に在り、学べば、禄は其の中に在り、君子は道を憂うれども、貧しきを憂えざるなり（下冊二六八頁）、と、全く同じ言葉が見える。この禄とはやはり、経済的な幸福を意味するようである。経済的な幸福を問うたのに対し、わざと、ある意味ではそらとぼけて、純粋に倫理的な答えをしたと読む方が、やはり力強いであろう。

前にあげた「史記」の「弟子列伝」に、子張は孔子より四十八若かった、というのを信用すれば、この問答がかわされたとき、孔子はすでに七十に近く、子張は二十歳前後であった。先生は円熟しきり、弟子は血気ざかりであったことになる。

哀公問曰、何爲則民服、孔子對曰、擧直錯諸枉、則民服、擧枉錯諸直、則民不服、

哀公問うて曰わく、何を為さば則ち民服せん。孔子対えて曰わく、直きを挙げて諸れを枉れるに錯けば、則ち民服す。枉れるを挙げて諸れを直きに錯けば、則ち民服せず。

哀公というのは、孔子の祖国、魯のくにの君主である。父の定公がなくなったあとを承け、おそらくは幼い子供として即位したのは、BC四九四年、孔子五十八歳のときであり、その在位十六年めに、孔子がなくなった。この問答も、孔子の晩年のものであり、哀公は若い君主であった。

何を為さば則ち民服せん、民というのは、官僚を除いた一般人民の意味、服とは服従である。どうすれば人民はいうことを聞きましょうか、というのが若い君主の問いであった。

それに対する孔子の答えの読み方は、二つある。一つは、直きを挙げて、すなわち正しきものを、抜擢して、諸れを枉に錯く、枉れるもの、正しくないものの上にのっける、ちょうどまがった材木の上に、まっすぐな材木をのっけ、まっすぐな材木の重さで、まがった材木が矯正されるようにする、そうすれば人民はすなおになりましょう。逆に、まがった材木のような人間を重用して、それをまっすぐな人びとの上にのっければ、人民は反抗しましょう。以上のような読み方であって、これは荻生徂徠の「論語徴」の説である。私はその方をとりたい。訓詁的には、錯の字を、おく、諸の字を、之乎のつまったものとして、これを、と読むのである。

それに対し、ふつうの説は、錯の字を捨てると読み、諸をもろもろと読む。正直なものを抜擢して、不正直なもろもろのものを捨ててしりぞければ、人民は平和であり、その逆ならば、平和でない。そう読むのであるが、この条に関する限り、徂徠の読み方の方が、通説よりもまさっていると信ずる。

当時魯のくにの政治の実権は、もはや哀公の手になく、次の条に見える季康子その他の、家老が、合議制で政治を行っていた。家老たちのなかには、まがった材木のような人格で、正直な人民の上にのっかっている者も、あったであろう。孔子のこの言葉は、単に現実に対する対症的な言葉でなく、政治の理想を説いたものには違いないが、一方また当時の現実と、無関係でないであろう。なお顔淵篇第十二にも、直きを挙げて諸れを枉れるに錯けば、能く枉れるものをして直からしむ、という言葉が、弟子の樊遅に対する答えとして見え、そこでも徂徠の解釈の方が、よりよく妥当するように思われる（自注、下冊一三二頁以下、彼の篇での私の説は、こととことなる）。

なおこの条が、子曰わく、ではじまらず、孔子対えて曰わく、ではじまるのは、弟子との問答でなく、教団以外の人との問答であるからというのが、梁の皇侃の説、君主を尊敬してのことであるというのが、宋の朱子の説である。

季康子問、使民敬忠以勸、如之何、子曰、臨之以莊則敬、孝慈則忠、擧善而敎不能則勸、

季康子、問う。民をして敬忠にして以って勧ましむるには、之れをいかん。子曰わく、之れに臨むに荘を以ってすれば則ち敬。孝慈なれば則ち忠。善を挙げて不能を教うれば則ち勧む。

季康子というのは、魯のくにの家老である。その父季桓子は、魯のくにの内閣で、かつて孔子と同僚であった。父が死に、季康子がそのあととりとして、家老の筆頭となったのは、孔子六十歳のときであったと、「春秋左氏伝」に見える。しからばこの問答も、孔子晩年のものである。

さて若い家老、季康子の問いは、人民を敬虔に忠実に、そうして活潑に自発的に仕事をするようにするには、どうしたらいいでしょうか。

孔子、それは為政者の心がけ次第です。きちんとした態度で人民に臨めば、人民は敬虔になり、また為政者が親に孝行であり、人人に慈しみ深ければ、人民も自然に忠実になる。また善人を抜擢するとともに、能力に乏しいものを親切に教えみちびいてやれば、活潑に仕事をしましょう。

正しさを人にむかってのぞむならば、まず自ずからを正せ、という教えである。季康子はずっとあとの顔淵篇でも、孔子に三度、政を問うているが、孔子の答えの一つは、「政なる者は正なり。子帥いるに正しきを以ってせば、孰か敢えて正しからざらん」、であった（下冊一二三頁）。

当時の魯のくには、あまり希望ある状態にあったとは思えない。若い家老は、当惑してこの問いを発したのかも知れぬが、そうした現実に反撥して、より一層理想的な言葉を吐きつづけたのが、孔子であるように見える。その言葉は、それだけでは当時の現実に対処しえなかったであろうし、ないしは、いつの世の現実にも、これだけでは対処し得ないであろうが、かえってそれゆえに、政治の理想となるものを、含んでいるであろう。

或謂孔子曰、子奚不爲政、子曰、書云、孝乎惟孝、友于兄弟、施於有政、是亦爲政、奚其爲爲政、

或るひと孔子に謂いて曰わく、子奚んぞ政を為さざる。子曰わく、書に云わく、孝なる乎惟れ孝、兄弟に友なり、政有るに施こすと。是れ亦た政を為すなり。奚んぞ其れ政を為すことを為さん。

この条の解釈は、つきとめにくいものをもっている。

或の字はある人という意味であって、ある人が孔子に語りかけた。あなたはなぜ政治家にならないのか。政治に対する発言をしながら、なぜ実践活動にはいらないのか。

そうたずねるものがあった。そこまでは難解でない。

それに対する答えとして、重要な古典である「書経（しょきょう）」の言葉を引きつつ、私はげんにこうして家庭の道徳をたかめることに努力している、それも政治なのだ、わざわざ政治家になる必要はない。と、大体はいったらしいのであるが、引用された「書経」が、どこまでであるのか、それがまずわからない。孝なる乎（かな）惟（こ）れ孝、兄弟（けいてい）に友（ゆう）なるは、有政（ゆうせい）に施すなり、そこまでが、「書経」の言葉とするのが、普通の説であって、つまり親に孝であり、兄弟に友である、ということが、すでに政治に関連したことである、という論理が、「書経」にすでに与えられており、それを引いて、自ずからの態度の説明としたとするのである。また「書経」の引用は、孝乎惟孝、友于兄弟、そこまでであるとするのが、包慎言（ほうしんげん）その他、清儒のあるものの説である。いずれにしても、施於有政の四字の意味は、充分につきとめにくい。

かく書云でおこる引用が、どこまでであるかにつき説が分れるのは、現存の「書経」二十九篇の中には、この言葉が見えないからである。もっとも三、四世紀ごろに出現した、いわゆる偽古文尚書（ぎこぶんしょうしょ）、その「君陳（くんちん）」篇には、似た言葉があるが、それは逆に、「論語」のこの条を引きちぎって、挿入したものとされ、この条の解釈を決定するものとならない。

「論語」の中には、読み方を決定しがたい条が、たくさんある。これもその一つである。あるいは少し誇張していえば、「論語」のどの条も読み方を決定しがたいものをもっており、この条は、特にそのはなはだしいものの一つであるといえる。しかしながら、この条なども、繰り返して読んでいると、充分にはわからないながらに、ある魅力を感じるのは、「論語」の言葉が、元来いつもカオス的な言語、であるからであろう。つまりすぐれた詩の言語としての性質をもっているからであろう。

子曰、人而無信、不知其可也、大車無輗、小車無軏、其何以行之哉、

子曰わく、人にして信無くば、其の可なることを知らざる也。大車輗なく、小車軏なくんば、其れ何を以ってか之れを行らん哉。

信、すなわちその言語が信頼できる、ということは、人間の人格を成立させる基本である。人間でありながら信がなく、言語が信頼できないという人間は、不レ知二其可一也、人間としての可能性を見出だすことができない。人格の基本である信がないのだから、いかに才能があっても、その人格はくずれ去らざるを得ない。比喩でいおう、大車すなわち牛の車に、輗、すなわち車の柄の先にあって牛の首をおさえる木、それがないとすれば、また小車すなわち四頭立ての馬車に、軏、これは馬車のく

びき、それがないとすれば、牛車も馬車も、どうして進めるか。信がない人間の生活も、進行し得ない。

子張問、十世可知也、子曰、殷因於夏禮、所損益、可知也、周因於殷禮、所損益、可知也、其或繼周者、雖百世可知也、

子張問う、十世知るべきや。子曰わく、殷は夏の礼に因る。損益する所、知るべき也。周は殷の礼に因る。損益する所、知るべき也。其の或いは周に継ぐ者は、百世と雖も知るべき也。

最も若い弟子の一人である子張が、たずねた。現在の周の王朝のあとに、つぎつぎに出現するであろう十の王朝の様子も、予知できましょうか。十世可知也とは、子張自身のいだいた問題であるとも読まれるし、あるいはまたそうした言葉が、当時すでにあり、それについての先生の考えを、たずねたとも、読める。

こたえ。過去のことで考えてみよう。現在の王朝の一つ前の王朝である殷王朝は、そのまえの王朝である夏王朝の制度を、そのままうけついでいる。いろいろと変更して損し益したところもあるけれども、それらはみな、その理由を察知しうるものである。また現在の王朝である周の、殷王朝の制度に対する関係も、同じである。事態の

将来における関係も、また同じであろう。現在の周の王朝のあとには、それを継承するものとして、いろいろの王朝が出現するかも知れないが、百さきの時代のことでも、大体は予知しうる。

この言葉は、文明の法則は、それが文明である限り、永遠なものをもち不変なものをもつという確信を、語ったものと見てよい。子張が二十のときにこの問を発したとしても、孔子はすでに七十であり、その死に近かった。

仁斎はいう。古今のことは甚しくは相遠からず、好んで迂怪不経、窮詰すべからざる説を求むべからず、突拍子もない予想をしてはいけない、何となれば、世道の変は、相尋いで窮るなしといえども、然れども本と愕くべく怪しむべき事はなし。冠は以て首に加え、屨は以て足に藉く。舟は以て水を済り、車は以て陸を行く。君は尊くして臣は卑しく、父老ゆれば子継ぐ。千古の前もかくの如く、千古の後もまたかくの如し。

夏殷二王朝については、のちの八佾篇（一〇〇頁）をも参照のこと。

子曰、非其鬼而祭之、諂也、見義不爲、無勇也、

子曰わく、其の鬼に非ずして之れを祭るは、諂い也。義を見て為さざるは、勇無き也。

鬼（き）とは先祖の霊魂をいう。じぶんの先祖の霊魂でもないのに、その祭りをするのは、いやしむべき卑屈なおべっかである。またすすんでそれをするのが、人間の義務であり、自己の義務であると感ずることがら、それを見かけながら、しりごみして、それをしないのは、勇気のない人間である。

二者は、こころの弱い人におこりがちな現象であるから、あい関連した事がらとして、説かれていると、仁斎はいう。

八佾第三

最初の章に見える文字を、篇全体の名とすること、例のごとくであるが、さいしょの章の八佾云云が、礼についての議論であるのをはじめ、篇全体としても、礼についての言葉が多い。厳密な分類の意思はもたぬながらも、似た話題が一か所にまとめられていると、見てよい。

孔子謂季氏、八佾舞於庭、是可忍也、孰不可忍也、

孔子、季氏を謂わく、八佾を庭に舞わす。是れをしも忍ぶ可くんば、孰れをか忍ぶ可からざらん。

孔子、季氏を謂わく、の季氏とは、当時魯のくにの実権者であった季孫氏であって、孔子のころの当主は、季桓子、実名では季孫斯、であった。また謂の字は、曰、云、言などと、子音を似通わせる同系列の語であるが、同じ「いう」でも、最も重い「い

う」である。つまり批評の意味を含めた発言が謂であって、孔子謂二季氏一とは、一句とし、季氏の家の僭上沙汰を、以下の如く批評したというのである。なおこの五字は、一句とし、孔子季氏を謂うと、つづけて読むのが、日本の伝統的な訓でもあり、それはまた梁の皇侃の「論語義疏」の読み方と合致するが、孔子謂で句を切り、季氏を下につづけて読む読み方もある。

さて批評の内容は、季氏は、八佾の舞、それは天子の特権である舞を、自分の家の中庭、というのは、その祖先の霊魂を祀った神社の前の中庭であるが、そこで舞わせている。八佾とは八列ということであって、八八六十四人の方形の群舞であり、それは天子の祭祀の場合にのみ許容される。諸侯は六六三十六人、卿大夫は四四十六人、士は二二が四人と、身分によって区別があるとするのが、礼の本来の規定であり、季氏の身分は卿大夫であるから、四四十六人の舞で祖先を祭るべきなのに、身分不相応にも、天子のまねをして、六十四人の八佾の舞を舞わせている。

この秩序の破壊を、わたくしは坐視するに忍びない。是れをしも忍ぶ可くんば、つまりこれが坐視できるというならば、孰れをか忍ぶ可からざらん、世の中に辛抱できないということは、何があるか。辛抱できないという事柄は、なくなるだろう、という孔子の怒りの言葉である。

階級の存在による秩序こそ、人間を平和にするものであって、それぞれの階級は、それぞれに生活の表現をもつべきであり、それが礼である。その秩序が破壊されるのは、悪である、というのが孔子の考えであった。

徂徠は異説をたて、これは孔子が暗に魯の君主に対して行った勧告であり、八佾の舞ぐらいは勘弁しなさい、といったのだとするが、これは徂徠一流の奇説であろう。

三家者以雍徹、子曰、相維辟公、天子穆穆、奚取於三家之堂、

三家者、雍を以って徹す。子曰わく、相くるは維れ辟公、天子穆穆と。奚んぞ三家の堂に取らん。

三家とは、まえの季孫氏のほかに、仲孫氏、叔孫氏、この三軒の貴族の家のことである。いずれも魯の桓公の王子を祖先とし、世襲の家老のいえとなった。孔子のころに最も強大であったのは季孫氏であるが、僭上沙汰はひとり季孫氏ばかりでなく、他の二家も同じであった。三家者の者はここでは特別の意味のない添え言葉であると、徂徠はていねいに注意している。

三軒の家老のいえでは、祭祀のあと、お供えのものを徹げるときに、天子の祭のうたである雍のうたを、演奏させていた。これも秩序の破壊である。孔子はいった。うたの文句をよく聞くがいい。相くるは維れ辟公、天子穆穆と。つまり御法事の手伝い

として集まったのは、第一流の大名たち、その中に天子はにこやかにおわしますと。これは明らかに周の天子のためのうたである。そのどの点が、陪臣である三軒の家老のいえの堂に、ふさわしいものとして取り上げられるか、ばかな。

雍のうたは、孔子の編纂した「詩経」では、「周頌」篇の中に収められている。

奚の字は、なんぞ、あるいはいずくんぞ、と訓じ、何の字と子音を同じくする。

子曰、人而不仁、如禮何、人而不仁、如樂何、
子曰わく、人にして仁ならずば、礼を如何。人にして仁ならずば、楽を如何。

楽という概念は、ひろくしては音楽一般であるが、おおむね礼の儀式を行う際に演奏される音楽を意識するから、大きくくくれば、楽も礼の中に含まれるが、この場合のように、礼と楽とを、二つの概念として併称することも、しばしばである。どちらも人間の文化の表現であるが、併称された場合は、礼は人間の秩序、敬意、厳粛さの表現であり、楽は人間の親和の表現であるとされる。

さてこの章の意味は、人間の文化の表現として、最も重要な礼と楽、その根底となるものは、仁、すなわち人間の愛情にほかならない。われわれ人間が、もし人間らしい愛情をもたないとすれば、あの大切な礼はどうなる、楽はどうなる。礼も楽も、い

ずれも見せかけの文化になってしまって、礼が礼としてもつべき人間的な内容、楽が楽としてもつべき人間的な内容は、うしなわれ、空虚なものとなってしまうであろう、というふうにこれまで私は、この章を読んで来た。先儒の解釈は少しちがっているようであり、愛情をもたない人間は、礼楽を担当することができないという意味に解しているようであるが、私はやはり私の解釈に愛着をもつ。子路第十三の注をも参照（下冊一五八頁）。

林放問禮之本、子曰、大哉問、禮與其奢也寧儉、喪與其易也寧戚、

林放、礼の本を問う。子曰わく、大いなるかな問いや。礼は其の奢らん与りは寧ろ倹せよ。喪は其の易めん与りは寧ろ戚め。

林放は、古い注にも魯の人というだけで、どういう人物かよく分らない。それが孔子に対し、礼の根本は何にあるかをたずねたのに対する、答えである。

孔子はいった、大きな質問だ。われわれならば、むつかしい質問だ、というところであろう。礼は無理なぜいたくをするくらいであれば、むしろ倹しやかであれ。また礼の中で最も重要なものの一つは、喪すなわち近親の死をいたむ礼であるが、それはこまごまと気をくばるよりは、哀傷を第一とせよ。

喪与其易也寧戚、の易の字を、古注は、和易、おだやかさと解するが、いまは新注が、易は治也、整頓とするのによる。与其……寧……は、……其の与りは、寧ろ……と訓ずる、二者択一のイディオムである。

子曰、夷狄之有君、不如諸夏之亡也、
子曰わく、夷狄の君有るは、諸夏の亡きに如かざる也。

諸夏とは、世界の中心と意識された中国の地域を、賞讃と自信とをこめていう言葉であり、夷狄とは、その周辺にいる未開民族を呼ぶ言葉である。夷狄は野蛮であり、諸夏は文明である。夷狄にはたとい君主があっても、そこには文明がない。それに反し、諸夏、すなわち中国には、無君主の状態が出現した場合にも、なお脈脈たる文明の伝統が存在する。だから、夷狄の君有るは、諸夏の君亡きにさえも如ばない、というのが、皇侃や邢昺など、古注、すなわち何晏の「集解」を述べた、宋以前の学者の説である。もっとも古注そのものは包氏を引いて、諸夏とは中国なり、亡は無なり、と注するだけで、そこまで考えていたかどうかは分らない。

中国のみを文化の所在とし、その他は非文化地域であるとする考えは、いわゆる中華思想であり、中国に大変早くからあった思想である。だから「論語」のこの条についても、普通の読み方は、右のようであった。

しかしそれでは、あまりに刺激的であるという反省が、おこったのであろう、宋儒は、夷狄にさえも君主がある、いまの中国が無君主、無政府の状態にあるのとはちがっている、つまり夷狄の君有るは、諸夏のそれ亡きが如きにあらざるなり、と読みかえている。

さらにまた、異民族が中国を統治した時代、すなわち元や清の時代には、この章がしばしば問題をかもしたようである。たとえば皇侃の「論語義疏」、それは中国では早く亡び、日本にのみ写本で伝わっていた書物であるのを、十八世紀の中ごろ、徂徠の弟子根本遜志がはじめて印刷に付したのが、中国に逆輸入され、その世紀の終り、清朝の乾隆帝の勅命によって、宮廷版の複刻がつくられたが、ここのところだけは、皇侃の原文をすっかり書き替えて、朱子の説に近づけている。いくら夷狄に君主がいても、中国の文明にはかなわぬ、という皇侃の解釈は、満州出身の夷狄の君主である乾隆帝には、都合のわるいものだったのである。

日本でもこの条は、いろいろ物議をかもしたことと思われる。政治史家、思想史家の注意を希望する。

季氏旅於泰山、子謂冉有曰、女弗能救與、對曰、不能、子曰、嗚

呼、曾謂泰山不如林放乎、
季氏、泰山に旅す。子、冉有に謂いて曰わく、女救うこと能わざるか。対えて曰わく、能わず。子曰わく、嗚呼、曽ち泰山を林放に如かずと謂える乎。

季氏、れいの専横な家老の貴族である。泰山は山東省の名山であり、また中国全体を通じても四岳ないしは五岳の一つである名山であるが、当時は魯のくにの領内にあった。旅とは山をまつる祭の名である。礼のおきてによれば、諸侯はそれぞれの領内にある山川をまつることができるが、家老はそれができない。にもかかわらず、季氏は泰山を祭った。れいの僭上沙汰である。

子、冉有に謂いて曰わく、汝救うこと能わざる与。冉有とは、孔子より二十九若い弟子であり、そのころ季氏の執事であった。おまえは主人に忠告して、主人を非礼から救済しうる地位にあるのに、おまえにはそれができないのか。弗は不とおなじく否定の助字だが、不より強い。

冉有はこたえた。私にはできません。

それに対する孔子のさらなる言葉は、嗚呼、重い嘆息の言葉であり、「論語」ではここだけに見える。林放とは、すなわち前の条で礼を問うた男である。あの林放でさえも、礼の根本は何であるかを考えあぐねて、私に質問した。泰山の神といえば、尊い存在であり、礼の精神を心得ていられるにちがいない。それに対してこの非礼を行わせながら、おまえはだまっておれるのか。泰山の神の方を林放よりも軽く評価しているのか。普通の発想ならば、曽ち季氏を林放に如かずと謂える乎、とでもいう風に、祭る主体の方を比較の対象にもち出すであろうが、祭られる客体である泰山をまっ正面からぶっつけたところが、この対話の強さである。謂の上の曽の字は、句のはじめに位する強めの言葉であること、前の為政篇の曽是以為孝乎（六七頁）とおなじであり、ceng と発音せずして zeng と発音する。

子曰、君子無所争、必也射乎、揖譲而升下、而飲、其争也君子、
子曰わく、君子は争う所無し。必ずや射か。揖譲して升り下り、而うして飲ましむ。其の争いや君子なり。

射とは、弓仕合のことである。それは地方体や君主の朝廷において、人人の親睦をはかるとともに、人人の能力を弁別する儀礼であるとして、「儀礼」の「郷射礼」と「大射義」に、細かな次第書きが見える。

それにちなんでの孔子の言葉。紳士は何ごとについても、人と争わない。争うものを強いて求め出すならば、それはまず射であろう。しかしその場合にも、一組二人の

選手は、主催者にあいさつするために、中庭から堂に上り、またいよいよ競技をはじめるため、ざしきを下りるときに、揖、すなわち両手を前に組みあわせてあいさつし、譲、どうかお先にと譲りあう。そうして中庭のむこうにある的を射るのだが、競技がすむと、勝った者が負けた者に罰盃を飲ませる。争いといっても紳士の争いだ。

揖譲而升下、この五字はつづけて読むのが、古注の読み方であり、揖譲而升、下而飲、と宋儒が句切るのは、「儀礼」に記載する儀式の次第にあわないと、徂徠は注意している。

子夏問曰、巧笑倩兮、美目盼兮、素以爲絢兮、何謂也、子曰、繪事後素、曰、禮後乎、子曰、起予者商也、始可與言詩已矣、

子夏、問うて曰わく、巧笑倩たり、美目盼たり、素以って絢を為すとは、何んの謂いぞや。子曰わく、絵の事は素きを後にす。曰わく、礼は後か。子曰わく、予れを起こす者は商なり。始めて与に詩を言うべきのみ。

巧笑倩たり、美目盼たり、この二句は、衛のくにの君主の奥方であった荘姜の美しさをたたえるうたの句として、いまの「詩経」では、「衛風」の「碩人」篇に見える。やわらかいなずなのような手、かたまった脂のような肌、蝤蠐、木くいむしのように

白くて長いえりすじ、うりのさねのような歯なみ、せみが羽根をひろげたようなひたい、蛾のようなまゆ、というあとに、この二句があり、巧みに笑うこと倩（せん）たりの倩とは、口もとのえくぼに愛きょうがあること、美しき目の盼（はん）たりの盼とは、ぱっちりと黒目と白目があざやかなこと、と古い「詩経」の解釈では説いている（吉川「詩経国風」、全集三巻二〇〇頁）。ところでそのあとの、素以って絢（あや）を為す、というのも、元来は一つらなりのうたの文句であったろうが、いまの「詩経」には無い。美を構成するそうしたいろいろの条件の上に、素（しろ）いものが、その絢（うつ）くしさを完成する、という意味で、だいたいはあるであろう。

さてこの三つの句は、何を意味するのでしょう、と子夏が問いかけたのに対する孔子の答えは、絵というものは、白という色彩を、一ばんあとに加える。そうすると、絵全体が引き立って、そこに絵が完成するのだよ。

すると子夏はさらにいった、では人間の教養の順序でも、礼はのちですか。つまり人間もさまざまの教養を積んでのちに、礼の教養を加えれば、これまでの種種の教養が引き立ち、人格が完成するのと、同じ関係でしょうか。

孔子はよろこんでいった。商とは子夏の実名であるが、商よ、お前こそは予（わたし）の啓発者、お前とこそ始めて詩の議論ができる。「始めて与（とも）に詩を言うべきのみ」。学而第一で子貢にいったのと同じ賞賛である（四九頁）。

絵をかくことを、後素と、しゃれていうのは、この条にもとづく。それを素を後にす、つまり白色は最後に加筆される、として読んだのは、古注に従ったのである。新注では、素より後にす、まず生地の白があってこそ、その上に種種の色彩が加えられると読むが、私はとらない。

子曰、夏禮吾能言之、杞不足徴也、殷禮吾能言之、宋不足徴也、文獻不足故也、足則吾能徴之矣、

子曰わく、夏の礼を吾れ能く之れを言えども、杞、徴とするに足らざる也。殷の礼を吾れ能く之れを言えども、宋、徴とするに足らざる也。文献、足らざるが故也。足らば則ち吾れ能く之れを徴とせん。

夏とは、孔子の時代の王朝である周よりは二つまえの王朝であり、聖王禹によって創始され、キリスト紀元前二十三世紀から同十八世紀までが、その子孫による統治の期間であったとされる。杞というのは、その夏王朝の後裔が、周の王朝の客分として、いまの河南省の杞県に、小さな大名に封ぜられた国である。また殷とは、周の王朝のすぐ前の王朝であって、聖王湯によって創始され、前十八世紀から前十二世紀までが、その子孫による統治の期間であったとされる。宋とは、その後裔が、やはり周王朝の

客分として、いまの河南省商邱県に封ぜられた国である。

さてこの条の意味は、人間の文明の発展には法則がある。だから二つまえの王朝である夏の礼がどのようなものであったかを、私は推論できる。しかし推論の証拠となるべきものが、夏の後継者である杞の国には、充分にのこっていない。一つまえの殷王朝の文明についても同じであって、それについての議論ができないわけではないけれども、その実証となるべきものが、現在の宋の国には不足する。なぜならば文献が不足しているからである。現在われわれがつかう文献という言葉は、ここから出るが、われわれの意味とはちがって、文と献は二つの概念であり、文とは記録、献とは過去の伝統を伝えた賢人の意味であると、注には説く。残念ながら、記録的にも人的にも、資料が不足する。もし充分にあるならば、私は私の説を証明して見せるのだが。

のちの章に、周は二代に監む、郁郁乎として文なる哉、吾れは周に従わん（一〇七頁）、というように、孔子は自己の王朝である周の文明を、最も進歩したものと認めたが、同時に周の文明は、過去二王朝の文明の帰結であり、それらの歴史的研究を不可欠と考えていたこと、また孔子の学問に対する態度が実証を尊重したことが、この章によって示される。また文明の法則への確信は、さきの為政第二の「十世知るべきや」が、思い合わされる（八六頁）。

もっとも以上は、新注による。古注は、徵を成と訓じ、杞宋二国を前王朝文明の継承者として助成するのはむつかしい、文も献も不足だから、とする。また仁斎は、新注に近いが、夏礼吾能言、殷礼吾能言で切り、之の字を動詞として下につけ、杞に之(ゆ)く、宋に之(ゆ)くと読む。「礼記」の「礼運」篇に、ここと似た句があるからである。

子曰、禘自既灌而往者、吾不欲観之矣、
子曰(しい)わく、禘(てい)、既(すで)に灌(かん)して自(よ)り往(のち)は、吾(わ)れ之(こ)れを観(み)るを欲(ほっ)せず。

この章は難解である。しばらく古注によって、表面の意味だけを述べれば、次のごとくである。

禘(てい)とは、君主がすべての祖先の位牌を、始祖の廟(たまや)にあつめ、そのすべてを祭る大きな祭りである。元来は周の天子の祭りであるが、孔子のいた魯のくにには、周と最も親近な大名であるために、その祭りの挙行が、特に許されていた。ところでその儀式の次第の中で、最も重要な部分は、灌(かん)といって、鬱鬯(うっちょう)、すなわちチューリップでにおいをつけた酒を、わらに灌(そそ)ぎかけ、先祖の魂を招く行事である。わらが酒をすいこむのが、魂が酒を享受したように見える。それがすんでからあとは、見る気がしない。見る気がしないといえば、なにか孔子を不愉快にさせる事柄があったに相違ない。魯のくにでは位牌を並べる順序に妥当でないところがあったからだと、やはり古注の説である。

或問禘之説、子曰、不知也、知其説者之於天下也、其如示諸斯乎、指其掌、

或るひと禘の説を問う。子曰わく、知らざる也。其の説を知る者の天下に於けるや、其れ諸れを斯に示るが如き乎と、其の掌を指す。

禘の祭りの意義その他、この祭りについての学問的説明は、孔子のころにすでに議論が分れていたのであろう。ある人がその説明を孔子にもとめた。孔子の答えは、知らざるなり、わからない。むろん完全に分らなかったのではなく、自信のある説明をむつかしいとしたのである。また更にたたみかけていった。その説明をわきまえている者があるとするならば、その人間は世界のすべてを知っているほどの賢人だ、つまりその人間の世界に対する関係は、世界の縮図を、ほれ、ここの所に見つくしてしまうようなことになるであろう、と、そういいながら、片方の手のひらを出し、もう一方の手で指さした。示の字は視と同じと、新注の説。

　この章もよく分らぬ章である。しかし身振りを伴なった孔子の会話の活潑さ、またそれを記録し得た文章の活潑さは、脈脈としてわかる。なお、簡単明瞭な要約を、指

掌というのの出典がここにあること、いうまでもない。

祭如在、祭神如神在、子曰、吾不与祭、祭不祭、
祭ること在ますが如くす。神を祭ること、神在ますが如くす。子曰わく、吾れ祭りに与らざれば、祭らざるが如し。

はじめの二句は、子曰よりも前にあるから、とにかく孔子の言葉ではないにちがいない。それは孔子の行動を、述べたものであって、祭ること在ますが如くす、とは先祖の法事をする場合には、先祖がそこにいる如く敬虔に行い、神を祭ること神在ますが如くす、とは、先祖の神霊以外の神を祭る場合にも、神がそこに在ますが如くであるのが、孔子の行動であり、そうした態度をあらわす言葉として、吾れ祭りに与らざれば、祭らざるが如し、なんか事故があって、法事なりお祭りに参加できなかったときは、法事やお祭りがすまなかったような気がする、といったとするのが、宋儒の説である。うち、祭るとは先祖を祭るなり、神を祭るとは外神を祭るなり、というのは、何晏の古注にもとづいている。

徂徠の説は少しちがっていて、祭ルニ如クス在スガ、とは、孔子以前の古典の言葉であり、祭ルニ神ヲ如クス神ノ在スガ、とは、その意味を敷衍すればこうなるのであり、さらにその証拠として、

孔子の言葉を引いたのだとする。徂徠は一体に、「論語」には、孔子以前の古典の言葉が、しばしば引用されており、孔子の古典に対する関係は、普通に考えるよりももっともっと受動的だったという態度に立つが、その態度は、この条では、有効にはたらいているようである。

王孫賈問曰、與其媚於奥、寧媚於竈、何謂也、子曰、不然、獲罪於天、無所禱也、

王孫賈、問うて曰わく、其の奥に媚びん与りは、寧ろ竈に媚びよとは、何んの謂いぞや。子曰わく、然らず、罪を天に獲れば、禱る所無き也。

王孫賈とは、衛の霊公の重臣であり、のちの憲問篇第十四にも、その名が見える（下冊二一〇頁）。そうしてそこでは、暗愚な霊公が亡国のうきめを見るに至らなかったのは、三人の賢臣が補佐したからであるとし、その一人として、王孫賈が、軍旅すなわち軍事のかかりであったのをかぞえる。いかにも「左伝」の定公八年には、霊公が大国の晋から侮辱を受けたとき、この人物が、その非礼をやりこめ、且つ国論を統一して、晋の侮辱に対抗したことを記す。

ところでこの条では、その人物が、おかしな発言をして、孔子にやりこめられてい

る。

其の奥に媚びんよりは、寧ろ竈に媚びよ、これは当時にあったことわざである。すなわち竈とは、いうまでもなくかまどであるが、それは家の中の重要な存在であるゆえに、祭祀の対象でもあった。そうして、その祭りをする場合には、まず竈そのものの前で祭りをしたうえ、奥といって、うちがわの部屋の西南の隅、といえば家屋の一番奥まったところであるが、そこでもう一度その神霊を祭りなおすのが、掟であった。

かく、二つの場所で、かまどの神を、二度祭ることから、生まれたのが、この諺である。奥のところで、丁寧にするよりも、竈そのもののところで、丁寧にしろ、というのが、その意味であり、諺だから、奥、竈と、脚韻をふんでいる。

ところで、この諺の意味するところは、どういうことでしょうと、王孫賈が孔子に問いかけたのには、底意があった。すなわち、竈をもって、権力ある重臣の自己にたとえ、奥をもって、孔子の親しかった衛のくにの奥むきの家来にたとえた、と、古注にはいう。つまり衛の霊公に接近して、その政治の理想を、実行にうつそうと考えていた孔子に対し、床の間よりも、へっついが先だということわざがありますが、ありゃどういう意味でしたかね、と問い、あんたも、へっつい、すなわち実権者であるわたしを、もうすこし大事にしたら、と、王孫賈はなぞをかけたことになる。

孔子はこたえた。然らず。そうではありません。はっきりした拒絶の言葉である。

もしわたしが、こそこそと変なことをしたならば、わたしは人格を喪失したものとなり、最高の神である天に、罪を獲るでありましょう。つまり、天の罪人となり、天から見放されるでありましょう。天から見放されたものは、竈のところで禱ろうとも、奥のところで禱ろうとも、効果はない。つまり、禱るべき対象のない人間となる。私はあなたの呼びかけに応ずることはできない。

　この条は難解であるが、天とは君であるとする古注の説には、とにかく従わなかった。孔子の天に対する考えは、よりよくそれを示す条が、やがてあとに出て来るであろう。

子曰、周監於二代、郁郁乎文哉、吾従周、

子曰わく、周は二代に監む。郁郁乎として文なる哉。吾れは周に従わん。

　二代とは、周に先だつ夏王朝と殷王朝である。監むとは、周王朝の文明は、前二王朝の文明のすがたを、観察参考して、つくられたとする宋儒の説が、やはりよろしいであろう。かく過去の文明の長短得失を、参考しつつつくられているから、周の文明は、郁郁乎として文である。郁郁とは、盛大な文明の秩序をいう形容詞である。わたしは周の文明を、よりすぐれたものとして、それに従おう。

もっとも、周監於二代、とは、周を二代に監ぶれば、の意であって、周と夏殷二王朝を比較すると、と解する説もある。

子入大廟、毎事問、或曰、孰謂鄹人之子知禮乎、入大廟、毎事問、子聞之曰、是禮也、

子、大廟に入りて、事ごとに問う。或るひと曰わく、孰か、鄹人の子を、礼を知ると謂う乎。大廟に入りて、事ごとに問う。子之れを聞きて曰わく、是れ礼なり。

大廟とは、国の初代の君主を祭った神社であって、魯のくにでは、周公旦をまつった神社がそれであった。孔子が魯のくにの執政となった時のことであろう、君主の祭祀のかいぞえとして、その神社に行ったとき、祭祀の次第を、いちいちそばの者にたずねたうえで、行動した。或るひと、というのは、おそらく孔子の急激な出世をそねむ人間であったであろうが、その男がいうには、鄹、というのは、土地の名であり、孔子の父叔梁紇が、地方官として在任した土地であるが、あの鄹の役人の子供、すなわち孔丘は、物識りだという評判だが、なにが物識りなものか。いったいあいつを物識りだなんて誰がいったのだ。大廟にはいると、うろうろして、いちいち質問したというじゃないか。

孔子は、そのことを伝え聞くと、いった。それこそ礼なのだ、と。

鄹人の子、といういい方は、軽蔑したいい方であると、徂徠は類似の例を挙げて説明している。

子曰、射不主皮、爲力不同科、古之道也、

子曰わく、射は皮を主とせず。力を為すこと科同じからず。古えの道なり。

この条、古注と新注とで読み方がちがう。

古注によれば、射不主皮と為力不同科とは、二つのことである。射とは、礼の儀式としての弓仕合であり、皮とは弓仕合のときの的である。皮を主とせずとは、的の皮に命中するばかりが、能でなく、競技の態度が立派でなければならぬ。つまり、勝つことでなく、出場することでなければならぬ。また、力を為す、とは、力仕事の奉仕をすることであるが、その場合、体力の差異に応じて、ちがった仕事を課せられ、同一種類の仕事をしない。この二つのことは、いずれも「古の道」であるとする。為の字は平声の wei に読む。

朱子の新注の説はちがい、射の皮を主とせざるは、力の科を同じゅうせざるが為なり、と一つらなりに読み、儀式としての弓仕合の場合、的の皮を射貫く射貫かないということを尊重しないのは、各人の体力にちがいがあるからであり、かく個性を尊重するのが、「古の道」であると、いったとする。為の字は去声の wei となる。この新しい読み方は、北宋の劉敞の「七経小伝」にはじまる。つまり、この章全部がオリンピックの標語と似るとする。

そうしてこれらの美風、ないしはこの美風を、「古の道なり」ということ、もし仁斎にしたがって、「今の然らざるを嘆く」のであれば、よき古き時代への追憶となるが、今も部分的には存在する美風を、「古の道」として大切に保存したい気もちの語として、読めぬこともない。

子貢欲去告朔之餼羊、子曰、賜也、爾愛其羊、我愛其禮、
子貢、告朔の餼羊を去らんと欲す。子曰わく、賜や、爾は其の羊を愛す。我れは其の礼を愛す。

告朔の朔とは、陰暦のこよみの、毎月の朔日である。いまのわれわれのこよみは、太陽暦であって、冬至と夏至を中心として、太陽の高さを観測し、太陽が同じ高さのところにかえって来るまでの時間を一年とし、それをおよそ十二等分したのがひと月であるから、月のはじめをきめるのに、そんなに困難はないが、こうした太陽暦が採

用されたのは、中国では今世紀のはじめ、日本では前世紀のすえ、であって、それまでのこよみは、陰暦であった。すなわちわれわれが普通に旧暦というものであるが、陰暦とは、太陰暦のことであり、太陰とは月のことである。つまり、月のみちかけを基準として、つくられたこよみである。孔子のころのこよみも、むろんそれであった。ところでこのこよみでは、月のついたちをきめることが、なかなか困難であった。満月の日が十五日であることは、視覚的に確定しやすいが、それから十五日まえごろといえば、月が顔を出さないやみ夜であるうえに、満月から満月までは、二九・五三〇五八八日であるため、機械的に、満月から十五日まえを朔としていては、ながい間には、こよみがくるって来る。それが困難の一つ。また、季節の変化が太陽の高さに左右されることは、むろん分っていたが、太陽がおなじ高さにまで来る周期は、三六五・二四二一九日であり、それを陰暦の月にすると実は一二・三六八二月という端数が出る。それを顧慮せずに、正月から十二月までを、くりかえしてゆくと、春であるべき正月が、だんだん早くなって、寒い冬の間に来たりする。それを調節するために、閏月、すなわち、たとえば正月の次にもう一度、閏正月という、余分なひと月をおいて、月と季節のずれを、調節しなければならない。それが困難の二つ。そうした困難を克服して、月のみちかけを基準としつつ、しかも一方では、太陽暦的な一年をも考慮して、春は正月から三月まで、夏は四月から六月まで、秋は七月から九月まで、冬は十月から十二月まで、と、月の名と季節とを、うまく調節させたところの、いわゆる太陰太陽暦の暦法が、伝説によれば、太古の帝王、堯のときに、すでにできあがっていたという。孔子のときには、一層進歩したものとなっていたが、何にしても、毎月の朔という日は、その月に行われるべきすべての行事の起点として、鄭重にあつかわれたに相違ない。魯のくにでも、毎月その日には、とくに先代の殿様の神社に、きょうは、何月のついたちでございますと、申しあげる儀式があった。その儀式が告朔である。当時中央の周の王室は、衰微していたが、こよみは、なおやはりその仕事であって、中央から頒布されたこよみを、もとにしたであろうと思われる。

ところで、魯のくにの告朔の行事は、もと君主親臨のもとに行われていたが、孔子のまえ百年ばかりの文公（BC六二六から六〇九まで在位）のときから、君主は臨席せず、ただ形式的に、餼羊、おそなえの羊、それを供える儀式だけがのこっていた。そんなものはやめてしまえ、それが弟子の子貢の意見であった。しかし孔子は反対した。

賜よ。例によって子貢を実名によって呼んだのである。爾は其の羊を愛す、あるいは、愛しむ。おまえは羊がもったいないというのであろうが、しかし、我れは其の礼を愛しむ。羊を供えるという行為がのこっていれば、当然行わるべき儀式として、告朔の儀式があったことが、思い出される。羊もなくなれば、そうした礼儀の存在も、忘れられよう。私には、その方が惜しい。爾は汝と子音を同じくし、やはり二人称。

その汝に対する関係は、一人称の吾と我の関係に似て、主格、所有格など句のはじめの二人称は爾、目的格として句の終りの二人称は汝が、多いようである。

なお、告朔とは、魯の君主が、毎月の朔を、先祖の廟に告げることではなく、前年の年末に、周の天子から、翌年の暦を各国に布告する使者が、魯のくにへも来るのを、受け入れる際の儀式であるという説が、清の劉端臨の「論語駢枝」によって、告朔という言葉の他の使用例を顧慮しつつ、主張され、その遠縁の甥である劉宝楠の「論語正義」も、熱心にそれを支持する。

子曰、事君盡禮、人以爲諂也、

子曰わく、君に事うるに礼を尽くせば、人以って諂えりと為す也。

人間の善意の表現としての礼の生活、それは身分の差異に応じて、その表現を変えるものであったが、それを美しい秩序として、数学者が、数学の秩序に対して感ずるような、美しさを、孔子は感じていたと思われる。

礼の生活は、当時すでに崩壊の過程にあったが、孔子はその美しさを知るゆえに、君主と接触する場合にも、その規定に従って行動した。私としてはあたりまえのことをしているつもりなのに、人人は、私のこの態度に無理解であり、私が君主に諂っているとする。美しい秩序を保持しようとする私の気持を知らない、というなげきの言葉である。

なお、仁斎は、この条の余論として、人臣は君主に対して、やはり礼を尽くして事えるべきであり、『荀子』の「修身」篇に、道義重ければ則ち王侯を軽んず、というのは妥当でないというが、徂徠はそれに反撥して、孔子のころの君主は絶対君主でなく、臣下との関係は、ある程度、友人に似、臣下が君主にむかっておじぎをすれば、君主もおじぎをかえすという関係にあった。この教えは、そうした状態の中でこそ妥当である。かつ、当時、魯の家老たちは、魯の君主に対し、無礼きわまる振舞いをしていたので、孔子は、礼を尽くすことによって、君臣の正しい関係を示したのである。秦漢以後、君権が一方的に強まり、臣下が奴隷のように扱われるようになってからは、別の立場が考慮される、という。徂徠は、江戸時代の君臣関係をどういう風に見て、こういったのか、日本思想史家に問いたい。

定公問、君使臣、臣事君、如之何、孔子對曰、君使臣以禮、臣事君以忠、

定公、問う、君、臣を使い、臣、君に事うる、之れを如何。孔子対えて曰わく、君は臣を使うに礼を以ってし、臣は君に事うるに忠を以ってす。

定公とは、魯の君主であって、兄の昭公が家老たちに追い出されて、国外でのたれ死にしたあと、権臣たちに擁立されて、BC五〇九年から、四九五年まで、在位した。孔子の年齢でいえば、四十三歳から五十七歳までであり、かつ孔子が、魯のくにの大臣として、抜擢されたのは、この君主のときである。おそらく大臣となった孔子に、定公が問いかけた言葉であろう。君臣の関係は、どうあるべきであるかと。

孔子の答えとして、君は臣を使うに礼を以ってす、とは、美しい秩序は、上から下への関係においても、はたらかなければならない、というのであり、臣は君に事うるに忠を以ってす、の忠は、狭義の忠義ということではなくして、まごころということである。なお、徂徠は、二句は因果の関係にあるのであり、君もし臣を使うに礼を以ってすれば、臣も君に事うるに忠を以ってす、と読むべきだとする。

子曰、關雎、樂而不淫、哀而不傷、

子曰わく、関雎は、楽しみて淫せず、哀しみて傷らず。

「関雎」とは、「詩経」の開巻第一に位する詩である。

關關雎鳩　関関たる雎鳩は

在河之洲　河の洲に在り
窈窕淑女　窈窕たる淑女は
君子好逑　君子の好逑

つまり、かあかあと鳴くみさごの鳥は、黄河の中洲に。そのように、おちついた性格の、よいむすめは、紳士のよい配偶、というのを第一章として、幸福な結婚を祝福するうたであり、以下第三章もしくは第五章まで、言葉がある（吉川「詩経国風」、全集三巻四九頁）。もと陝西省の民謡であるとされるが、孔子のころには、音楽の伴奏を付して演奏される楽歌であった。

この章は、「関雎」の歌詞を批評したとするのが、普通の説であるが、徂徠は、その歌詞の中には、楽はあっても哀はない、だからこれは、歌詞の批評ではなく、音楽としての「関雎」についての批評だとする。

いずれにしても、楽しみて淫せずとは、そこにある歓喜の感情が、いかにも楽しげでありながら、淫でない。淫とは、必ずしも淫蕩とまでの意味はもたない。「淫は過なり」と訓ぜられるように、楽しげであっても、節度を保って、過度でない。哀しみて傷らず。そこには悲哀の感情も流れているが、それも節度をたもっていて、心をつきやぶる如く過度でない。

中国の文学が、つねに極端な感情の表出をきらい、節度ある表現を、とうとんできたのは、孔子のこの言葉に、少なからず影響されていると認められる。

なお、泰伯篇で、師摯の始め、関雎の乱りは、洋洋乎として耳に盈てる哉、というのは、明らかに、楽曲としての「関雎」に対する批評である（三三二頁）。また、「春秋左氏伝」の襄公二十九年、BC五四四の条には、呉の国の王子、季札が、魯の国に来たとき、「詩経」のべつの部分「豳風」がうたわれたのを批評して、美哉蕩乎、楽而不淫、といい、「頌」の部分がうたわれたのに対しては、哀而不愁、楽而不荒、といったということが、記録されている。ここと似た言葉であるが、歴史事実であるかどうかは知りがたい（吉川「詩経国風」解説、全集三巻参照）。

哀公問社於宰我、宰我對曰、夏后氏以松、殷人以柏、周人以栗、曰、使民戰栗、子聞之曰、成事不説、遂事不諫、既往不咎、

哀公、社を宰我に問う。宰我、対えて曰わく、夏后氏は松を以ってし、殷人は柏を以ってし、周人は栗を以ってす。曰わく、民をして戦栗せしむ。子、之れを聞きて曰わく、成事は説かず、遂事は諫めず、既往は咎めず。

哀公とは、前前条の定公の子であって、孔子五十八歳のとき、幼年で即位したことは、すでに為政篇で説いた（八〇頁）。また社とは樹木を神体とする土地の神である

が、そのいわれを、哀公が、弟子の宰我に、たずねた。宰予、字は子我、「利口弁辞」と、「史記」の「弟子列伝」にいい、先進第十一では、「言語には宰我、子貢」という（下冊一二頁）。

宰我はこたえていった。社の神体となる樹木は、王朝によって差異があり、夏王朝では松の木、殷王朝では柏の木でありましたが、現在の周王朝の制度としては、栗の木を御神体としてあがめています。更に言葉をつぎ、栗の音はリツでありますから、人民たちを戦慄させるためです、と。

この奇妙な答えが、孔子の耳にはいると、孔子はいった。できてしまったことは、いいわけがつかない。やってしまったことは、あらためようがない。過去のことは、とがめだてしない。孔子のこの言葉の意味は、何というばかな返答を、宰我はしたものか。君主に殺伐を教えるようなものである。しかし過ぎ去ったことはしようがない、以後は気をつけるがいい、という意味であったと、される。

音を同じくする言葉は、意味の上でも、何ほどか連絡があるのは、中国語のつねである。栗という植物も、実のひきしまった植物であるから、戦慄の慄と、リツという音を同じくするのかも知れない。この字が、戦慄とまではいかなくても、敬栗、すなわち敬虔の縁語となる場合は、他にもある。婚礼の翌日、花嫁が舅姑にあうときの、花嫁の手みやげは、棗と栗であるが、棗は早起、はや起き、栗は敬栗、厳粛な敬虔さ、この二つが、嫁たるものの、何よりの道徳であることの象徴だと、「春秋公羊伝」の、荘公二十四年にはいう。このように、栗の木は、その音からいっても、また実のひきしまったかたちからいっても、人をひきしめることを、連想しうるが、さらにまた、社のやしろは、罪人をころす刑場でもあったことが、宰我のこの答えを生んだ一因だともいう。さらにまた、古くは社を問う、でなしに、哀公主を宰我に問う、となっていたテキストもあったといい、それならば主、すなわち、宗廟の位牌についての問答ということになる。

　以上がこの条の、表面の意味であるが、うらには何か複雑なものが、ありそうに思われる。哀公が即位した四年目の、六月辛丑の日に、亳社災ありと、前の王朝である殷の社、それは柏を御神体とするものでなければならぬが、それが火事で焼けたという記事が、「春秋」にあるから、そのときの問答であろうという、清の李惇の説。また宰我の答えは、栗の木の御神体が、民を戦慄せしめる意味をもつように、取り締まるべきことは、てきぱきと取り締まりなさい、まず、あの横暴をきわめる家老たちを、お取り締まりになるがよろしい、と、哀公にすすめたのであり、孔子のそれに対する批評は、家老たちの横暴は、すでにひきとめにくい段階にある、そういって、軽率な行動に出ることを、いましめたのであるという、清の方観旭の説。それらを、清の劉宝楠の「論語正義」は、熱心に支持する。いずれも少しおもしろすぎる説のように思う。

子曰、管仲之器小哉、或曰、管仲儉乎、曰、管氏有三歸、官事不攝、焉得儉、然則管仲知禮乎、曰、邦君樹塞門、管氏亦樹塞門、邦君爲兩君之好、有反坫、管氏亦有反坫、管氏而知禮、孰不知禮、

子曰わく、管仲の器は小さい哉。或るひと曰わく、管仲は倹なる乎。曰わく、管氏に三帰有り。官の事は摂ねず。焉んぞ倹なるを得ん。然らば則ち管仲は礼を知れる乎。曰わく、邦君は樹して門を塞ぐ。管氏も亦た樹して門を塞ぐ。邦君は両君の好しみを為すに、反坫有り。管氏も亦た反坫有り。管氏にして礼を知らば、孰か礼を知らざらん。

管仲とは、孔子より二百年ばかり前の、春秋時代の初期、斉の桓公をたすけて、その覇業を成さしめた人物であって、孔子にちかい時代の政治家のうち、最も偉大な人物と意識されていた。あだかもわれわれが、日本の近い過去の大政治家としては、徳川家康を思い出すが如き比率で、あったろう。あとの憲問篇では、孔子も、管仲に賞賛の辞をおくっているが（下冊一九一、二〇四、二〇七頁）、この条では、むしろ賞賛していない。管仲の器は小さい哉、管仲は小器である。それがこのときの孔子の批評

であった。管仲なる者は、天下の賢人なり、大器なり、と施伯(しはく)なる人物が、いったということが、管仲の遺著と伝えられる「管子(かんし)」の「小匡(しょうきょう)」篇に見え、そうした俗説に孔子は反撥したというのは、清の恵棟(けいとう)の説である。

ところで、ある人が、孔子の否定的な言葉に、疑問をもったのであろう、たずねた。管仲は、倹約という美徳は、もっていたのでしょうねと。管仲は、大政治家でありながら、私生活は倹約であった、という言いつたえが、おそらくあったのであろう。

しかし、孔子は、それをも否定した。そうではない、いろいろぜいたくなふるまいがあった。たとえば管仲の家には三帰(さんき)があった。三帰には種種の解釈があるが、帰(き)とは、子音を同じくする家(か)と同じ意味であり、三帰すなわち三家とは、三人の女性を妻としたことだというのが、普通の説である。さらにまた、いま一つの僭上沙汰として、家老のいえでは、その部下を使うのに、一つの職掌ごとに一人のかかりをおかず、いくつかの職掌を、ひとりの家臣にかけもちさせるのが、礼のおきてなのに、管仲はこのおきてをやぶって、一つの職掌ごとに、一人の使用人をおいた。すなわち、官事摂(か)ねず、である。そのような生活をした人間が、どうして倹約家といえるか。焉(いずく)んぞ倹なるを得ん。

ある人はさらに質問した。管仲は礼の秩序を心得ていましたか。

管仲とならんで、斉国の大政治家とされる晏子(あんし)は、礼のおきてを無視してまで倹約であった、という批評があり、それと対比して管仲のぜいたくは、礼のおきてを正しく実行しようとして、おこったあやまちではないか、と質問者は考えたために、この質問が生まれた、とするのは、清の劉宝楠の説である。

孔子の答えは、やはり否定的であった。門の中がわに、大きな衝立てをこさえて、門のとびらが開いていても、邸内が見はるかせないようにすること、それは邦君、すなわち一国の君主にのみ、許された特権である。ところが管仲の家にも、それがあった。また一国の君主が、他国の君主の訪問を受けたときには、座敷の両側の、二本の大黒柱の中間に、反坫（はんてん）といって、献酬のさかずきをのせる台を設ける。それも君主にだけ許された特権なのに、管仲もそれをつくった。それだけでも、管仲が、礼を知らぬ人間であることがわかる。もし、この管仲が礼を知る人間といわれるなら、礼を知らない人間なんて、この世の中のどこにもいやしない。

樹（じゅ）して門を塞（ふさ）ぐ、という大きな石の衝立ては、いまでも北京（ペキン）へゆけば、見ることができる。大きな邸宅には、邦君でなくてもある。いまの言葉では、照壁（ジャオビイ）、照牆（ジャオチアン）、影（イン）壁（ビイ）などという。

子語魯大師樂曰、樂其可知也、始作翕如也、從之純如也、皦如也、繹如也、以成、

子、魯の大師に楽を語りて曰わく、楽は其れ知るべき也。始めて作こすに翕如たり。之れを従ちて純如たり。皦如たり。繹如たり。以って成る。

孔子のころの音楽が、いかようなものであったかは、今日よくわからない。孔子が、魯の国の楽師のかしらに語った言葉によれば、それは、もりあがるような（翕如也）金属の打楽器の鳴奏によってはじまる。やがて諸楽器の自由な参加によって（従之）かもし出される純粋な調和（純如也）、しかも諸楽器がそれぞれに受けもつパートの明晰さ（皦如也）、そうして連続と展開（繹如也）、かくして音楽は完成する（以成）、私は音楽をそう理解する、と孔子はいう。

以上は、私が旧著「中国の知恵」の第五章で、この条を引いたときに、ほどこした解釈である（全集五巻）。普通の解釈としては、それでよいと思う。ここの従の字は、放縦自由を意味するときの縦の字と、おなじである。また、魯の大師に楽を語りて曰わく、の大師とは、楽官の長であって、つまり雅楽頭であるが、それには盲人が任用されるならわしであった。

この条は、まえの、関雎は楽しみて淫せず、哀しみて傷らず、などとともに、孔子の芸術に対する感受性を、充分に示す章である。私の旧著は、さらに言葉をついで、次のようにいう。

——この言葉によれば、当時の音楽は、いくつかの管楽器、いくつかの絃楽器、いくつかの打楽器をもつ、オーケストラであった。それは詩が人間の行為の分裂の貴さを教えるのとは反対に、人間の行為の帰一の貴さを教えるところの、法則ある美の世界であった。そうした純粋美の世界に遊ぶことが、孔子にとっては人間必須の任務であった。

儀封人請見、曰、君子之至於斯也、吾未嘗不得見也、従者見之、出曰、二三子何患於喪乎、天下之無道也久矣、天將以夫子爲木鐸、

儀の封人、見みえんことを請う。曰わく、君子の斯に至るや、吾れ未まだ嘗って見るを得ずんばあらざる也。従者、之れを見みえしむ。出でて曰わく、二三子何んぞ喪うことを患えん乎。天下の道無きや久し。天将に夫子を以って木鐸と為さんとす。

儀とは地名である。現在のどこであるかはよくわからない。漢の鄭玄が、儀は蓋し衛の邑なり、というのによれば、河南省北部を領域とした衛のくにのまちである。そうして封人とは、国境守備の地方官であるから、国境に近い地方であったろう。
いつの旅行のときであったか、孔子がこの儀のまちを通りすぎたとき、そこの地方

官ないしは守備隊長が、孔子にあいたいといった。この土地へおいでになった紳士がたに、私はいつもお目にかかることにしています。お目にかからない方はありません。地方の小都市の新聞記者を連想してよいであろう。

従者、すなわち随行の弟子が、その要求をいれて会見させた。

インタヴューをおえて、旅館の門から出て来ると、その男はいった。二三子、お弟子の皆さんがた。何んぞ喪(さまよ)うことを患(うれ)えん、いまはこうして故国をはなれてあちこち旅をしていなさるが、いや、ご心配には及びませんぞ。天下の道無きや久し、世界が道徳をうしなってから、ずいぶんになります。だれか救済者が出なければならん。あなた方の先生こそ、その救済者だ。天は将(まさ)に夫子を以って木鐸と為(な)さんとす、木鐸(ぼくたく)とは、舌を木でつくり、すずしい音を立てるところの、小さな鈴である。武事には金鐸、すなわち舌も金属の鈴、それを振るい、文事には木鐸を振るう、というように、木鐸は、文化に関する命令を、役人がふれまわるときの、鈴である。天は、あなた方の先生を、ひろく人類に対する木鐸とされる思し召しらしい。

子謂韶、盡美矣、又盡善也、謂武、盡美矣、未盡善也、

子(し)、韶(しょう)を謂(い)わく、美(び)を尽(つ)くせり、又(ま)た善(ぜん)を尽(つ)くす也(なり)。武(ぶ)を謂(い)わく、美(び)を尽(つ)くせり、未(い)まだ善(ぜん)を尽(つ)くさざる也(なり)。

これは二つの交響楽を比較して批評した。韶とは太古の聖王である舜の音楽として、伝わるものであり、武とは孔子の王朝である周の始祖、武王の音楽である。前者が、美を尽くし、又た善を尽くす、つまり完璧のものであると批評されたのに対し、後者は、美を尽くしてはいるが、善を尽くさない。こう批評したのは、舜はその道徳によって、その前任者堯から、平和的に帝位をゆずり受けたのに対し、周の武王は、同じく聖人であっても、武力革命によって前王朝を倒し、その革命の経過を舞楽にしたのが武であって、そこには殺伐なものがあるからだ、という。

美といい善というのが、現在われわれがいう真善美の概念と、完全に一致するかどうかは、わからない。

仁斎はいう。聖人は文を右んで武を左しみ、徳を崇めて殺を悪む、故に其の言此くの如し、と。武人政治の徳川時代に、仁斎がそういったのは、仁斎が勇気ある人物であったか、あるいは徳川の社会が、ふつうに予想されるほど武断的でなかったか、どちらかである。

子曰、居上不寛、爲禮不敬、臨喪不哀、吾何以觀之哉、

子曰わく、上に居て寛ならず、礼を為して敬せず、喪に臨んで哀しまずんば、吾

れ何(なに)を以(も)ってか之(こ)れを観(み)ん哉(や)。

人の上に立つものに必要なのは寛容。儀式を行う場合に必要なのは人間に対する敬意。葬式に立ち会ったときに必要なのは哀しみ。この三つの場合に、この三つの重要なものがないとすれば、吾れ何を以ってか之れを観ん哉(や)、という最後の句は、私にはよく分らないが、見所のない人物だ、ということなのであろう。

里仁第四

子曰、里仁爲美、擇不處仁、焉得知、

子曰わく、里は仁を美しと為す。択んで仁に処らずば、焉んぞ知なるを得ん。

章のはじめの、里仁為美の四字は、それによって篇名の里仁も生まれていること、例のごとくであるが、じつは難解な四字である。江戸時代の普通の訓である道春点や、後藤点では、里は仁を美しと為す、と読む。仁斎の点もほぼおなじであり、里すら仁なるを美しと為す、と読む。里とはむらであり、厳密にいえば、二十五軒の家から成る集落であると、「周礼」に見えるが、むらでも仁厚の風俗のあるところは美しい、と説く宋の朱子の説から生まれた訓点である。より古い訓点を伝えるという嘉永元年の北野学堂本では、本文の美の字が善の字になっており、里は仁を善しと為す、と読むが、意味は同じであって、村でも仁の徳に富んだ人の多く住んでいるところがよろしい、だから択んで仁に処らずんば、焉んぞ知なるを得ん、住居を選択する場合にも、よく考えて、そうしたところに住まなければ、聡明な、知性ある人物とはいえない、ということになる。つまり人間は、環境が大切だから、せいぜい環境のよいところに住むがいい、ということであって、まるで分らないことはないけれども、分りやすい説ともいえない。

徂徠は新説をたてていう。まず、里とは名詞でなく動詞であって、里レ仁為レ美、仁に里るを美と為す、と読むべきであるとし、かつこの一句は古くから伝わる諺を、孔子が引いたのであるとする。また、択んで仁に処らずんば、焉んぞ知なるを得ん、という二句は、古い諺の意味を、孔子が、当時の言葉で説明したのであって、人が行動の立場を選択する場合、その立場を仁に処かないものは、智者とはいえない。そうした抽象的な意味であって、従来の説のように、仁者の里へ引越しせよ、ということではない。そもそも、自由な引越し、ということは、古代にはあまりなかったはずだと、説く。

孔子は述而篇にもいうように、述べて作らず、であった（二五一頁）。だから「論語」の中の言葉も、全部が孔子の創作ではない。古人の言葉を引いて、それを祖述演繹した部分が、たいへん多い、と見るのは、徂徠のしばしば取る方法である。徂徠のこの方法は、しばしば行き過ぎをも犯しているが、この条では、有力な一説として成り立つであろう。

子曰、不仁者不可以久處約、不可以長處樂、仁者安仁、知者利仁、

子曰わく、不仁者は以って久しく約に処るべからず。以って長く楽しみに処るべからず。仁者は仁に安んじ、知者は仁を利す。

不仁者とは、いうまでもなく仁者の反対概念であり、仁の徳をもたない人間である。約とは窮乏の生活を意味する。不仁者が窮乏の生活に長くいれば、窮乏にたえきれずして、いろんな不都合をしでかす。陽貨篇第十七に、「其の未まだ之れを得ざるや、之れを得んことを患い、既に之れを得れば、之れを失わんことを患う」というのを思いあわす（下冊三四三頁）。また不仁者は、長く得意の地位にいることもできない。きっと僭上沙汰をしでかすからである。

仁者はそうでない。ところで仁ある人間の中にも段階があって、本当の仁者は、生まれつき仁であるから、仁に安住する。また知者、すなわち知性に富む人物は、仁の徳のよさを知っているから、仁を利用する。

言葉の意味は以上のごとくであるが、前半と後半とは、どの注釈によっても、よくつらならないように思う。

仁者と知者とがしばしば対比して論ぜられていることは、のちの章が、おいおいに

示す如くである。たとえば雍也篇第六にはいう、知者は水を楽しみ、仁者は山を楽しむ。知者は動き、仁者は静かなり。知者は楽しみ、仁者は寿ながし（二三五頁）。

子曰、惟仁者、能好人、能悪人、
子曰わく、惟だ仁者のみ、能く人を好み、能く人を悪む。

仁者、すなわち人間に対する愛情をもつもの、それのみが、本当に人を好むこともできれば、人を悪むこともできる。

君子も亦た悪むもの有るか、という陽貨篇の子貢の問いに対し、孔子は、人の悪を称する者を悪む、下流に居て上を訕る者を悪む、勇にして礼無き者を悪む、果敢にして窒がる者を悪む、と答えている（下冊三五四頁）。

子曰、苟志於仁矣、無悪也、
子曰わく、苟しくも仁に志ざせば、悪しきこと無き也。

仁、すなわち人間に対する愛を、目標として心にもてば、すべての悪は、排除され、消滅する。

まえの条とともに、たいへん強い言葉である。ただはじめの苟という字の読み方については、やや説が分れる。それは仮定の助字であるにはちがいないが、もしも確実に仁に志ざすならば、と読むのは朱子であり、その系統の訓では苟の字をマコトニと読む。もし少しでも仁に志しさえすれば、と読むのは徂徠であって、いまそれに従い、イヤシクモと訓ずる。

また、無悪也の三字は、悪の字を悪（あく） è と読み、悪事は無くなる、とするのが普通の説であるが、悪の字を悪（お） wù と読み、人から悪（にく）まれない、憎悪されないと読む説が、仁斎の「論語古義」、および劉宝楠の「論語正義」にある。そうして仁斎は、世議すなわち世論というものは、はなはだ公平なものであり、人の心というものは、はなはだ直（ますぐ）なものであるから、人から悪（にく）まれるような人間は、要するに欠点のある人物である、という説を述べている。常識こそ、つねに真理であるとする、仁斎の哲学のあらわれである。

なお苟志於仁矣は、subjunctive clause であるが、矣の字はこうした個所にも、語勢をつよめるものとして現われるのである。

子曰、富與貴、是人之所欲也、不以其道得之、不處也、貧與賤、是人之所惡也、不以其道得之、不去也、君子去仁、惡乎成名、君

子無終食之間違仁、造次必於是、顚沛必於是、

子曰わく、富みと貴きとは、是れ人の欲する所也。其の道を以って之れを得ざれば、処らざる也。貧しきと賤しきとは、是れ人の悪む所也。其の道を以って之れを得ざれば、去らざる也。君子は仁を去りて、悪くにか名を成さん。君子は食を終うる間も、仁に違うこと無し。造次にも必ず是に於いてし、顚沛にも必ず是に於いてす。

富、貴、また貧、賤、は、いまのわれわれの意味で理解してよろしい。富と貴は、だれでもほしいものである。ただし、其の道を以って之れを得ざれば、しかるべき方法でそれに到達したのでなければ、処らざる也、その地位に安住しない。しかるべき方法とは、儒家には元来、地位はその人の徳性と才能とに応じて与えられるとする思想があり、徳性と才能によって、富貴を得たとするならば、それは其の道を以ってするものであるが、そうでない場合は、其の道を以ってせざるもの、しかるべき方法によらないものである。その場合は、あぐらをかいて居すわらない。逆に、貧と賤は、誰だっていやなものであり、元来の法則としては、徳性と才能のないものが、貧賤であるべきだが、この法則にはずれて、貧賤なるべからざるものが、貧賤を得る場合もある。その場合は、貧賤を忌避しない。要するに紳士の目標は仁、すなわち人間への

愛にある。もし紳士にして、仁を去らば、仁を忌避したならば、いかにしてその名誉を完成するか。君子は仁を去りて、悪くにか名を成さんや、である。紳士は、終食之間、すなわち一度飯を食いおわる間も、仁から違らない。造次、なにか突然なことが起こった場合にも、きっと仁のなかにいるのであり、顚沛、すなわち急につまずいてたおれる、というのは比喩的な意味であろうが、そうした場合にも、きっと仁のなかにいる。

子曰、我未見好仁者、惡不仁者、好仁者、無以尙之、惡不仁者、其爲仁矣、不使不仁者加乎其身、有能一日用其力於仁矣乎、我未見力不足者、蓋有之矣、我未之見也、

子曰わく、我れ未まだ仁を好む者、不仁を悪む者を見ず。仁を好む者は、以って之れに尙うる無し。不仁を悪む者は、其れ仁を為すなり。不仁者をして其の身に加えしめず。能く一日も其の力を仁に用いること有らん乎、我れ未まだ力の足らざる者を見ず。蓋し之れ有らん。我れ未まだ之れを見ざる也。

この章のはじめの部分は、私にはよくわからないものを含んでいるが、しばらく字を追って説けば、我れ未まだ見ず、我未見、とは、私はまだお目にかかったことがな

い、ということである。いかなる人物にあったことがないかといえば、一つは仁を好む人間、また一つには不仁を悪む人間。この二つはたいへん価値をもつ人間であるが、価値をもつ人間であるだけに、まだあったことがない。うち仁を好む人間は、以って之れに尚うる無き、つまり注文のつけようのない、最上の価値である。また不仁を悪む人間も、それは仁の道徳を行為するものであるといえる。何となれば、不仁者をはねつけて、不仁者の害毒を、自己の身の上に、加えさせないからである。

以上、ことばの表面の意味をひろうだけであるが、以下はややよく理解しうる。もし能く、ただ一日の間だけでも、仁の行為に努力しようというものがあれば、それだけの力量にさえ不足する人間はいない。それだけの力量さえもたないという人間を、自分はまだ見たことがない。つまり仁の行為は、やろうと思えばだれだってできる。できないはずはない、という強い断定であるが、蓋し之れ有らん、我れ未まだ之れを見ざるなり、という最後の二句は、いや、そうした人間も、あるいはいるかも知れない、しかし少なくとも私は、まだ会ったことがないと、まず人間の多様性に思いをはせて、一度下した断定をゆるめるように見せながら、実は、自分にとっては何よりも信頼しうる自分自身の知見の範囲で、さらに断定を強めるという、含みの多い、いいかたで終っている。

なおこの条では、主格のわれが、すべて我であり、吾でない。

子曰、人之過也、各於其黨、觀過、斯知仁矣、

子曰わく、人の過ちや、各おの其の党に於いてす。過ちを観て、斯に仁を知る。

この条は、朱子の新注によって読みたい。人間が過失をおかす場合は、それぞれその範疇において過失をおかす。朱子の注が具体的に説くのによれば、君子は人情に厚いためにあやまちをおかし、小人は人情に薄いためにあやまちをおかす。君子は愛のためにあやまちをおかし、小人は残忍のためにあやまちをおかす。だからその人の過失の種類を見れば、その道徳の程度なり方向がわかる、というのであって、過ちを観れば斯に仁を知る矣の、斯の字は、則の字の意味に読むべきである。何晏の古注の説は、以上あげた新注の説とちがっているが、新注のような説は、古くからあったと思われるのであって、斑固の「漢書」の「外戚伝」では、孔子の弟子の子路が、姉のなくなったとき、礼の規定以上に鄭重にしたことを評論して、過ちを観て仁を知ると、この条を引いているが、これはキリスト紀元ごろの漢の人が、この条をすでに新注のように読んでいた証拠となる。また「後漢書」の呉祐伝でも、父の着物を買うために、余分な税金をとりたてた役人のことを弁護して、それは孝心から出たあやまち、いわゆる過ちを観れば斯ち仁を知るものである、といっている。なお子張篇第十九には君

子の過ちは日月の食の如し、ということばがある（下冊四〇八頁）。

子曰、朝聞道、夕死可矣、
子曰わく、朝に道を聞かば、夕に死すとも可なり。

これも宋の朱子の新注に従って、その日の朝、正しい道を聞き得たならば、その日の晩に死んでもよろしい、と読むのが、むしろ普通の読み方であり、またそれでよろしいであろう。

古注では、道とは、世に道あること、つまり道徳的な世界の出現を意味するとし、そうした世界の出現を聞いたが最後、自分はすぐ死んでもいいとさえ思うが、そうしたよい便りを聞かずに、自分は死ぬであろう、という孔子の悲観の言葉として読むが、何となくそぐわない。もっとも陶淵明が、「貧士を詠ず」と題する詩に、「朝に仁義と与に生くれば、夕に死すとも復た何をか求めん」とうたっているのは、古注の意味でこの句をふまえているようである。

子曰、士志於道、而恥悪衣悪食者、未足与議也、
子曰わく、士、道に志ざして、而も悪衣悪食を恥ずる者は、未まだ与に議るに足

らざる也。

道徳を志向する人物でありながら、わるい生活を恥じるものは、はなしあいてになれない。

子曰、君子之於天下也、無適也、無莫也、義之與比、

子曰わく、君子の天下に於けるや、適きも無く、莫しきも無し。義にのみ之れ与に比しむ。

適莫の二字、いろいろと説がある。ここにあげた、適きも無く、莫しきも無し、というのは、後藤点など新注系の訓であるが、古注系の清原家の点が、適うすることも無く、莫うすることも無し、と読んでいるのは、皇侃の「論語義疏」に引いた晋の范甯の説に、「猶お厚薄のごとし」とあるのにもとづく、徂徠は、「華厳経音義」その他を資料として、適は親しむ、莫は疎んずるであると、説いている。要するに紳士は世界の万物に対して、主観的な好悪をもたない。ひとえに義しきものにこそ、比しむ、ということであって、比の字が、親しむという意味であるのは、陸徳明の「経典釈文」に、毗志反 bi と音がつけてあるのに、よった。

子曰、君子懐徳、小人懐土、君子懐刑、小人懐恵、

子曰わく、君子は徳を懐う、小人は土を懐う。君子は刑を懐う、小人は恵を懐う。

この条には二種の読み方がある。何にしても懐の字は、それをつねに心に懐きつづける、それを懐しむ、それに懐んずる、という意味であるが、道徳者であり支配者である君子が、なつかしみ安んずるのは、道徳、それに対し、一般人である小人が、なつかしみ安んずるものは、土地。また君子が心がけるものは、刑すなわち法則であるのに対し、小人の心がけるものは、恩恵であると、二種の対比を説いたのであると、古注も新注も、ひとしく説くが、徂徠は別説を立て、君子が、道徳を心がければ、その結果として、支配下の小人は土地に安住する。つまりそれはよい政治である。それに対し悪い政治では、君子が刑罰を心がける。そうすると、その結果として、支配下の小人は、偶然の恩恵ばかりを心がける、と、二句ずつ原因結果でつらなっているとする。つまり、君子徳を懐えば、小人は土を懐い、君子刑を懐えば、小人は恵を懐う、というのが徂徠の説であるが、おそらく徂徠の説の方が、すぐれるであろう。つまり為政篇（五九頁）の、「之れを道びくに政を以ってし、之れを斉うるに刑を以ってすれば、民免れて恥じ無し。之れを道びくに徳を以ってし、之れを斉うるに礼を以って

すれば、恥じ有りて且つ格る」と、似た言葉となる。

いずれの説によるとしても、徳（トク de）と土（ト tu）、刑（ケイ xing）と恵（ケイ hui）とは、いずれも子音を同じくする二字、すなわちいわゆる双声の二字であって、一種の語呂をあわせた言葉である。

子曰、放於利而行、多怨、

子曰わく、利に放りて行えば、怨み多し。

利益という便宜的な価値、そればかりにもたれかかって行動すれば、怨みはふえるばかりであろう。

放は依なり、と古注に訓ぜられているが、一度便宜的に発生した事象、それにもたれかかり、ひきずりこまれてゆくのが、この訓詁の意味であるように感ぜられる。

子曰、能以禮讓爲國乎、何有、不能以禮讓爲國、如禮何、

子曰わく、能く礼譲を以って国を為めん乎、何か有らん。能く礼譲を以って国を為めずんば、礼を如何。

礼譲の譲の字は、だいたい謙遜という意味にあたる。謙遜は礼の重要な要素であるから、礼譲という言葉が生まれたと思われるが、二字はおそらく密接にくっついた複合語であって、じつは、礼、とただ一字でいう場合と、意味に大差はないであろう。「左伝」の襄公十三年に、譲は礼の主也、謙遜は礼の中心、という言葉がある。

さてこの条の意味は、もし、礼によって国家を為める気になり得るならば、国家を治めるぐらい、何のむつかしいことがあろう、それは至ってたやすいことであるであろう。反対にもし、礼でもって政治をする気になり得ないとするならば、せっかく人間の文化の結晶として存在する礼を、どうしようというのか、礼が泣くではないか。

何有、何か有らん、とは、難からざるをいうなり、と古注に見え、如礼何、といういいかたについては、人にして仁ならずば、礼をいかん、人而不仁、如礼何、という句が、まえの八佾篇に見える（九二頁）。

子曰、不患無位、患所以立、不患莫己知、求爲可知也、

子曰わく、位無きを患えず、立つ所以を患う。己れを知ること莫きを患えず、知らるべきを為すを求むる也。

地位のないことが悩みではない、地位をうるだけの実力がないことこそ悩みである。

自分を認めてくれる人がないということは悩みでない。人から認められうべき行為をするように心がけよ。つまり、人間には遇不遇があるが、それは問題でない。あくまでも、自己の実力に自信をもちうるように、実力をつちかえ、というのであって、学而篇第一の、子曰わく、人の己れを知らざるを患えず。知られざるをこそ患うるなり(五三頁)、また憲問篇第十四の、子曰わく、人の己れを知らざるを患えず、其の能くせざるを患うるなり(下冊二三二頁)。衛霊公篇第十五の、子曰わく、君子は無能を病みとす、人の己れを知らざることを病みとせず(下冊二六〇頁)、と、同趣旨の言葉である。新注に引いた程子の説に、「君子は其の己れに在る者を求むるのみ」。なお、「立つ所以を患う」の立の字は、地位を得ることであって、位の字と立の字は、一つは人べんがあり、一つは人べんがないが、近い意味の字である。

子曰、參乎、吾道一以貫之、曾子曰、唯、子出、門人問曰、何謂也、曾子曰、夫子之道、忠恕而已矣、

子曰わく、参よ、吾が道は一以って之れを貫く。曽子曰わく、唯。子出づ。門人問うて曰わく、何んの謂いぞや。曽子曰わく、夫子の道は、忠恕のみ。

参というのは曽子の名であって、「釈文」に所金反とあるように、シムと発音し、

より普通なサムの音には読まない。

さて、「参よ」と呼びかけて、孔子が曾子に語った言葉は、吾道一以貫レ之、「私の方法は、ただ一つのことで、つらぬかれている」。それに対して曾子はただ、「はい」とのみこたえた。対話はただそれだけであったが、孔子がその場を去ると、他の弟子がたずねた、「さっきの対話は、どういう意味ですか」。すると曾子は説明していった、「うちの先生の方法は、忠と恕、ただこの二つだけである」と。忠とは自己の良心に忠実なこと、恕とは他人の身の上をあだかも自己の身の上のことのように親身になって思いやる。この二つのものによって、「先生の方法は一貫されている」。

以上のように読むのが、この条の普通の読み方であると思われる。つまり孔子の行動なり思想は、現象としては、さまざまのあらわれ方をするが、その根柢には、統一したものがつらぬき流れている。統一したものの内容は、忠と恕である、ということが、曾子には、よく分っていたので、ひびきに応ずるごとく、ただ「唯」、はい、とこたえた。「唯」の字の意味は、「はい、さようでございます」という丁寧な返事であって、ただいまの中国語で、「是」というのにあたるであろう。「礼記」の「曲礼」篇の上に、「先生召すときは諾する無かれ、唯して起つ」というのは、諾 nuò というのが、ぞんざいな返事であるのに対して、唯 wěi が長上に対する丁寧な返事であることを示しており、おなじく「礼記」の「内則」篇には、幼児の教育を説いて、男の子には唯という返事、女の子には兪という返事を、教えよ、という。また「老子」に、「唯と阿と相去ること幾何ぞ」というのは、もっともぞんざいな返事である阿も、丁寧な返事である唯も、老子一流の没価値説から見れば、どちらもおなじだというのであって、「唯」が丁寧な返事であることを、裏から示す資料である。なおその音は維癸反、すなわち wei の上声であって、普通、「ただ」という意味の場合のこの字が、wei の平声であるのとちがっている。要するに曽子が、このただ一語だけでこたえたというのは、曽子のおちついた、しかし鋭敏な人がらをよくうつし得ている。「子出づ」とは、部屋の戸、乃至は家の門から出て行ったということであり、どこから出て行ったかはわからぬ。皇侃の「義疏」では、この対話は、孔子が曽子の家を訪問したときのものであって、対話をおえて、孔子が曽子の家を出て行ったことであるとするが、そこまで穿鑿しなくともよかろう。門人問うて曰わく、の門人とは、弟子の弟子、すなわち又弟子であるという説が、清の朱彝尊などにあり、ここの門人も、曽子の弟子、つまり孔子の又弟子だから、門人問うて曰わく、であるという説がある。

一以って之れを貫く、という言葉は、衛霊公篇第十五にも（下冊二四四頁）、子貢と孔子の対話として、

子曰わく、賜や、女は予れを以って多く学びて之れを識る者と為すか。
対えて曰わく、然り。非なるか。

曰わく、非なり。予は一以って之れを貫く。と全く同じ表現が見え、両者考えあわせて、孔子の思想と行動は、一つのもので統一されている、と読むのが普通の説であるが、清儒の中には、「貫は行なり」という訓詁から出発して、貫の字は実践を意味し、すべてを実践するのが、自分の方法である、という新説を立てるものもある。

子曰、君子喩於義、小人喩於利、
子曰わく、君子は義に喩り、小人は利に喩る。

紳士は道理に敏感であり、紳士でないものは利益に敏感である。

子曰、見賢思齊焉、見不賢而内自省也、
子曰わく、賢を見ては斉しからんことを思え。不賢を見ては、内に自ずから省りみる也。

すぐれた人物にあったら、自分もそれと同じようになりたいと思え。つまらない人間にあったら、自分も同じ条件をもたないか、内に向かって自ずから反省せよ。「かしこい」という日本語は、必ずしも、賢という漢字の意味をつくさない。すぐれた人物、えらい人物が、賢である。

子曰、事父母幾諫、見志不従、又敬不違、勞而不怨、

子曰わく、父母に事うるには幾くに諫む。志の従われざるを見ては、又た敬して違わず。労して怨まず。

幾くに諫むとは、「幾は微なり」と、古注、新注ともに説くように、おだやかに、遠まわしに勧告進言することである。「志の従われざるを見ては」の志とは、父母の志、気持であって、父母の気持が、こちらの勧告に、従いそうもないと観察した場合には、「又た敬して違わず」、さらにもう一度、敬虔な態度を示して、その気持にさからわない。以上が一つのいましめであり、また一つのいましめとして、父母から労働を課せられても、やすんじて労働にしたがい、怨みがましく、いやそうな様子、気持をもってはならぬ、と読むのが普通の読み方であるが、清朝の最もすぐれた古代言語学者の一人である王引之は、ここの労の字は、憂、うれえるという意味であって、「労うれど怨まず」も、上と一連のものであると説く。すなわち父母の行為に何か賛成しがたいものがあり、いくら勧告してもきかれない場合は、そのために心配はする

が、怨みがましい気もちはもたない、というのだとする。なお「礼記」の「内則」篇に、「父母過ちあれば、気を下し色を怡やかにし声を柔かにして、以って諫め、諫め若し入らざるときは、起めて敬に起めて孝なれ。説べば則ち復た諫むるなり」云云、といい、同じく「礼記」の「曲礼」篇に、「子の親に事うるや、三たび諫めて聴かれざれば、則ち号泣して之れに従う」というのは、この条と似た教えであるとされる。また日本に伝わる皇侃本は、敬不違の三字が、敬而不違となっており、下の労而不怨と、対句のようになっている。

子曰、父母在、不遠遊、遊必有方、
子曰わく、父母在ませば、遠く遊ばず。遊ぶこと必ず方あり。

父母在世の間は、遠い旅行をしない。旅行をしても、きっと一定の方角だけにゆき、別の方角へ、勝手にゆかない。以上が新注の説であり、「方は猶お常のごときなり」として、必ず規律のある旅行をする、というのが古注である。いずれにしても、「礼記」の「曲礼」篇に、「夫そ人の子為る者は、出づるときには必ず告げ、帰れば必ず面どおりす。遊ぶところ必ず常あり、習うところ必ず業あり」といい、同じく「礼記」の「玉藻」篇に、「親老いたるときは、出づるに方を易えず、帰るに時を過ぎず」というのと、似た教えである。

子曰、三年無改於父之道、可謂孝矣、
子曰わく、三年父の道を改むる無きは、孝と謂う可し。

学而篇第一にも、同じ文章がある（四一頁）。「論語」にはときどき、こうした重出の章がある。

子曰、父母之年、不可不知也、一則以喜、一則以懼、
子曰わく、父母の年は、知らざる可からざる也。一つには則ち以って喜び、一つには則ち以って懼る。

喜ぶのは父母の長生きを喜ぶのであり、懼れるのは、父母の行くすえが長くないことを懼れるのである。なお、この章は、父母之年、不可不知也、一則以喜、一則以懼、虚字の「也」を軽くよめばリズミカルな四字ずつで、構成されている。吉川「漢文の話」（筑摩六三頁以下、全集二巻九四頁以下）参照。

子曰、古者言之不出、恥躬之不逮也、
子曰わく、古者、言を出ださざるは、躬の逮ばざるを恥ずる也。

古者は、二字で古い時間、古代。実際の意味としては、古代の人である。古代の人たちは、言葉を軽率に発表しなかった。実践がそれに追っつかないことを恥じとしたからである。今の人人はそうでない。古い時代に対する尊敬は、中国の思想家に普遍な感情であるが、「論語」にもそれはときどきあらわれる。

不言実行の教訓としては、次次章とともに、さきの為政篇の語（七三頁）と同趣旨である。

子曰、以約失之者、鮮矣、
子曰わく、約を以って之れを失する者は、鮮し。

経済的に倹約な生活をしていれば、そのために失敗をする人間は少ない、とも読め、またひろく、一般に生活方法がひかえ目であることによって、失敗する者は少ない、とも読める。

子曰、君子欲訥於言、而敏於行、

子曰わく、君子は言に訥にして、行に敏ならんことを欲す。

訥は遅鈍なりと注せられている。紳士は、訥弁であってもよい、むしろ実践に勇敢であれ。

子曰、徳不孤、必有鄰、

子曰わく、徳は孤ならず、必ず鄰り有り。

道徳は孤独であることはない。きっと同類を周辺にもつ、という意味であるに相違ない。きわめて深い含蓄をもった言葉であると察せられる。鄰は隣と全く同じ字。

子游曰、事君數、斯辱矣、朋友數、斯疏矣、

子游曰わく、君に事うること数すれば、斯れ辱ずかしめらる。朋友に数すれば、斯れ疏んぜらる。

数の字の読み方は、充分にはあきらかでないが、入声のサクの音に読むのがよろし

く、煩瑣に、こせこせとすることであると思われる。

君主に事える場合、煩瑣にこせこせと諌言したりすれば、ばかにされるばかりであり、友情も、煩瑣であれば、かえって疎遠になる。

斯辱矣、斯疏矣、の斯は則と同じ意味。

以上で、この篇をおわるが、ほとんど全部が、抽象的な教えであるのが、この篇の特徴であるように感ぜられる。

公冶長第五

子謂公冶長、可妻也、雖在縲絏之中、非其罪也、以其子妻之、
子、公冶長を謂わく、妻あわすべき也。縲絏の中に在りと雖も、其の罪に非ざる也と。其の子を以って之れに妻あわす。

公冶長、公冶が姓であり、長が名であって、弟子の一人である。妻の字は、めあわすと訓じ、動詞によむ。娘を妻としてやること。また謂の字は、評価、批評の意味を含んでいる。孔子は公冶長を、娘をやっていい人間だと評価した。そうして、縲絏の中に在りとは、罪人として黒い縄でしばられていることであるが、罪人となっていた公冶長を、其の罪に非ず、むじつの罪だとみとめたばかりか、自分の娘のむこにしてよい人間と考えて、娘をやったというのである。

公冶長がどういう罪の嫌疑を受けていたかはわからないが、それをあえて婿にしたのは、やはり思い切った行動であるように思われる。孔子が、自分の信ずるところに

は、あくまでも勇敢である態度の、一つのあらわれであろう。仁斎は、「以って聖人の権度の、変化すること方無きを明らかにす」、つまり聖人孔子の、臨機応変の措置は、一定の方向にしばられることなく、無限に自由であった、と説く。

なお公冶長は、鳥の言葉をきき分けるという特殊な才能をもっていたため、ある殺人事件がおこったとき、鳥どもの言葉から、屍体のありかを知り、そのため殺人犯の嫌疑を受けたという話が、いつごろ発生したかは分らないが、皇侃の「論語義疏」に載っている。

子謂南容、邦有道、不廢、邦無道、免於刑戮、以其兄之子妻之、

子、南容を謂わく、邦に道有れば、廃てられず、邦に道無ければ、刑戮より免れんと。其の兄の子を以って之れに妻あわす。

この条も婿えらびの話であって、ある本では前の条とあわせて一条にする。

南容という人物は、国家に道理のあるときには、その存在を無視されず、国家に道理がなくなったときにも、刑罰殺戮のわざわいから免れうる人物であると、孔子はそう批評して、これには、兄の娘をやった。

先進篇第十一に、「南容三たび白圭を復す、孔子其の兄の子を以って之れに妻あわ

す」と見えるのは（下冊一九頁）、この結婚についての別の言いつたえであり、白圭とは「詩」の句である。南容は、南宮縚（なんきゅうとう）という弟子のことともいい、魯の家老の一族であった南宮适（なんきゅうかつ）のことともいう。

なお以上の二条は、あい連なった似た話であるので、孔子は二人の評価に優劣をつけ、よりすぐれた南容の方に兄の娘をやった、つまり自分の娘よりも、兄の娘の方を大切に思ったのである、というような説があったらしい。朱子の注にも、ある人の説としてそれを引き、そうしたおかしな遠慮は、なにか自分の行動にひけ目を感ずる凡人にはあっても、公平の極致である聖人にはあるはずがない、と反論している。またはやく皇侃の「義疏」にも、二人のむこの優劣については、いろいろ議論があるが、皇侃自身の結論としては、二人に優劣はない、といっている。

また邦に道有るときは云云、邦に道無きときは云云、という対比は、最もしばしばこの書物に見える。この条で、「邦に道有れば廃（す）てられず、邦に道無ければ刑戮より免る」というのは、その一であり、同じこの公冶長篇に、衛の家老の甯武子を批評して、「国に道有れば則ち知、邦に道無ければ則ち愚」というのは、その二であり（一八七頁）、泰伯篇第八に、「邦に道有るに、貧しくして且つ賤しきは恥じなり、邦に道無きに、富みて且つ貴きは恥じなり」というのは、その三であり（三一九頁）、憲問篇第十四に、「邦に道有れば穀す、邦に道無くして穀するは、恥じなり」というのは、その四であり（下冊一八一頁）、同じく憲問篇に、「邦に道有れば、言を危くし行を危くす、邦に道無ければ、行を危くし言は孫る」というのは、その五であり（下冊一八四頁）、衛霊公篇第十五に、史魚を評して、「邦に道あれば、矢の如く、邦に道なきも、矢の如し」といい、蘧伯玉を評して、「邦に道有れば、則ち仕え、邦に道無ければ、則ち巻いて之れを懐にす可し」というのは、その六である（下冊二四八頁）。

子謂子賤、君子哉若人、魯無君子者、斯焉取斯、
子、子賤を謂わく、君子なるかな、若くのごとき人。魯に君子無かりせば、斯れ焉くにか斯れを取らん。

子賤とは、弟子の宓子斉であり、孔子より四十九歳若かったと、「史記」の「弟子列伝」に見える。それに対する孔子の批評である。君子なる哉、若くのごとき人よ。かれのごとき人こそ紳士である、というのであって、若の字は、一字で若レ此の意味である。孔子はそう賞賛した上、つけ加えていった、かれのごとき紳士が出たのも、かれの模範となるべき紳士が、魯の国にたくさんいたからである。もし、魯のくにに、君子がいなかったとすれば、斯れ焉くにか斯れを取らんや、上の斯は、斯の人、すなわち子賤であり、下の斯は、斯の道徳、すなわち君子たる道徳であると、朱子の注に

いう。つまりかれも、どうして、この地位を取得しえたであろう。先輩として多くの君子がいたればこそ、子賤のごとき君子が出たというのである。

魯無君子者の者は、この条では仮定を示す助字のようである。先進第十一の莫春者、春服既成（下冊七六頁）が、おそらくここと似た例であって、詳しくは文法家の研究を待ちたい。もっとも、述而篇第七の得見君子者、斯可矣（二九一頁）のように、君子者の三字が、一かたまりのように読める場合もある。また斯焉取斯の焉の字は、このように句のはじめの方に来る場合は、場所もしくは理由を探索する疑問詞であって、いずくにか、いずくんぞ、なんぞ、と訓読される。

なお、宓子賤は、名地方官であったという伝説が、一方にあり、たとえば、「呂氏春秋」の「察賢」という篇には、「宓子賤の単父を治むるや、鳴琴を弾じ、身は堂を下らずして、而も単父は治まりぬ」。つまり、じっとしたままで、単父、今の山東省の単県を、うまく治めおおせたといい、かつ、やはり単父の知事であった巫馬期が、朝から晩まで勤勉にかけずりまわって、やはり名知事であったのと、対比する。そうしてかく宓子賤が、無為にして化しえたのは、「韓詩外伝」に、「父として事うる所の者三人、兄として事うる所の者五人、友とする所の者十有二人、師とする所の者一人」という風に、顧問たるべき君子を、たくさんもっていたからであり、この条も、そうした事実を裏にもっての批評であると、清の劉宝楠などはいっている。

子貢問曰、賜也何如、子曰、女器也、曰、何器也、曰、瑚璉也、

子貢問いて曰わく、賜や何如。子曰わく、女は器なり。曰わく、何んの器ぞや。曰わく、瑚璉なり。

子貢問うて曰わく、賜や何如。賜とは子貢の実名であって、子貢が、「わたくしはどうでございましょうか」、先生はわたくしをどうお考えになります、とたずねたのである。前の条で孔子が宓子賤をほめたのとつらなって、子貢がいささかやきもきしながら、では私はどうなのでしょう、といったのだと見るのは、皇侃、朱子、仁斎である。

それに対する孔子の答えは、女は器なり、子貢よ、お前は器である、というのであった。女は汝とおなじ。子貢がさらに、どういううつわだとおっしゃるのですと、問いかえすと、お前は瑚璉である。瑚璉とは、宗廟のお祭のお供えに、黍稷、すなわちきびと高粱の御飯を、盛る器である。

以上がこの章の言葉の意味である。まえの為政篇第二に見えた孔子の言葉は、君子不器、君子は器ならず、であり（七三頁）、そこでは器という言葉が、反価値的な概念として、つかわれているが、ここは子貢をほめた言葉であるにちがいなく、したが

ってここの器の字は、ある価値をもつ概念であろう。いかなる価値であるかは、私によくわからない。ただ思いあわすのは、「易」の「繫辞伝」に、形乃謂之器、形あるものをば乃ち器と謂う、といい、また形而上者謂之道、形而下者謂之器、形より上なる者は之れを道と謂い、形より下なる者は之れを器と謂う、ということである。それによれば、器とは目に見えない道理の具現として、目に見える形をもったものである。「易」にはまた、弓矢なる者は器なり、之れを射る者は人なり、君子は器を身に蔵し、時を待って動く、ともいう。いずれも勝義の技術を意味するようである。以上私の思いついたままを、書きそえておく。

なお何如を、日本の写本は、如何に作るものがある。いずれにしても、意味は同じ。あるいは之の字を中に加えて、如之何といってもおなじ。

或曰、雍也、仁而不佞、子曰、焉用佞、禦人以口給、屢憎於人、
不知其仁、焉用佞、

或るひと曰わく、雍は、仁にして佞ならず。子曰わく、焉んぞ佞を用いん。人を禦ぐに口給を以ってし、屢しば人に憎まる。其の仁を知らず。焉んぞ佞を用いん。

雍というのは、弟子の、姓は冉、名は雍、字は仲弓である。また佞とは弁舌の立つ

ことである。ある人が孔子に対し、お弟子の雍さんは、りっぱな人がらながら、惜しいことに弁舌が立たない、といったところ、孔子はこたえた、弁舌というようなものは何の役に立つか。口給、すなわち口さきの機転で、人を禦ぎ、つまり便宜的一時的に人をごまかし、そのために人から憎まれるだけだ。雍が仁者であるか否かはわからぬとして、弁舌というものは、何の役に立つか。なお、仁と佞は、古代音では近い発音である。仁而不佞とは、類似音を利用した語戯かも知れぬと、友人尾崎雄二郎君の説。

この条での孔子の反撥は、たいへんはげしい。いささか想像を加えよう。「史記」の「弟子列伝」に、仲弓の父は賤しいと見え、この弟子は微賤な階級の出身であったらしい。しかし孔子は、自信をもって、彼をはげましつづけ、ある時には、雍や南面せしむべし、大名にしてもよい男だ、と極端な賞賛をも与えている（二〇一頁）。あるいは毛なみがよくないために、エレガントな言葉を、毛なみのよい人物のように、流暢にしゃべることができなかったのかも知れない。そうして、そうした人物に対する孔子の特別な愛が、俗人の批評に反撥して、この条になったのかも知れない。

子使漆雕開仕、對曰、吾斯之未能信、子說、

子、漆雕開をして仕えしむ。対えて曰わく、吾れ斯れを之れ未まだ信ずること能

わず。子説ぶ。

漆雕開というのも、弟子の一人である。漆雕が姓で、開が名、ただし本来の名は啓であったが、啓の字が漢の景帝の実名であったため、尊者の名を敬避するという風習から、今の本は同じ意味の開の字に書き改めたのだという。さて孔子は、この漆雕啓ないしは漆雕開に、役人になれとすすめた。すると弟子はこたえた。私はその点では自信がありません。孔子はそのこたえをうれしがった。

自信とは自分の学問なり道徳に対する自信であって、それらに対する自信がないから、とても仕官などは、と見る説もあるが、そうではなく、役人になることそれ自体に、自信がない、と読んだ方がよいように、私は思う。公務員になりたい人は、いつの世にも多いが、その責任の重さを思えば、良心のある人は、躊躇の気もちをもつのが当然である。

子曰、道不行、乗桴浮于海、従我者、其由與、子路聞之喜、子曰、由也好勇過我、無所取材、

子曰わく、道行われず、桴に乗りて海に浮かばん。我れに従う者は、其れ由なる与。子路之れを聞きて喜ぶ。子曰わく、由や勇を好むこと我れに過ぎたり。材を

取る所無からん。

はなはだ有名な一章である。ある日、孔子が、ふといった。私の理想とする道徳は、この世の中に行われそうにもない。いっそのこと、この中国を見捨て、桴に乗って、東の海に乗り出したく思う。そのとき、おれについて来るのは、まあ由、すなわち子路だろうかな。

子路が弟子のうち、もっとも活潑な人物であることは、これまでにもたびたびふれた。

孔子のこの言葉を聞きつけた子路は、わが意を得たりと、おどりあがって喜んだ、すると孔子はまたたしなめていった。由よ、お前は私以上に勇ましいことが好きだ。いったいどこで、そうした大きないかだをつくる材木をとって来るというのかね。

孔子は、理想と現実との矛盾に苦しみぬいたあげく、はなはだ放恣な空想を描くこともあったように思われる。子罕篇第九では、子九夷に居らんと欲す、といい（三六九頁）、ここでは桴に乗って海に浮かばん、という。内陸をのみ往来した古代の中国人にとって、海は晦い世界の果てであったとともに、やはり自由解放を意味する空間でもあったであろう。そうした放恣な空想の中で、一しょにいかだに乗る人物として、まず浮かび上るのが子路であったのも、充分にうべなえるし、いつもは謹厳な先生が、こうした強烈な空想を発することもあり、かつその空想の中にいだかれたのが、他の弟子に先んじて、自分であったことを知った子路の喜びも、想像にあまりある。しかし孔子から見れば、子路の心理はやはり過度の心理であったのである。

おもしろいのは、勇を好むこと我れに過ぎたり、であって、これによれば、子路ほど過度でないけれども、孔子もまた勇気を好んだことになる。のちの憲問篇第十四には、仁者必ず勇有り、という言葉が見える（下冊一八五頁）。

なお無所取材の材の字を、材木の意味に読むのが、普通の説であるが、古注にあげた別の説では、材は同音の哉と同じであるとし、取る所無き材と読ませている。

また中国の古代人が、海についていだいた想念については、私の「森と海」という文章を、参考されたい（全集十九巻）。

孟武伯問、子路仁乎、子曰、不知也、又問、子曰、由也、千乘之國、可使治其賦也、不知其仁也、求也何如、子曰、求也、千室之邑、百乘之家、可使爲之宰也、不知其仁也、赤也何如、子曰、赤也、束帶立於朝、可使與賓客言也、不知其仁也、

孟武伯、問う、子路は仁なる乎。子曰わく、知らざる也。又た問う。子曰わく、由や、千乗の国、其の賦を治めしむ可き也。其の仁を知らざる也。求や何如。子

曰わく、求や、千室の邑、百乗の家、之れが宰たらしむ可き也。其の仁を知らざる也。赤や何如。子曰わく、赤や、束帯して朝に立ち、賓客と言わしむ可き也。其の仁を知らざる也。

孟武伯とは、さきの為政篇第二に、孟武伯、孝を問う、と見えた魯のわかい家老である（六五頁）。わかい家老は、弟子たちのおもだったもののうち、まず子路について、孔子にたずねた、かれは仁者でありますか。孔子の答えは、知らざるなり、わかりません、ということであったので、さらに問いかえすと、孔子はいった。かれ子路は、千乗の国、すなわち千の兵車をもつりっぱな大名の国の、財政のきりもりをまかせてもよい人物です。しかし、仁者であるかどうかはわかりません。つぎに、冉求はどうかとたずねると、かれは戸口一千のまち、また百の兵車をもつ家、すなわち家老の領地の、地方長官となることはできましょう。しかしやはり、仁者であるかどうかはわかりません。つぎに赤すなわち公西華は、どうか、とたずねると、かれは大礼服を着て朝廷に立ち、外国の賓客と応対するには充分です。しかし仁者であるかどうかはわかりません。

古注に、孔安国を引いて、仁の道は至って大いなれば、全き名はむつかし、と、この条の意味を総括している。

この条の問答は、まえに為政篇で触れたような、孔子と孟武伯との年齢の差異から考えて、やはり孔子晩年のものである。そうして、「史記」の「弟子列伝」に、どの弟子は孔子よりもいくつ若かった、という記載を信ずるとすれば、問答の対象となった三人の弟子の年齢は一様でない。かりにBC四八四年、孔子が衛から魯に反った年のこととすれば、それは孟武伯が、孟孺子(もうじゅし)、すなわち孟の若旦那という呼び名で、はじめて「左伝」にあらわれる翌年であるが、孔子が六十九歳であるのに対し、子路は六十歳、冉求は四十歳、そうして公西赤は二十七歳である。そうして働きざかりの冉求は、当時すでに魯の家老季孫氏の宰、すなわち奉行であったはずであるから、千室の邑、百乗の家、之れが宰たらしむ可きなり、というのは、仮定の言葉でなく、実績に徴しての言葉でもあったであろう。といって、子路について、千乗の国、其の賦を治めしむ可きなり、というのは、やはり可能性をいうのであろう。先進篇第十一に、政事には冉有と季路、というように(下冊二二頁)、二人は実務の才に長じた弟子であった。また赤すなわち公西華についても、すぐ次の雍也篇に、赤の斉に適くや、肥馬に乗り、軽裘を衣(き)る、云云と見え(二〇五頁)、それがもし公式の使者となったことを意味するとすれば、この若い弟子も、外交官としての素質をもった人物であったことになる。

なおこの三人の弟子は、ほかの篇でも往往一しょに出て来る。先進篇の弟子が各おのその志をいった有名な章でも（下冊七五頁）、坐に侍したのはこの三人と、曽皙であり、三人がそれぞれの志、すなわちそれぞれの理想として述べるものは、ここの孔子の評語を、自分自身でいったようなかたちになっていると、和辻博士の「孔子」には注意する。

また先進篇には、次のような一条もある（下冊六三頁）。斯れを聞けば諸れを行わんか、という同じ問いに対し、子路にむかって孔子は、そうするなと答え、冉有にむかっては、そうせよと答えたのを、公西華が不審がったところ「冉有は引っこみ思案だから、はげまし、子路は出過ぎるから、おさえたのだ」と孔子が説明した、という条である。あるいは三人は、孔子晩年の、最も親近な弟子であったかも知れない。なお先進篇で、「仲由と冉求は、大臣と謂うべきか」と季子然が問うているのは（下冊七〇頁）、やはりこの二人が「政事」の才と目されていたためであろうし、次の雍也篇でも、二人は、賜すなわち子貢と共に、政治的な才能を、季康子から問われている（二二二頁）。

子謂子貢曰、女與回也孰愈、對曰、賜也何敢望回、回也聞一以知十、賜也聞一以知二、子曰、弗如也、吾與女弗如也、

子、子貢に謂いて曰わく、女と回や、孰ずれか愈れる。対えて曰わく、賜や何

んぞ敢えて回を望まん。回や一を聞いて以って十を知る。賜や一を聞いて以って二を知る。子曰わく、如かざる也。吾れと女と如かざる也。

顔回が「論語」にあらわれるのは、まえの為政篇の、「吾れ回と言う」が一回目（六九頁）、ここが二回目であるが、顔回、字は子淵こそは、孔子の最も大事な弟子であった。

この条は、ある日の孔子と、子貢との、問答である。子貢、端木賜は「弟子列伝」によれば、顔回より一つだけ年下の、いわば同年輩の弟子であり、競争相手でもあったであろう。

さて孔子は子貢にむかっていった。お前と顔回とは、どちらがすぐれていると思うか。子貢は答えた。賜や何んぞ敢えて回を望まん、賜とは子貢の名であり、望とは遠方からのぞみ見ることである。つまり、私は、とてもかれ顔回の、あしもとにもよりつけません。何となれば、かれ顔回は、ただ一つのことを聞いただけで、その周囲にある十のことを察知しますのに対し、私は、一つのことがらから、せいぜい二つのことがらを引き出すに過ぎないからです。

孔子は、子貢のこの率直な答えをよろこんで、いった、弗如也、如かざるなり。弗は不よりも、より強い否定の助字であり、如は、及ぶ、同等のものとしておっつく、である。お前のいうとおり、お前はかれに及ばない。いや、お前ばかりじゃない。先生であるこのおれも、お前とともに、かれ顔回には及ばない。吾与レ女弗レ如也。最後の一句は、「蓋し以って子貢を慰めんと欲した」のであると、漢の包咸は説く。朱子の新注では、「吾れ女に如かざるを与さん」吾与二女弗一レ如也、と読み、与は許であって、彼に及ばぬというお前の意見に、おれも賛成する、と読み、その説は梁の皇侃にもとづくが、包咸の説の方が、まさるであろう。

宰予晝寢、子曰、朽木不可雕也、糞土之牆、不可杇也、於予與何誅、子曰、始吾於人也、聽其言、而信其行、今吾於人也、聽其言、而觀其行、於予與改是、

宰予、昼寝ぬ。子曰わく、朽ちたる木は雕る可からざる也。糞土の牆は、杇る可からざる也。予に於いて与、何んぞ誅めん。子曰わく、始め吾れ人に於けるや、其の言を聴きて其の行を信じき。今吾れ人に於いてや、其の言を聴きて其の行を観る。予に於いて与、是れを改む。

宰予、またの名は宰我という弟子は、どういうわけか、しかられてばかりいる。まえの八佾篇第三の、哀公、社を宰我に問う、のところでも叱られ（一一七頁）、下論

の陽貨篇第十七で、親に対する三年の喪は長すぎはしませんかとたずねたところでも、不人情なやつだと、叱られている（下冊三四八頁）。「言語には宰我と子貢」（下冊一二頁）という風に、弁舌の立ちすぎる才人であったからであろうか。この条は昼寝を叱られたはなしである。

宰我が昼寝をしているのを見て、あるいはそのことを聞きつけて、孔子は、いった。ぼろぼろになった木に彫刻はできない。また糞土（ふんど）、この二字の意味は充分に明らかでないが、要するに悪い土であるにはちがいない。悪いかべ土でつくった垣根は、どう朽（ぬ）りなおしても、手におえない。要するに素質のわるい人間には、教育の方法がない。宰予もまたそれである。予（よ）に於いて与（か）、何んぞ誅（せ）めん。与は意味のない助字であり、誅（ちゅう）は叱責を意味する。かれ宰予に対しては、叱っても、しようがない。

ただ昼寝をしただけで、こんなに叱られるわけはないというところから、徂徠は一説を立て、「宰予昼寝ぬ、とは、昼に寝（ねべや）に処（お）るなり。昼に寝（ねべや）に処るとは、蓋し言うべからざるもの有り。故に孔子深く之れを責む」。蓋し言うべからざるもの有り、とは、昼ひなかから女と寝ていたというのが、徂徠のつもりである。

また、「論語」の古い本には、晝すなわち昼の字が、畫すなわち画の字になった本もあり、画レ寝、寝に画す、とは、宰予がその寝室に、身分不相応のぜいたくをして、壁画をかかせたのだ、という説もある。

さて孔子は、さらにいった。従来私は人間に対して、言葉を聴いて、実践力を信じたが、これから私は人間に対し、言葉を聴くだけでなく、実践力を見さだめてから、評価をきめよう。私は、宰予の事件を契機として、このように態度を改める。

子曰、吾未見剛者、或對曰、申棖、子曰、棖也慾、焉得剛、

子曰わく、吾れ未まだ剛なる者を見ず。或るひと対えて曰わく、申棖。子曰わく、棖や慾。焉んぞ剛なるを得ん。

強い人間というものを、私はまだ見たことがない、といったのに対し、ある人が、申棖はどうですか、とたずねた。申棖は、弟子の一人であったという説もあるが、包咸の注には、ただ魯人とのみ注する。

孔子は答えた。申棖には、慾がある。強い人間では、あり得ない。

剛の字については、「尚書」の「皐陶謨」に、「剛にして塞つ」が、人間の九つの徳の一つとして見え、同じく「尚書」の「洪範」に、「正直、剛の克、柔の克」が、人間の三つの徳として見える。そのくわしい概念規定は、独立の問題として考究されるべきである。慾の字についても同様であって、この字古くは心をつけずに、ただ欲と書いた。「詩」の「大雅」の「文王有声」に、「其の欲を棘やかにするに匪ず」、また

「易」の「損」の卦の「象伝」に、「山の下に沢有るは損、君子以って忿りを懲らし、欲を窒ぐ」、「礼記」の「礼運」篇に、「何をか人の情と謂う、喜、怒、哀、懼、愛、悪、欲の七者は、学ばずして能くす」などという使用例があるが、もっとも有名なのは、「礼記」の「楽記」篇の、次の条であって、それはやがて宋の新儒学が、天理と人欲とを相対立させ、相反撥する概念として、とりあつこう基礎となった。
「人生まれて静かなるは、天の性なり。物に感じて動くは、性の欲なり。夫れ物の人を感ずるは、窮まりなし。而して人の好悪節めなければ、則ち是れ物至りて、人、物に化せらるるなり。人、物に化せらるる者は、天理を滅ぼして、人欲を窮むる者なり」。

　子貢曰、我不欲人之加諸我也、吾亦欲無加諸人、子曰、賜也、非爾所及也、

　子貢曰わく、我れ人の我れを加ぐことを欲せざる也。吾れも亦た人を加ぐ無からんと欲す。子曰わく、賜や、爾の及ぶ所に非らざる也。

加の字は、加ぐと読み、物質的、精神的な暴力、ないしは圧力を、人に加えることを意味する。まえの里仁篇第四の、不仁を悪む者は、不仁者をして其の身に加えしめ

ず（一三五頁）、の加である。子貢が、いった。私は、人が私に、暴力を加えることを、欲しない。それとともに、私も人に、暴力を加えることを欲しない。子貢のこの言葉を聞いて、孔子は、いった。子貢よ、それはむつかしいことであって、お前にできることではない。

古注の意味は、皇疏の敷衍によっても、また邢疏の敷衍によっても、右のようであり、私はずっとそのように、この条を読んで来たが、朱子の新注では、人の我れに加うることを欲せざることを、吾れも亦た人に加うること無からんと欲す、と読む。つまり、下論顔淵篇第十二、および衛霊公篇第十五に、二度見えるところの、己所レ不レ欲、勿レ施二於人一、己れの欲せざる所を、人に施すこと勿かれ、の意味であるとし、劉宝楠の「正義」なども、その影響のもとにある。なるほど、はじめの句の第一字が我であり、二句目の第一字が吾であるところから見て、二句は何か複雑な関係でつらなっているのかも知れぬが、私は、しばらく、読みなれたままに読んでおく。

子貢曰、夫子之文章、可得而聞也、夫子之言性與天道、不可得而聞也、

子貢曰わく、夫子の文章は、得て聞くべき也。夫子の性と天道とを言うは、得て聞くべからざる也。

はなはだ有名な章である。ことに孔子の学問は、がんらい即物的であり、抽象的でも思弁的でもなかったと主張する学者たち、すなわち清朝の学者たちが、もっともしばしば引く章である。

子貢がいった。先生の文章を、われわれは、聞くことができる。しかし人間性と、宇宙の法則についての、先生の議論は、聞くことができない。

文章の二字で、子貢が何を意味したかは、じつはよくわからないが、具体的な行動としてあらわれた文化的な意図を、ひろく指すものであり、いまわれわれがこの二字を使うときの、狭義の意味、すなわち言語文化というだけの意味ではなく、礼、楽、という文化的な行為を、ひろく二字の中に含むと思われる。

性すなわち人間性の問題は、孟子以後の儒学の、好んで問題とするところである。しかし、「論語」の中で、それに関する議論は、「性は相近く、習いは相遠し」というのが、下論の陽貨篇第十七に、ただ一つのものとしてある（下冊三一七頁）。また天の字は、よりしばしばあらわれるが、やはり陽貨篇に、「天何をか言うや、しかも四時行われ、百物生ず」という遠慮ぶかい言及が、「天道」の性質についての唯一のものであるように思われる（下冊三四六頁）。

子路有聞、未之能行、唯恐有聞、

子路、聞くこと有りて、未まだ之れを行うこと能わず。唯れ聞くこと有るを恐る。

勇敢な人物であった子路は、なにか教えを聞くと、必ずそれを実行に移そうとした。だから、一つの教えを聞いて、それを実行に移しえぬ間は、次の教えを聞くことを、ひとえにこわがった。

子貢問曰、孔文子何以謂之文也、子曰、敏而好學、不恥下問、是以謂之文也、

子貢、問うて曰わく、孔文子は何を以って之れを文と謂うや。子曰わく、敏にして学を好み、下問を恥じず。是を以って之れを文と謂う也。

孔文子とは、衛の霊公の女婿であり、またその重臣であった人物であって、姓は孔、名は圉、文子とは、死後におくられた諡である。諡は、その人の生前の業績に対する批判として、おくられるものであり、りっぱな人物には、よい諡、好ましからぬ人物には、わるい諡が、おくられる。「逸周書」の「諡法解」は、いかなる人物にはいかなる諡、という法則を、説いたものであるが、うち「文」というのは、最上の諡の一

つであって、天地を経緯するを文と曰い、道徳博厚なるを文と曰い、学に勤め好んで問うを文と曰い、慈恵にして民を愛するを文と曰い、民を愍みて礼に恵うを文と曰い、民に爵位を錫うを文と曰う、などと見える。ところで、この最高の諡をおくられた孔圉という人物は、孔子の同時代人であるが、その伝記には、あまり立派な人物といえぬ要素があり、かつその要素は、孔子の伝記と交錯している。

すなわち「左伝」によれば、魯の哀公の十一年、BC四八四、六十九歳の孔子は、衛の国にいたが、そのころ、この孔圉を主役の一人として、好ましくない事件がおこった。すなわち太叔疾という若者の、はじめの妻を、孔圉は離別させ、孔圉自身の娘を後妻におしつけたが、若者はむかしの女を思い切れず、それを外に囲った。孔圉は腹を立てて、若者のところに討手を向けようとし、そのことを孔子に相談したが、孔子はその計画をおし止めたと、「左伝」に見える。さらにまた「左伝」によれば、孔子はその年、故国の魯から、ふたたび召聘を受けたので、衛を立ち去り、のち間もなくして、孔圉は亡くなったはずであるが、その未亡人が、衛のさらに大きな御家騒動と関係する。すなわち孔圉の未亡人は、衛の霊公の娘であり、当時亡命中であった太子蒯聵の姉であるが、夫の死後、美貌の小姓、渾良夫を、情人としていた。そうしたことから、蒯聵のクーデターが成功し、孔子の弟子の子路が、それにまき込まれて死ぬ（「中国の知恵」第六章参照、全集五巻）。そういうふうな騒動の原因の一つも、孔圉という人物のだらしなさに関係するかも知れない。

　要するに、孔圉という人物は、文子という立派な謚をもらうには、疑問のある人物であった。だから子貢があやしんで、「孔文子は、どういう資格で、文と謚されるに値するのですか」とたずねたのである。

　すると孔子はこたえた。かれは鋭敏な人物であり、鋭敏な人物というものは、えてして自己の主観にたよりすぎる結果、じっくりと学問をしたがらないものだが、かれは鋭敏な人物でありながら、学問を好んだ。またその学問好きの一つのあらわれとして、自分より地位能力のおとるものにも、質問を発することを恥じとしなかった。「左伝」の記事が事実であるとするならば、太叔疾の騒動のときに、事の是非を孔子に問うたことが、孔子のあたまにあったかも知れない。その点で、「文」と謚されるのに値するのである、そう孔子はこたえたというのである。

　後世でも、文という謚をもらうのは、高級の名誉であった。唐の文学の代表者の一人である韓愈（かんゆ）が、文公と謚されたのは、それである。また宋以後は、二字の謚が普通となったが、二字の中に文の字を含むのは、おおむね一流の人物である。宋の司馬光（しばこう）が、文正公と謚され、欧陽修（おうようしゅう）、蘇東坡（そとうば）、みな文忠公と謚されるのは、その例であり、うち殊に文正が最高で、文忠がそれに次ぐ。明清では進士出身の大臣は、みな文の字を含む謚をおくられる。明（みん）の書家の董其昌（とうきしょう）が、文敏公と謚され、清の詩人の王漁洋（おうぎょよう）、言語学者の王引之が、ともに文簡公と諡され、金石家の潘祖蔭が文勤公と諡されるように、文の諡の価値も、少し下落したようであるが、文正の諡は曾国藩に与えられ、文忠の諡は李鴻章に与えられるというふうに、文正、文忠は、やはり最高の諡であった。

　子謂子産、有君子之道四焉、其行己也恭、其事上也敬、其養民也恵、其使民也義、

子、子産を謂えらく、君子の道四つ有り。其の己れを行うや恭。其の上に事うるや敬。其の民を養うや恵。其の民を使うや義。

子産とは、鄭のくにの王族であり宰相であった公孫僑の字であって、孔子よりちょうど一世代まえの、名望ある政治家である。ちょうど一世代まえというのは、子産が亡くなったのは、魯の昭公の二十年、BC五二二、であると、「左伝」に見え、そのとき孔子は、ちょうど三十歳だからである。

　この条は、この先輩政治家に対する批評であって、子、子産を謂えらく、の謂の字は、例によって批評の意味を含んでいる。批評していうには、子産には君子としての方向が四つあった。自己の行動は慎重であり、君主と長上に仕えるには敬虔であり、

人民を愛護するには恩恵があり、人民を土木工事その他国家の公共事業に使役するのには法則があった。君子という言葉は、すぐれた支配者という意味と、すぐれた人物という意味と、分ければ両様の意味を含んでいるが、ここでは両者をかねあわせた意味であろう。なお子産に対する批評は、のちの憲問第十四にも、「恵人也」と見える（下冊一九一頁）。

鄭というくにには、孔子の祖国である魯のくにと同じように、小国であった。子産がそのくにの宰相として、内政と外交とに苦労した事蹟は、「左伝」にくわしく見え、かつそのある場所では、孔子のそれに対する批評をも、「左伝」は、しるしている。くわしくは貝塚茂樹「孔子と子産」（河出市民文庫『中国古代のこころ』、また筑摩叢書『中国古代の精神』）を見られたい。

子曰、晏平仲善與人交、久而敬之、

子曰わく、晏平仲は善く人と交わる。久しくして之れを敬す。

この条は、やはり先輩の政治家である斉の晏平仲に対する、批評である。おくりなでいえば晏平仲、実名でいえば晏嬰であって、司馬遷の「史記」列伝の第二巻はこの人物にささげられている。斉は、当時第一の商業地帯として、東方の大国であったが、当時の国内情勢は複雑であり、クーデターあいつぐ危機にあった。その時期の宰相としてよく危機を緩和した人物であるが、子産よりはやや後輩であって、孔子とも顔をあわせたことがあると思われること、私が「中国の知恵」第九章で考証するごとくである（全集五巻）。

さてこの条のいうところは、晏嬰は、人との交際のしかたが、立派であった。交際が長くなると、えてして相手に対する敬意を失いがちなものであるが、晏嬰は、いつまでも相手に対する敬意をもちつづけつつ交際した。それが、普通の説であるが、皇侃系統の日本の写本には、久而敬レ之を、久而人敬レ之につくるものがあり、それによれば、交際が深まれば深まるほど、相手の人が晏嬰を尊敬した、ということになる。

子曰、臧文仲居蔡、山節藻棁、何如其知也、

子曰わく、臧文仲、蔡を居けり。節を山にし、棁に藻けり。何如ぞ其れ知ならんや。

臧文仲とは、実名でいえば、臧孫辰であり、孔子の故国である魯の家老であった。ただし、孔子の同時代人ではなく、春秋のごく初期、晋の文公が、覇者となったころの人物であって、当時の年代記である「春秋」には、魯の文公十年、ＢＣ六一七年、

春、王の三月辛卯、臧孫辰卒す、と見える。孔子の生誕に先だつこと六十六年であり、この人物と孔子との距離は、ちょうど現代の老人が、松平定信を回顧するほどの距離である。そうしてこの人物は、魯のくにのすぐれた人物として記憶されていたらしく、やはり魯のくにの家老の一人である叔孫豹が、「魯に先大夫有りて、臧文仲と曰う、既に歿せるも、其の言は世に立てり」、それこそ「死して不朽なる」ものであるとたたえたと、「左伝」の襄公二十四年、BC五四九、に見えるのは、その死後六十八年のことである。

ところで孔子は、この人を魯の偉人とする常識に反撥したらしい。この条もそうであって、「子曰わく、臧文仲、蔡を居けり」。蔡とは占いにつかう大きな亀の甲であって、注によれば長さ一尺二寸、国君のみがその所持を許されるものであるのに、臧文仲は家老の身分でありながら、それを家にすえていた。また、「節を山にし」、とは、その家の建築は、とがた、すなわち柱の上方の梁を受ける部分、それを山型にした。また「梲に藻けり」、うだち、すなわち梁の上に立てる短い柱に、模様をほどこしていた。それらはいずれも、天子にのみ許された装飾であるのに、かれはそれを敢えてした。そうした僭上沙汰がある以上、何如ぞ其れ知ならん、知性のある人物とはいえない。

孔子の臧文仲に対する反撥は、下論にも見える。衛霊公篇第十五、「子曰わく、臧文仲は其れ位を竊む者か。柳下恵の賢を知りて、而も与に立たざりき」が、それである（下冊二五六頁）。また「左伝」でも、文公二年の条には、「仲尼曰わく」として、「臧文仲は其の不仁なる者三、其の不知なる者三」という言葉が見え、「展禽を下した」こと、つまり柳下恵を抜擢しなかったこと、「六関を廃して」、治安を妨害したこと、「妾に蒲を織らせる」という、身分不相応なけちな生活をしたこと、それが「三つの不仁」であり、「虚器を作り」というのは、すなわち「論語」のこの条にいう僭上沙汰のこと、「逆祀を縦し」、すなわち魯の宗廟の位牌の順序をみだしたこと、「爰居を祭り」、すなわちわけのわからぬ鳥を、神として祭ったこと、それが「三不知」であると、説かれている。

しかし、「左伝」の僖公二十一年に見えた別の挿話によれば、この人物も、春秋時代の進歩的な人物に共通する性格として、合理主義者的な性格をも、充分にもっていたらしい。その年の夏、大ひでりがあり、雨乞いのために、人身御供を立てようという計画があったとき、それは迷信である、旱魃の救済のためには、もっと合理的な方法をと、主張したと見える。孔子の批評は、賢者に全きを求めるものであったのであろうか。

子張問曰、令尹子文、三仕爲令尹、無喜色、三已之、無慍色、舊令尹之政、必以告新令尹、何如、子曰、忠矣、曰、仁矣乎、曰、未知、焉得仁、崔子弑齊君、陳文子有馬十乘、棄而違之、至於他邦、則曰、猶吾大夫崔子也、違之、之一邦、則又曰、猶吾大夫崔子也、違之、何如、子曰、清矣、曰、仁矣乎、曰、未知、焉得仁、

子張、問うて曰わく、令尹子文、三たび仕えて令尹と為って、喜ぶ色無し。三たび之れを已むるも、慍る色無し。旧令尹の政、必ず以って新令尹に告ぐ。何如。子曰わく、忠なり。曰わく、仁なりや。曰わく、未まだ知ならず、焉んぞ仁なるを得ん。崔子、斉の君を弑す。陳文子、馬十乗有り。棄てて之れを違る。他の邦に至って、則ち曰わく、猶お吾が大夫崔子がごとき也と。之れを違る。一つの邦に之きて、則ち又た曰わく、猶お吾が大夫崔子がごとき也と。之れを違る。何如。子曰わく、清し。曰わく、仁なりや。曰わく、未まだ知ならず、焉んぞ仁なるを得ん。

この条も有名人に対する批評である。前半で論ぜられている令尹子文とは、南方の大国、楚の国の宰相であって、子文とは字であり、令尹とはすなわち宰相を意味する楚の国の方言である。やはり春秋のごく初期、晋の文公を中心とする時代の人物である。実名は闘穀於菟であり、正当ならぬ結婚によって生まれた子であったため、母は

これを野に棄てたが、虎がやって来てそだてた。楚のくにの方言では、乳てることを穀といい、虎のことを於菟というので、こうした名がついたと、「左伝」の宣公四年に見える。長じてのちは、楚のくにの重臣となった。やはり「左伝」の荘公三十年に、「闘穀於菟、令尹となり、自ずから其の家を毀ちて、以って楚国の難を紓うす」と見えるが、それは、BC六六四、孔子の生まれるのに先だつこと百十三年である。これが最初の組閣であろうが、そののちもたびたび首相となり、前後三度首相となった。しかしいつ首相になってもうれしそうな顔をせず、また首相をやめさせられても、いつも怨みがましい顔いろを見せなかった。そうして辞職のときには、事務の引き継ぎを精密に行い、前首相であるみずからの政策を、詳しく新首相にいいついだ。こういう行為はどうお考えになりますかと、子張が問うたのである。

それに対する孔子の答えは、「忠実である」。では「仁といえましょうか」と、子張が問い返したのに対し、「充分な知性をもった人物とはいえないから、仁とはなし得ない」。

すこしく孔子の言葉の背景をうかごうために、僖公二十三年の「左伝」を見ると、この年、子文は、三たびの辞職の一つとして、令尹の位を新進の子玉に譲っているが、譲られた子玉は、有能すぎる人物であったため、やがて楚が晋と城濮で戦って、大敗を喫する原因となった。かく人を見る明がなかった点が、孔子から、「未だ知ならず」とされる原因であったろうか。しかし楚のくにでは偉人としてながく回顧され、のちその子孫が、反乱をおこし、家が取りつぶしになろうとしたときにも、楚の荘王(そう)は、子文のかつての功績をしのび、「子文にして後無(よつぎ)ければ、何を以って善をすすめん」と、その直系の子孫を保護したと、「左伝」の宣公四年の条に見える。

つぎに後半の話題となった陳文子(ちんぶんし)は、より近い時代の人物であって、「左伝」の襄公二十二年、BC五五一、すなわち孔子一歳の年から、襄公二十八年、孔子七歳のときまで、ほとんど毎年、この人についての記事がある。文子は諡であり、実名は陳須無(ちんしゅぶ)である。崔子、斉君を弑(しい)すとは、BC五四八年の五月、乙亥(きのとい)の日、斉の家老の崔杼(さいちょ)が、その君主荘公(そうこう)を殺した事件であり、弑(しい)の字の意味は、長上を殺すこと。事件の詳細は、私の「中国の知恵」第七章を見られたい（全集五巻）。そのとき陳文子は、おなじく斉のくにの家老として、十乗すなわち四十四の馬をもつ身分であったが、こうした不潔な国にいるのはたえられないとし、地位財産をなげうって、故国を違(さ)り、他のくにに亡命した。しかし、他のくにに行っても、うちの家老の崔子のやっていることと同じだといって、そこを立ちさり、さらにまた別の国にうつったが、そこでも同じことをいって、立ちさった。これはどうお考えになりますかと、子張が問うたのに対し、「清潔である」と孔子はこたえた。「では仁といえますか」というかさねての子張の問いに対しては、「知性にかける、仁とはいえない」というのが、やはりその答えであった。

前後ふたつの問答に共通してあらわれるのは、「未知焉得仁」の五字であって、それがこの章の眼目であるに相違ないのであるが、五字のよみ方が、一定しない。以上の私の解釈は、晋の李充の説として、皇侃の「義疏」に引くものに、しばらくよった。別の読み方として、未レ知二焉得一レ仁、未まだ焉ずくにか仁を得るを知らず、つまり忠実、清潔、ということは確かでも、どうして仁であるかは分らないと、孔子がこたえたとするのが、何晏の「集解」の説であり、また朱子の新注の説でもあるようである。なお「左伝」によると、陳文子は、崔杼が斉の君を弑逆してのちも、斉のくにの政治にあずかっているようであるのは、ややこの条と矛盾すべき記載である。

季文子三思而後行、子聞之曰、再斯可矣、

季文子、三たび思うて而る後に行う。子、之れを聞きて曰わく、再びせば斯れ可なり。

季文子とは、魯の国の家老であり、字でいえば季孫行父である。「春秋経」および「左氏伝」では、文公の六年、BC六二一に、夏、季孫行父、陳に如く、また、秋、季孫行父、晋に如く、と見えるのをはじめとして、その事跡が二十回以上も見え、ことに、外交官としての活動が多い。その活動はちょうど前に見えた臧文仲の晩年からはじまっており、臧文仲に代る柱石の臣であったらしい。なくなったのは、魯の襄公五年、BC五六八、すなわち孔子の誕生に先だつこと十三年、「春秋経」に、十一月、辛未、季孫行父卒す、と見える。「左氏伝」には、かれをたたえていう、「その家には帛を衣る妾なく、粟を食う馬なく、金玉を蔵する無く、重き器備無し、君子是れを以って季文子の公室に忠なるを知る也。三君に相たり矣、而して私積なし、忠と謂わざるべけんや」。三君とは魯の宣公、成公、襄公である。同じようなほめ言葉として、成公十六年の「左伝」に、晋の家老范文子が、「季孫は魯に於いて、二君に相たり矣、妾は帛を衣ず、馬は粟を食わず、忠と謂わざるべけんや」というのは、外国の政治家がこの人によせた信頼である。また成公九年の「左伝」に、彼が、成公の姉妹の姫君を、嫁入り先の宋のくにに送りとどけてかえって来たとき、母君の穆姜が、おくむきから出て来て、かれの前に二度ひざまずき、「大夫は勤辱にして、先君を忘れず、以って嗣君に及び、施いては未亡人に及ぶ」と、礼をいったというのは、大奥が彼によせた信頼である。

　ところでこの人物は慎重をもって聞こえたらしく、「春秋」にその外交活動のはじめとして記載する晋国への出使のとき、晋の君主が病気であると聞くと、早手廻しに、会葬の用意をもととのえて出発した。それがすなわち、「三たび思うて而る後に行う」例であると、朱子の新注にはいう。つまり慎重すぎる人物であったため、何ごとを行動するにも、三度考えてから行動した。

孔子はその話を聞くと、三度は多すぎる、二度考慮すればそれでよい、と批評したというのが、やはり朱子の新注の説である。

古注に引く鄭玄の説では、季文子ほどの賢者ならば、二度考えれば充分であったであろうに、三度とはまた、ていねいなことであったと、いったのだとする。それならば季文子の「三思」は、より多く是認されたことになる。

いずれにしても、私に疑問なのは、はじめにもいったように、孔子よりも一時代まえの人物であり、同時代の人物ではない。その事跡に対して、子、之れを聞きて曰わく、と、あだかも同時代の人の事跡を伝聞したかのような書き方をしてあるのは、どういうことなのであろうか。

子曰、甯武子、邦有道則知、邦無道則愚、其知可及也、其愚不可及也、

子曰わく、甯武子、邦に道あれば則ち知、邦に道なければ則ち愚。其の知は及ぶ可き也。其の愚は及ぶ可からざる也。

甯武子は、実名でいえば甯愈、やはり春秋初期、孔子から百年ばかり前の、晋の文公の時代、衛の国の家老であった。そのころの衛は、北方の晋と、南方の楚と、二つの対立する勢力の間にはさまれて苦悶する小国であった。国内も親晋派と親楚派の二つに分かれ、そのため君主の衛の成公は国外に亡命したり、復帰したり、そのたびに政変がおこるという、困難な情勢にあったが、その間にあって、粉骨砕身したのが、この人物である。「左伝」を見ると、まずＢＣ六三二、魯の僖公の二十八年、すなわち晋と楚が、衛の問題を一つのきっかけとして、城濮で大戦争をした年、一度国外に逃げた成公が、国に復帰すると、この人物が、国人をあつめ、いずれの党派も、国家を思う心は一つであるから、以後は仲よくするようにと、誓約させ、うまく危機を収拾したこと、しかし、党争はなお終結せず、成公は反対党から告訴され、覇者である晋の文公の法廷で裁判されることになったが、この人物が、成公の弁護人の一人となり、訴訟には負けたけれども、その忠誠さを晋がわから尊敬されたこと、訴訟に負けた成公は、周の都に拘禁されたが、この人物が差入れその他にこまかな気をくばったこと、さらにまたその翌翌年である僖公三十年、ＢＣ六三〇、獄中の君主が、晋のために毒殺されかけたとき、この人物が医者に賄賂をやって、毒薬をうすくし、そのいのちを助けたこと、などをしるしている。

「論語」のこの条は、以上のような経歴をもつ甯武子に対する批評であって、「邦に道有れば則ち知」とは、平和時には知者としての技倆を充分に発揮し、「邦に道無ければ則ち愚」とは、危機の時代には、鋭敏な知者としての性質、すなわち、事がらの見通しが早くつく性質、それをおさえて、愚直な誠実をはたらかせたといい、さらにまた、その知者としての技倆は、他人もまねし、おいつくことができるけれども、その愚はまねることができないと、たたえたのである。朱子によれば、「左伝」に見える事実は、「邦に道無ければ則ち愚」であったことを示すものであり、「邦に道有れば則ち知」の方は、成公の先代、文公は、明君であったから、そのころの事跡をいうのであろうが、そのころの事跡としては、かえってなにも伝わるものがない。それがすなわち、「其の知は及ぶ可きもの」である、とする。

なお「左伝」に見えるこの人のさらなる事跡として、僖公三十一年、BC六二九、成公が夢見が悪かったというので、祭るべき神でない夏の相を祭ろうとしたとき、「鬼神は其の族類に非ざれば、其の祀を歆けず」といって、拒絶したことが見えるのは、春秋時代の賢人に共通な、合理主義的精神を示すものであり、また「論語」でいえば、為政篇の「其の鬼に非ずして之れを祭るは、諂いなり」（八七頁）であって、その「知」を語るものかも知れない。また文公四年、BC六二三、衛の使者として魯に来朝したとき、歓迎の宴会で、どうしたことか場ちがいの音楽が演奏された。甯武子はそっぽを向き、何の挨拶もしない。主人側の魯の接待がかりが、いぶかって、そっと注意すると、いや、さっきのは楽人たちが、稽古の手あわせをしているのだと思いました、といい、主人側の顔をつぶさずに、そのあやまりを指摘したという。「左伝」の注釈者である晋の杜預は、「此れ其の愚の及ぶ可からざるなり」といっている。

子在陳曰、歸與、歸與、吾黨之小子狂簡、斐然成章、不知所以裁之、

子、陳に在りて曰わく、帰らん与、帰らん与。吾が党の小子、狂簡にして、斐然として章を成す。之れを裁する所以を知らず。

陳とは国名であり、いまの河南省の南部の、濮陽県を主都とした小国である。孔子は五十六歳のときに、魯の執政の位を去り、以後六十九歳で再び故国に帰るまで、あちこちの国を歴訪したが、陳にも二度ばかり滞在している。「史記」の「孔子世家」は、この条をいずれの滞在のときにも引いているが、のちの滞在のときに発せられたとするのが、ふさわしいであろう。

帰らん与、帰らん与、とは放浪をやめてくにに帰りたい、というのであり、おなじ言葉をかさねたいい方であるのは、「帰らんと欲する意深き也」と、皇疏にいう。「吾が党の小子」は、直訳すれば、うちのむらの若ものたち、ということになる。党とは、

「周礼」の「大司徒」に、五家を比となし、五比を閭となし、四閭を族となし、五族を党となす、と見え、つまり五百軒のむらを党とするのが原義であるが、ここでは、うちのむらの若ものということで、故郷魯のくににのこして来た若い弟子たちをさす。彼等は狂簡、すなわち意気さかんにとびあがり、斐然として章を成す、はなばなしく文化活動をしているが、それを裁する所以を知らず、元気さかんなだけに、どうきまりをつけてよいかが分からず、迷っている。だから私が帰って、かれらに方針を与え、かれらを指導しよう。これすなわち、孔子がくにもとの弟子の教化を思いさだめ、やがてはその教えが、大いに万世に被ることとなった重大な転機であると、仁斎の「古義」には説いている。

なお「孟子」の「尽心」下篇に引かれたものは、少し言葉がちがっているが、ここにはふれない。

子曰、伯夷叔齊、不念舊惡、怨是用希、

子曰わく、伯夷・叔斉、旧悪を念わず。怨み是を用って希なり。

伯夷と叔斉とは、古今の正義派の代表として、司馬遷の「史記」の列伝の第一巻に見える兄弟の人物である。伯夷が兄、叔斉が弟であって、孤竹という国の君主の子供であったが、父の死後、お互いに位をゆずりあって、あとめをつがなかった。時あたかも、BC一一〇〇ごろの殷周革命、すなわち周の武王が、殷の紂王を、武力によってたおそうとする時であったが、兄弟は、武王の行為に不純な要素があるとして、その場にかけつけ、武王の馬を叩いて諫めた。しかし、この歴史の流れへの反抗は、効を奏せず、天下は周のものとなった。伯夷叔斉は、新王朝である周の粟を食うのを恥じて、首陽山へ逃げ込み、蕨をとっていのちをつないだが、やがて飢え死にをした。かく半ば伝説的な伝記が、「史記」のそれであるが、孔子のころすでに、六百年前の最も清潔な人物として、尊敬されていた。二人に対する言及は、述而篇第七（二六七頁）、季氏篇第十六（下冊三〇五頁）、微子篇第十八（下冊三七三頁）にも見える。

この条ではいう、清潔の代表のようなこの二人の人物は、むろん人の悪事をにくみはしたけれども、相手の過去の悪事を、いつまでも記憶にとどめなかった。だから人から怨みを受けることも希であった。以上は朱注の説である。

しかし、「史記」の「伯夷列伝」を見ると、まずこの条を引き、さらに述而篇の「仁を求めて仁を得たり、また何をか怨まんや」を引いたうえ（二六七頁）、さらにその餓死に瀕してつくった歌に、「吾れ安くにか適帰せん」云云と、怨みがましい言葉があるのを引き、両者は矛盾するという指摘から、その記述を始めている。すると「史記」の著者、司馬遷は、「怨」の字を、人から加えられる怨みでなく、伯夷叔斉自身の心にあるこだわりと解したように思われる。
なお文法的な問題として、是用の二字は、是以と同義であるとして、よみならわされており、またそれでよろしいと思うが、「論語」のなかで「用」の字を「以」の意味につかった例は、わりあい少ない。このほかには、学而篇の「礼之用和為貴」（四三頁）が、古注ではそうなるのと、子罕篇第九に「詩」を引いて、「何を用って臧しからざらん」（三八六頁）というのが、あげられる。

子曰、孰謂微生高直、或乞醯焉、乞諸其鄰、而與之、
子曰わく、孰れか微生高を直しと謂うや。或るひと醯を乞う。諸れを其の鄰りに乞うて、而うして之れに与う。

微生高という男は、正直者としての評判がたかかった。しかし孔子はいった。微生高が正直だとだれがいうのか。かれは正直でない。その証拠に、かれのところへある人が、醯をかりに行ったところ、ちょうど家には醯がなかった。そこでかれは、となりの家から醯をもらって来てわたしたというではないか。人間はもともと善意をもって生きるべきである。しかしその善意を遂行できない場合がないではない。人からものを頼まれても、できない場合は、率直に断るのがいいのである。善意を無理に遂行

しようとすれば、そこには虚偽が生まれる、という重要な教訓を、この条は含んでいる。

微生高の事跡はわからない。女と橋の下で逢引きの約束をし、女の来るのを待つうちに、川の水かさが増して、おぼれ死んだというばか正直な男、尾生高と同一人であるとする説は、話柄としてはおもしろい。

子曰、巧言令色足恭、左丘明恥之、丘亦恥之、匿怨而友其人、左丘明恥之、丘亦恥之、

子曰わく、巧言、令色、足恭、左丘明、之れを恥ず。丘も亦た之れを恥ず。怨みを匿して其の人を友とす、左丘明、之れを恥ず。丘も亦た之れを恥ず。

まず人名についていえば、左丘明とは、「春秋左氏伝」の著者であり、盲人の学者であったとする説と、それとこれとは別人だとする説とがある。要するにどういう人かよく分らない。また「丘」は孔子の実名、一人称として用いられている。

一条の意味は、巧言すなわちお世辞、令色すなわちうわべの愛嬌、それと足恭、これについては二説あり、足の字をスウと発音し、足り過ぎた丁寧さというのが一説、普通の音のソクに発音して、足どりを恭しくするというのがまた一説であるが、要す

るに三者ひっくるめて、内容のともなわない空虚な態度、それを左丘明は、卑屈なことだとしたが、私も同様にそれらを卑屈な行為だと思う。また、その人を嫌悪しながら、しかも嫌悪を匿して友だちづきあいをする、というのを、左丘明は卑屈なことだとしたが、私もまた同様に、それを卑屈な行為だと思う。

この条の文章のたくみさは、「左丘明之れを恥ず、丘も亦た之れを恥ず」というところにある。はじめにいったように、左丘明というのはどういう人物かよくわからない。したがって、その孔子に対する関係もよくわからないのであるが、孔子の後輩、もしくは弟子で、左丘明はあったとして読むとき、もっともおもむきが深くなる。二つの不道徳に対する反省、反撥は、というよりも反撥、「之れを恥ず」の恥の字は、反撥をこそ意味するであろうが、反撥は、まず左丘明におけるものとして提起され、孔子みずからの反撥が、それにかぶさることによって、最も強い反撥となる。

二つの不道徳のうち、私がことに重要と思うのは、後半の「怨みを匿して其の人を友とする」ことであって、いやな人物だと思いながら、いろんな関係でやむなくつきあうということが、われわれの場合にも多いが、それは恥ずべき不道徳なのである。

以上の二条については、私の「論語の教訓」という文章（全集五巻）をも参照されたい。

顔淵季路侍、子曰、盍各言爾志、子路曰、願車馬衣輕裘、與朋友共、敝之而無憾、顔淵曰、願無伐善、無施勞、子路曰、願聞子之志、子曰、老者安之、朋友信之、少者懷之、

顔淵・季路、侍す。子曰わく、盍んぞ各おの爾の志を言わざる。子路曰わく、願わくは車馬衣軽裘、朋友と共にし、之れを敝りて憾み無からん。顔淵曰わく、願わくは善に伐ること無からん。労を施すこと無からん。子路曰わく、願わくは子の志を聞かん。子曰わく、老者は之れに安んじ、朋友は之れを信じ、少者は之れに懐く。

顔淵すなわち顔回と、季路すなわち子路とが、孔子のそばにいた。ふと孔子がいった。君たちそれぞれに、君たちの理想とする事柄をいってごらん。先生と同じように、弟子たちも皆、理想家であることを、孔子はもとより知っていた。盍の字は、盍んぞ……ざる、と読み、カフというその仮名づかいが示すように、何不の二字がつづまったものといわれる。

まっさきに返事をしたのは、例によって気の早い子路であった。ところで子路の言葉のなかの車馬衣軽裘の軽の字は、あとから附加されたものであり、古い本文にはなかったということが、清朝の学者によって論定されているから、それをけずって読む

と、願わくは、車馬衣裘、朋友と共に之れを敝(やぶ)りて、憾み無からん、くるま、ぅま、きもの、毛皮の外套、つまりわれわれの生活でいえば、高級車、電気蓄音機を、友だちと共有し、友達といっしょに、つぶれるまでつかう、しかもくよくよしない。そうした生活をしたいと思います。つまり子路の理想とするところは、激烈な友情である。ここにあげた後藤点の訓のように、朋友と共にし、之れを敝(やぶ)りて憾(うら)み無からん、という読み方、つまり共の字で句をいれる読み方と、古い日本の訓点のあるもののように、敝之までを一くぎりとし、朋友と共に之れを敝(やぶ)り、而(しこ)うして憾み無からんとよむ読み方と、ある。どちらにしても、朋友と共有するのは、子路自身の車馬衣裘である、というのが、普通の説であるが、皇侃の「義疏」に引いた晋(しん)の殷仲堪(いんちゅうかん)の説は、自分のものを友だちにくれてやる、というのは普通の行為であって、一向に変哲もない。友だちの車馬衣裘を、自分がぼろぼろになるまで使っても気がおけない、ということでなければならぬ。それでこそ「交友の至り」であり、そうした境涯をこそ、子路はのぞんだのであるとする。いかにも六朝人らしく、常識を止揚して哲学の立場に立とうとする説であるが、「論語」の解釈としてはおもしろすぎる。

　つぎには老成な顔淵が、おもむろに口をひらいた。「善に伐(ほこ)ること無からん」、つまり善事をしてもそれを自分の手柄と思うことなく、「労を施すこと無からん」、これには二説ある。むつかしいいやなことを人におしつけない、というのが古注の説、

「施」もやはり「ほこる」であって、自分の骨折りを大げさにいわない、というのが新注の説である。

そこで子路が口をはさんだ。「願わくは子の志を聞かん」、先生の理想をお聞かせ下さい。

孔子はいった。老人からは、安心してよりかかられ、朋友からは信頼され、わかものからはしたいよられる。そういうふうにありたい。

子曰、已矣乎、吾未見能見其過、而内自訟者也、
子曰わく、已んぬるかな。吾れ未まだ能く其の過ちを見て、而も内に自ずから訟むる者を見ざる也。

「やんぬるかな」と訓ずる已矣乎の三字は、イイ、イイ、フ、という唐音で読めば、一層よくわかるように、深い嘆息の言葉であり、「論語」ではもう一か所、衛霊公篇第十五に、「已矣乎、吾れ未まだ徳を好むこと、色を好むが如き者を見ざるなり」と見える（下冊二五五頁）。

嘆息された内容は、くだくだしく説明するまでもあるまい。訟の字は自責の意である。

子曰、十室之邑、必有忠信如丘者焉、不如丘之好學也、

子曰わく、十室の邑にも、必ず忠信、丘の如き者有らん。丘の学を好むに如かざる也。

「十室の邑」とは戸数十軒の小さな邑である。そうした小さなむらにも、「丘」すなわち私と同様に、忠実で誠実な人間は、きっといるであろう。ただ学問を好むという点では、私に及ばないであろう。

この条は、私の甚しく好む条である。また甚しく重要と考える条である。拙著「中国の知恵」でこの条について述べた言葉を、そのまま引かせてもらう。

「おおむねの中学校の教科書にも取られたこの有名な言葉は、私が孔子の教えの又一つの特殊さとしてあげるものを、よく現している。

すなわち孔子によれば、素朴なひたむきな誠実、それだけでは完全な人間でないのである。学問をすることによって、人間ははじめて人間である。人間の任務は、「仁」すなわち愛情の拡充にある。また人間はみなその可能性をもっている。しかしそれは学問の鍛錬によってこそ完成される。愛情は盲目であってはならない。人間は愛情の動物であり、その拡充が人間の使命であり、また法則であるということを、た

しかに把握するためには、まず人間の事実について、多くを知らなければならない」（「中国の知恵」第五章、全集五巻）。

もっとも、突飛な読み方は、「論語」のどの条にも伏在するのであって、「焉」の字を下へくっつけて読み、「十室の邑にも、必ず忠信、丘の如き者有り」、それらの人は、「焉んぞ丘の学を好むが如くならざらん」、私同様学問ずきだろう、と読む説がある。徂徠なども強くそれを主張するが、私は賛成することができない。

清の顧炎武はいう、「論語」二十篇のうち、この公冶長篇は、いろいろと古今の人物を評論したものであるが、かく他人を評論した最後が、「已んぬるかな、吾れ未まだ能く其の過ちを見て、而も内に自ずから訟むる者を見ざる也」であるのは、他人に対する批評は、自己への反省のためであることを示しており、さらにそれにかぶせて、「十室の邑、必ず忠信丘の如き者有らん、丘の学を好むに如かざる也」というのは、真に学を好む者にして、自分の過ちを発見し得ることを暗示するとする（「亭林文集」巻四、「人に与うる書」の十四）。

雍也第六

子曰、雍也可使南面、

子曰わく、雍や南面せしむ可し。

雍とは、まえの公冶長篇にあらわれた弟子の仲弓であり（一五九頁）、そこでも説いたように、低い階級から出た弟子であるが、ここは、この弟子を南むきにすわって政治をする地位、つまり、大名、また極端なある説では、天子、その地位についてもよい人物だと、激賞したのである。その真意がどういうことであったか、はかりにくいほど、強烈な言葉である。雍也の也は、一字の固有名詞のあとにかるくくっつく接尾語として、これまでにもときどき「論語」にあらわれた。

仲弓問子桑伯子、子曰、可也、簡、仲弓曰、居敬而行簡、以臨其民、不亦可乎、居簡而行簡、無乃大簡乎、子曰、雍之言然、

仲弓、子桑伯子を問う。子曰わく、可なり。簡。仲弓曰わく。敬に居て簡を行い、以って其の民に臨む。亦た可ならず乎。簡に居て簡を行う。乃ち大だ簡なる無からん乎。子曰わく、雍が言然り。

この条は前条で、南面せしむべしと激賞された雍、すなわち仲弓と、孔子との問答であるが、仲弓が質問の対象とした子桑伯子とは、三世紀の王粛が、「書伝に見ゆる無し」とすでにいうように、どういう人物か、わからない。ただ問答の内容から見て、支配者の階級に属する人物であったように、想像される。

さて仲弓が、子桑伯子についての批評をもとめたのに対し、孔子は答えた。「可也簡」、この三字の読み方に、また問題があるのであるが、「結構である、大まかでほがらかである」、それが、孔子の答えの意味の方向のように思われる。

しかし、仲弓は、この孔子の答えに、全面的には賛成しなかった。自分の個人生活の立場としては、敬虔な態度を保持しながら、大まかな政治を行って、人民に臨むというなら、はなしはわかりますが、個人生活の立場が大まかな上に、大まかな政治を行うというのは、大まかすぎはしませんか。

孔子は、そうだ、お前のいうとおりだ、といった。

この問答の中に見える無乃の二字は、現代中国語の莫不是、つまりなになにではありませんか、であり、乃ち……無からんや、と訓ずる。無乃の二字を「むしろ」と訓じてしまう仁斎の「論語古義」や、後藤点「論語」などの読み方は、行きすぎのように思う。

哀公問、弟子孰爲好學、孔子對曰、有顏回者、好學、不遷怒、不貳過、不幸短命死矣、今也則亡、未聞好學者也、

哀公問う、弟子、孰か学を好むと為す。孔子、対えて曰わく、顔回なる者有り、学を好む。怒りを遷さず。過ちを弐たびせず。不幸、短命にして死せり。今や則ち亡し。未だ学を好む者を聞かざる也。

哀公は、これまで、為政、八佾などにも出て来たように（七九頁、一一七頁）、孔子の仕えた魯の君主のうち、最後の人である。したがってこの問答は、孔子晩年のものである。

哀公が問うた。あなたのお弟子の中で、学問好きといえるのは誰ですか。孔子はこたえた。顔回というものがおりました。それが学問好きでした。学問好きの内容としてあげられるのは、「怒りを遷さず、過ちを弐たびせず」であって、うち「怒りを遷さず」については、ある人に対する怒りを、他の人にうつして、八つあたりをしなか

った、という説と、怒るべきときに怒り、怒りの方向をあやまらなかった、という説とがある。何にしても好学の内容としていわれていることは、実践的な行為である。しかしこの好学の弟子は、不幸にも短命で死にました。今はおりません。おりませんとは、顔回がいないこととも よめ、学を好む者がいないこととも読める。何にしても彼の死以後、私は弟子のなかで、学問好きといえるものがいることを、耳にいたしません。

顔回が、孔子最愛の弟子であったことは、「論語」のあちこちに見え、下論の先進篇第十一に、季康子への答えとして、同じようなことが見えるのは、この条のヴァリアントであるかも知れない（下冊二〇頁）。

また顔回は、普通の説では、孔子六十一歳のとき、三十二歳で死んだということになっているが、清儒の考証では、もっとおそく、孔子七十一歳のとき、すなわちその死に先立つ二年前に、四十一歳で顔回は死んだとする。しからば、この問答は、孔子の、もっとも晩年のものとなり、「未まだ学を好む者を聞かざるなり」という言葉は、晩年の孔子の沈痛な悲しみをあらわすものとなる。この悲しみについては、のちの先進篇で詳論する（下冊二四頁）。

子華使於齊、冉子爲其母請粟、子曰、與之釜、請益、曰、與之

庾、冉子與之粟五秉、子曰、赤之適齊也、乘肥馬、衣輕裘、吾聞之也、君子周急不繼富、

子華、斉に使いす。冉子、其の母の為めに粟を請う。子曰わく、之れに釜を与えよ。益さんことを請う。曰わく、之れに庾を与えよ。冉子之れに粟五秉を与う。子曰わく、赤が斉に適く也、肥馬に乗り、軽裘を衣る。吾れ之れを聞く。君子は急しきを周うも富めるに継がず。

子華とは、弟子の、姓は公西、名は赤の、字であって、まえの公冶長篇で、「赤や如何」、という孟武伯の問いに、「赤や、束帯して朝に立てば、賓客と言わしむべきなり」と、孔子の答えた、外交官的人物である（一六四頁）。ところでこの条は、その子華が、隣国の斉のくにへ、孔子の使者として出張したときのはなしであり、斉に使いす、とは、孔子のために使いに行ったのだということに、諸家の説が大体一致している。五十代の孔子が、魯のくにの国老であったころ、公用で子華を斉にやったのかと疑われるが、「史記」の「弟子列伝」に、子華は孔子より四十二歳わかかった、という記載を信ずれば、そのときの子華の年が若くなりすぎる点に難点がある。孔子のどういう用で、いつ斉へ行ったかは、わからぬとするほかない。

さて第二句の、冉子、其の母の為めに粟を請う、とは、やはり弟子の冉有が、子華

の母のために、留守手当のこめを、やって下さいと、孔子に頼んだのである。すると孔子は、答えた。一釜ぶんだけ届けなさい。釜とは、ます目の単位であって、度量衡のことにもくわしい徂徠は、日本のます目では、五升七合五勺弱になるといっている。それではあまり少なすぎると、冉有は思ったので、「益さんことを請う」、もう少しおやり下さいとたのんだ。すると、じゃ、もう少しふやすかねといい、「之れに庾を与えよ」、といった。庾は、徂徠によれば一斗四升三合七勺強である。しかし、冉有は、それでも少なすぎると思い、独断で、五秉ぶんのこめを与えた。秉も単位の名であり、三たび徂徠によれば、五秉は、七石一斗八升五合九勺強である。徂徠の計算を信ずれば、孔子の原案とは、百二十五倍乃至は五十倍の差があるところの、たいへんな額である。

そのことをあとで聞いた孔子は、いった。それは余分なことである。「赤の斉に適くや、肥馬に乗り、軽裘を衣る」。こんど子華が斉にゆくときのいでたちは、よく肥えた上等の馬に馬車をひかせ、軽い毛皮の外套、毛皮は軽いほど上等であるが、それを着こんで、意気揚揚と出かけたというではないか。つまりかれは経済的に、ちっとも困ってはいない。留守手当を必要とする状態ではない。「吾れ之れを聞く」、私は生活の教えとして以下のようなことを聞いている、「君子は急しきを周うも」、つまり生活の危急にある者には経済的な援助をするけれども、「富めるに継がず」、金もちには、それ以上継ぎ足してやらない、そういうことがあると聞いている。そういって冉有を非難した。

つまり孔子の意向としては、がんらい留守手当は全く出さなくてもいいと思ったのだが、せっかくの冉有のたのみだから、ほんのかたちばかりやれ、といったのに、冉有がその意向を察しなかったのを、非難したのである。軽裘を衣るの衣の字は、動詞であって、於既切、つまり去声の yì に読むのが、ならわしである。

原思爲之宰、與之粟九百、辭、子曰、毋、以與爾隣里郷黨乎、
原思、之れが宰為り、之れに粟九百を与う。辞す。子曰わく、毋、以って爾の隣里郷党に与えん乎。

この条も、金の使い方についての教えであり、前の条と連続して、一条とする本もある。

原思とは、弟子の原憲を、字によって呼んだのである。「之れが宰為り」とは、孔子が魯の司寇となったとき、当然の待遇として受ける采邑、つまり知行所、その奉行を原思に、委嘱したのであるとされている。そのとき、原思に、孔子は、奉行の手当として、粟九百を与えた。九百というだけで、単位が示されていないが、古注に引い

た孔安国は、九百斗と解し、それを徂徠はさらに、日本の八石零八升、一年分では九十七石と換算している。換算した八石八升を、徂徠が月給であるとした根拠は明らかでないが、何にしても、それは多すぎる額と感じたので、原思は辞退した。

ところが孔子は、いった。「毋(いな)」、いやいや、とその辞退をおしとどめたのである。「以って爾(なんじ)の隣里郷党に与えんか」、余分は、おまえの隣近所に分けてやれば、いいではないか。

前の条では、たいへんけちなように見えた孔子が、この条では、たいへん気前がよい。経済生活も、人間の生活の、重要な部分である以上、そこにも人間の善意は、過不足なく表現されねばならぬ、というのが孔子の考えである。なお原思、すなわち原憲については、これは孔子死後の話であるが、衛の宰相となった子貢(しこう)が、美美しく供まわりをととのえて、露地の奥に原憲をたずねたところ、原憲はぼろぼろの着物をまとって出て来た。君は病めるかと、子貢がたずねたところ、何をいう、「病」とは道を学んで行う能わざることをこそいう、僕は貧乏であっても、「病」ではないと、答えたので、子貢ははじ入った、という話が、「史記」の「弟子列伝」に見える。その通りの事実があったかどうかは、別として、原憲が清貧の士であったことが、孔子のゆたかな給与の、原因であったかも知れない。

文法的な問題として、「子曰わく、毋(いな)」と、おしとどめた、とするのが普通の読み方であるが、「以って爾の隣里郷党に与うる毋からんや」、あるいは、「以む毋くんば、爾の隣里郷党に与えんか」というような読み方も、清儒にはある。また隣里郷党は、ここでは漠然と使われたものであろうが、厳密にいえば、五軒の家が隣、その五倍つまり二十五家が里、郷は二千五百家、党は五百家である。

子謂仲弓曰、犂牛之子、騂且角、雖欲勿用、山川其舎諸、

子、仲弓を謂いて曰わく、犂牛の子、騂くして且つ角ならば、用うること勿からんと欲すと雖も、山川其れ諸れを舎てんや。

仲弓とは、篇のはじめに、雍や南面せしむべし、と評される冉雍の字であり、子謂仲弓曰の五字は、子仲弓に謂いて曰わく、つまり仲弓に直接語りかけたというのではなくして、子、仲弓を謂いて曰わく、つまり仲弓をこう批評した、という方が、謂の字の用例から見ておだやかである。

さて、その批評は、なかなか強烈な言葉である。仲弓は、出身が微賤であったといういいつたえを前提とすれば、一層強烈である。「犂牛の子、騂且つ角」、犂牛とは、ただの農耕用の牛という説と、皮膚の色のまだらな、あめ牛という説と、以上二つの性質をあわせいうとする説と、三つあるが、要するに、やくざな普通の牛である。そ

うしたやくざな牛の生んだ子であっても、騂、というのは「赤也」、と古注にいうように、立派な毛並みであり、「且つ」、その上に、「角」、立派なつのをもっているとするならば、牛として最大の名誉であるところの、祭祀の供物となりうる資格を、もっている。たとえ人間は、かれを見すごして、「用うること勿からんと欲すと雖も」、祭祀の供物として、抜擢しようと思わなくても、「山川其れ諸れを舎てんや」、祭られる神である山の神、川の神のほうで、かれをほっておくはずはない。神神の意思として、かれは必ず祭祀の供物として抜擢されるであろう。舎は捨と同じであり、諸は之乎の二字がつづまったものである。

　比喩の意味はいうまでもなく、毛並みのおとる人間でも、才能あるものは、必ず世間に認められる、というのである。孔子の教えは、あくまでも自力本願である点が、人人に希望と激励とをあたえるのであるが、この条は、なかでも殊に力強い。ただ、「山川其れ諸れを舎てんや」という言葉のうち、山川の二字は、何を比喩するか。人間の集団が、個人の意志を超えてもつ意志、つまり歴史の意志、というようなものを、この二字によって比喩したか、あるいは、人間の運命は、全く人間以上の、神秘なにものかによって支えられている、という思想乃至は感情を、この二字が含んでいるかは、微妙な問題であって、いまの私には決定しかねる。のちの子路第十三、孔子が仲弓に答えた言葉で、そのいい方もここと似るものは、人其れ諸れを舎てんや、であるが（下冊一四二頁）。

子曰、回也其心三月不違仁、其餘則日月至焉而已矣、
子曰わく、回や其の心、三月仁に違わず。其の余は則ち日月に至るのみ。

この条は、最愛の弟子顔回に対する批評としてよむのが、普通の説である。顔回は、道徳の中心である仁から、三か月のあいだ、心を遠ざけずにいることができる。其の他の弟子たちは、一日間、あるいは一月間ぐらい、仁の境地に到達できるにすぎない。おしまいの焉而已矣は四字とも句末のそえ字。

以上が普通の説であるが、仁斎は泰伯篇の、「其の余は観るに足らざるのみ」（三二六頁）を、証拠として、「其の余」とは、他の弟子でなく、他の道徳、つまり仁以外の諸道徳に対する顔回の能力をいうとし、顔回の心はもっとも重要な仁の境地に、三か月も定着しているから、その他の文学、政事は、わずかな月日で獲得できるとする。徂徠は仁斎の説をさらに発展させて、回や、とは、顔回に対して呼びかけたのであり、ねえ顔回よ、三か月間、心を仁から遠ざけねば、あとの諸道徳は、すぐ到達できるね、と顔回にいったのだとするが、定説とはしがたいであろう。

季康子問、仲由可使従政也與、子曰、由也果、於従政乎何有、曰、賜也可使従政也與、曰、賜也達、於従政乎何有、曰、求也可使従政也與、曰、求也藝、於従政乎何有、

季康子、問う、仲由は政に従わしむ可き与。子曰わく、由や果。政に従うに於いてか何か有らん。曰わく、賜や政に従わしむ可き与。曰わく、賜や達。政に従うに於いてか何か有らん。曰わく、求や政に従わしむ可き与。曰わく、求や芸。政に従うに於いてか何か有らん。

季康子は、まえの為政篇第二にも見えた魯のわかい家老であり、魯の哀公三年、BC四九二、孔子六十歳以後は、この人物が、魯の首相であった（八二頁）。この人物が、仲由すなわち子路、賜すなわち子貢、求すなわち冉求、この三人の弟子について、その政治家としての能力を問うたのである。

孔子の答えは、「由や果」、子路は果断である。「賜や達」、子貢はものの道理に達している。「求や芸」、冉求は秀才である。いずれも、「政に従うに於いてか何か有らん」、政治をするぐらいのことは何でもない、であった。

「政に従う」とは、ただ政治をすることであるとする説と、執政となることだとする説と、二つある。なお子路と冉求とは、季氏の家臣であったことが、「論語」および

「左伝」に見え、子貢も、「言語には宰我、子貢」と先進篇にいうように（下冊一一二頁）、外交官としてのはなばなしい活動を、「左伝」の中で示している。また、子路と冉求が、政治家として注目されていたことは、まえの公冶長篇第五の、孟武伯の問い（一六三頁）、のちの先進篇第十一の季子然の問い（下冊七〇頁）、「仲由と冉求は、大臣と謂うべきか」などからも、あわせ考えられる。いずれの条でも、孔子は、弟子たちの才能に対する、自信と愛情とを語っているようである。

季氏使閔子騫爲費宰、閔子騫曰、善爲我辭焉、如有復我者、則吾必在汶上矣、

季氏、閔子騫をして費の宰と為らしむ。閔子騫曰わく、善く我が為に辞せよ。如し我れを復たする者有らば、則ち吾れは必ず汶の上に在らん。

この条は弟子の閔子騫の言行をしるす。「史記」の「弟子列伝」に「閔損、字は子騫、孔子より少きこと十五歳」。「論語」では、ここと、あとの先進第十一の篇に、四度かたまってあらわれる（下冊一一二、一一八、四〇、四二頁）。その一つは「徳行には顔淵、閔子騫、冉伯牛、仲弓」であり、顔淵につぐ徳行の士であったようである。

さてこの条は、季氏、というのは季康子の時代であったか、あるいはその父の季桓

子の時代であったか、あきらかでないが、筆頭家老の季の家が、閔子騫を、費というまちの奉行に任命しようとした。費というのは、季氏の知行所であり、劉宝楠の「正義」によれば、いまの沂州府費県の県城の西南七十里にあるという。なおこの地名の発音は、陸徳明の「経典釈文」に、音は秘 bi とあるように、ふつうの費用の費の音 fei には読まない。

ところが閔子騫は、それを拒絶した。「曰わく、善く我が為に辞せよ」。しかるべく、私にかわって挨拶をしておいて下さい。あるいは辞の字は、挨拶の意味でなく、ぶっつけに辞退の意味だという説もある。また為の字は、陸徳明の「釈文」に于偽反とあるから、その発音は去声の wei であり、意味は「ために」である。そうしてさらに言葉をつづけていった。「如し我れを復たする者有らば」、つまり、だれかがもう一度私を呼びに来るとするならば、「則ち吾れは必ず汶の上に在らん矣」、私はきっとここを逃げ出し、北のかた、隣国斉との国境に近い、汶の川の沿岸へ、逃げてゆき、斉のくにへ亡命する準備を、するであろう。

なぜ閔子騫が、季氏の任命を拒絶したか、その理由は本文だけでは、もとより明らかでない。古注によれば、季氏が「不臣」であったこと、すなわち僭上沙汰ばかりしている家であったこと、それが一つの理由、また「其の邑の宰は数しば畔く」、すなわち陽貨篇第十七に、「公山弗擾、費を以って畔く」（下冊三二三頁）、また「左伝」の昭公十二年にも、南蒯なる人物が、費を以ってそむいたと見えるように、不安定な土地であったこと、それが第二の理由だとする。さらにまた、この条自体の語気から推して、閔子騫の潔癖さが、また一つの理由であったであろう。

朱子の注では、程子の評論として、「仲尼の門にありしもののうち、能く大夫の家に仕えざりし者は、閔子、曽子などの数人のみ」というのを引く。これは、子路や冉求が、季氏に仕えたのと対比して、閔子騫を賞揚したのであるが、仁斎の「古義」には、この程子の批評をはきちがえてはならないとし、閔子騫の拒絶は、もとより承認されるけれども、しかし、「君臣の義は、人の大いなる倫である」から、官僚として奉仕することを、一概に拒絶すべきではない。「若し夫れ出うるを卑しんで処るるを尊び、隠るるを貴びて顕わるるを賤しみ、高き蹈もて遠く引ざかり、斯の世に志無き者」、つまり社会に奉仕するという関心の全くないものは、「また閔子の罪人なり」、閔子騫からもとがめられるであろう、と、ていねいに注意している。

伯牛有疾、子問之、自牖執其手、曰、亡之、命矣夫、斯人也而有斯疾也、斯人也而有斯疾也、

伯牛、疾まい有り。子、之れを問う。牖より其の手を執りて、曰わく、之れを亡ぼせり。命なるかな。斯の人にして而も斯の疾まい有るや。斯の人にして而も斯

の疾まい有るや。

伯牛とは、弟子の、姓は冉、名は耕、の字である。先進篇第十一で、徳行にすぐれた弟子四人をかぞえるうちの、やはり一人であるが、『論語』に見えるのは、そこのことだけである。「疾まい有り」、古注の包咸の説に、「悪疾有りしなり」。そうして「悪疾」とは、癩病であったと、さらに解説されている。「子之れを問う」、孔子が、かれの病いを見舞ったのである。「牖より其の手を執る」、包咸の説に、「牛、悪疾有るゆえに、人に見うを欲せず、故に孔子は牖より其の手を執りしなり」。のちの儒者たちが、さらにくわしく解説するのによれば、古代の建築では、室すなわち寝室は、つねに建物の西北のすみにあり、建物の南半分を占める堂、すなわち表座敷と、壁でへだてられており、壁には採光のために、四角なまどが一つあけられていた。伯牛は、先生が見舞いに来たというので、ベッドを、寝室の南がわの窓よりに移したのであり、孔子は、伯牛の病気が病気であるので、室に入ることを遠慮し、堂にとどまったまま、壁の南がわから、牖ごしに、その手だけを執ったというのである。少し想像をたくましくすれば、手はにぎれても、かおは見えなかったのである。そうして孔子はいった、「亡之」、この二字は、難解である。新注にもとづく後藤点によれば、「之れを亡ぼせり」、古注にもとづく清原家の点によれば、「亡なん」、どちらも、「もうだめだ」と、いったということになる。遠慮のなさすぎる言葉のように思え、疑いをとどめる外はない。しばらくそれを放棄して、孔子の感動のより多くたかまった次の言葉にうつれば、「命なるかな」、命の字は、ここではあきらかに運命の不可解さを意味する。また「矣」も「夫」も、「かな」であって、深い感動の際にいい足される助字である。「斯の人にして而も斯の疾まい有るや」、人間に与えられた天分、才能、またそれにもとづく希望と、環境との、食いちがいを示すのが、而の字である。そうして、この言葉が二度繰り返されて、この章は終っている。のちの子罕篇第九によれば、孔子は「罕れに命を言った」のであるけれども(三四七頁)、全くいわなかったのでないことは、この条が最もよく示している。「亡之」の二字の意味が、あきらかでないことを、遺憾とする。

子曰、賢哉回也、一簞食、一瓢飲、在陋巷、人不堪其憂、回也不改其樂、賢哉回也、

子曰わく、賢なるかな回や。一簞の食、一瓢の飲、陋巷に在り。人は其の憂いに堪えず。回や其の楽しみを改めず。賢なるかな回や。

この条は、顔回に対する賞賛である。まず文章についていえば、同じ句の繰返しが、

前の章では、章の最後にあらわれて、感動を極度に深刻にしているが、この条では、「賢なる哉、回や」が、章のはじめと終りに、まくばられて、感動の終始をしめくくっている。「賢なる哉」の賢の字は、われわれの俗語でいえば、「えらい」にあたる。「えらいよ、顔回は」。「一箪の食」、箪とは、竹でつくった四角な弁当箱であり、食とは広義の食物の意味でなく、「めし」の意味である。したがってショクと発音せず、シと発音する。

つまりいつも、弁当箱一ぱいのごはん、それに配するものとしては、ただ一瓢の飲みもの、瓢はひょうたんではなく、まるいひさごを半分に割ってかわかした半球がたの椀である。そうした粗末な食事、また住んでいるところは陋巷、「陋」は、せまい、であり、「巷」はふつう、露地、と解される。「人は其の憂いに堪えず」、普通の人間なら、そうした生活のせつなさを、やりきれないものとするであろうが、「回や其の楽しみを改めず」、顔回はみずからの楽しみとするものを、改めずに、つらぬき通そうとしている。「えらいよ、回は」。

朱子の注には、程子を引いていう、顔回は、箪瓢陋巷を楽しんでいるのではない、そうした中にいながら、おのずから其の楽しみが有るのである。其のの字を玩味せよ、と。

冉求曰、非不説子之道、力不足也、子曰、力不足者、中道而廢、今女畫、

冉求曰わく、子の道を説ばざるに非ず。力足らざる也。子曰わく、力足らざる者は、中道にして廃す。今女は画れり。

冉求がいった。「子の道を説ばざるに非ず」、説は悦の字と同じである。私は、先生の方法をうれしく思わないではありません。ただ「力足らざるなり」、先生の方法を実行するには、私の力量が不足なのです。孔子はいった、「力足らざる者は、中道にして廃す」、ほんとにお前の力量が不足ならば、とにかくやって見て、途中で挫折して引き返すはずだ。お前の場合はそうでない、「今女は画れり」、君は自分自身で自分の限界をはじめからきめてかかっている。「女」はいつものごとく、汝と同字。食わず嫌いは、懶惰と同意義であることを、この条は痛烈に指摘する。しかも孔子の言葉の、いつものおだやかさは、失われていない。

はじめの冉求曰を、日本の清原家系統の写本は冉有曰に作る。冉求、字は子有だから、どちらにしても、おなじ人である。

子謂子夏曰、女爲君子儒、無爲小人儒、

子、子夏に謂いて曰わく、女、君子の儒と為れ。小人の儒と為る無かれ。

孔子が、あるとき子夏にいった。お前は君子の儒になれ、小人の儒となるな。学者にもいろいろあるが、有害無益の学者になるな、といったのには相違ない。古注の孔安国の説に、「君子にして儒と為るは、将に以って道を明らかにせんとするなり。小人にして儒と為るは、則ち其の名を矜るのみ」。これは君子を道徳ある紳士の意味とし、小人をその反対概念としての解釈である。それに対して伊藤仁斎は、君子小人とは社会的地位による区別であるとし、君子の儒とは、天下を以って己が任と為し、物を済うことに志有る者であるのに対し、小人の儒とは、ただ其の身を善くするのみで、ひろく物に及ぶ能わざる者、つまり社会的影響をもち得ない儒者であるとする。そうして子夏は、先進篇に、「文学には子游と子夏」というふうに、文学すなわち学問は充分であったけれども、規模が狭小であったため、かくいましめたとする。

子游爲武城宰、子曰、女得人焉耳乎、曰、有澹臺滅明者、行不由徑、非公事、未嘗至於偃之室也、

子游、武城の宰と為る。子曰わく、女、人を得たりや。曰わく、澹台滅明なる者有り。行くに径に由らず。公事に非ざれば、未まだ嘗つて偃の室に至らざる也。

武城（ぶじょう）とは、魯の領内のまちの名であって、いまの費（ひ）県の西南八十里にあったという。弟子の子游（しゆう）がそこの市長であったとき、孔子はたずねた。きみはそこで人物を発見したか。女得レ人焉耳乎。焉耳乎と三つの助字が並んでいるのは、孔子の語気を、例によってそのままうつそうとしたのである。

子游はこたえた。姓は澹台（たんだい）、名は滅明（めつめい）という者がおります。「行くに径に由らず」、径（けい）とは近道の意であり、田の中のみちは、大体ごばん目のようにまっ四角であるが、三角形の二辺を一辺にちぢめる近みちとしてあるのが、径（けい）である。そこをむやみに歩くのは、治安を害するものであったと、劉宝楠はいう。しかしこの人物はそれをいたしません。また公務でないかぎり、偃（えん）、というのは子游の実名であるが、偃すなわち私の私宅を訪問したことは一度もございません。土地の紳士が、地方官に種種の請託を行うのが、過去の中国ではしばしば見る現象であったこと、近代の文集や小説などに、しばしば見えるが、古代でも同様であったであろう。澹台滅明はそれをしない潔癖な人物であった。

なお、武城の宰としての子游の事跡は、のちの陽貨篇第十七にも見える（下冊三二〇頁）。

また澹台滅明なる人物は、「論語」ではここに見えるだけであるが、「史記」の「弟子列伝」では、字は子羽、孔子より少きこと三十九歳、たいへんなぶおとこであったので、孔子に弟子入りを願い出たとき、孔子はあまり注意をはらわなかったが、勉強をおえると、退いて行いを修め、行くに径に由らず、公事に非ざれば卿大夫に見えず、のち南方揚子江流域にあそんで、弟子三百人をもち、名声を諸侯の間にたかめたので、孔子は、さきの公冶長篇（一六八頁）に見えた宰予の件と、思いあわせ、「吾れ言を以って人を取べば、これを宰予に失えり。貌を以って人を取べば、これを子羽に失えり」と、嘆息した、と見える。

子曰、孟之反不伐、奔而殿、将入門、策其馬曰、非敢後也、馬不進也、

子曰わく、孟之反、伐らず。奔って殿たり。将に門に入らんとす。其の馬に策うって曰わく、敢えて後るるに非ざる也。馬進まざる也。

孟之反とは人名であって、孔子と同時の魯の人。伐るとは、自己の功績を誇ることである。この条は、孟之反が、自己の功績を誇らない、謙抑な人物であることを、賞賛したのであって、賞賛さるべき事実として述べるのは、魯のくにが斉のくにと戦争をして負けたとき、奔而殿、奔とは敗れた魯の軍隊が退却したことであるが、そのと

きに孟之反は勇敢にも、殿、しんがりをつとめた、しかも謙抑なかれは、「将に門に入らんとして」、門とは魯の国都である曲阜の城門である。見事にしんがりをつとめおえて、今や城門に入ろうとするとき、敢えて後るるに非ざるなり、わたくしはわざわざあとへさがって、しんがりをつとめようとしたわけではありません。ただ私の馬がわるくて、早く進まなかっただけです。そういって、馬を策でたたいて見せた、というのである。

この話は、「春秋左氏伝」にも見え、BC四八四、孔子六十八歳の、哀公十一年春、「斉、鄎の為の故に、国書、高無丕、師を帥いて我れを伐ち、清に及ぶ」と、この年の戦争を叙した条に、孟之側後入、以為殿、抽矢策其馬、曰、馬不進也、という。孟之側とは、すなわちここの孟之反である。つまり同じことを書いているのであるが、それが、「論語」の文章と、「左伝」の文章とのちがいを、あらわしているのは、興味ぶかい。いつも極度に簡潔な叙述をつくろうとする「左伝」は、孟之反の言葉として、「馬進まざるなり」というだけで、「敢えて後るるに非ざる也」の句がないのに対し、心理の屈折を委曲に写そうとする「論語」には、その一句がある。一方また、文章は簡潔に、しかし事柄は的確に、ということを志ざす「左伝」では、馬をたたいたのは、むちでたたいたのでなく、やなぐいから矢をひきぬいてたたいた、ということを示すために、「抽矢」の二字が多い。敗軍の将は、むちをも失っていたのかも知れない。

なお、仁斎は、孟之反は、ほんとうに馬が進まなかったのであって、走らせようと思えば早くも走らせることが出来たというのではない。もしそうならば、この条は嘘をついたことになり、直しき道ではないというが、これは徂徠も反論するように、仁斎の純粋癖のゆきすぎであろう。

子曰、不有祝鮀之佞、而有宋朝之美、難乎免於今之世矣、

子曰わく、祝鮀の佞有りて、而も宋朝の美有らずば、難いかな、今の世に免るること。

祝鮀、宋朝、いずれも孔子の同時代人である。

まず祝鮀は、衛の霊公に仕えた人物であって、のちの憲問第十四にも、無道な霊公の朝廷を、うまく維持しおおせた大臣の一人として、「祝鮀は宗廟を治め」と見え(下冊二二〇頁)、祝とは祭祀の官を意味する。その人物の「佞」とは、佞邪、おもねる、という意味ではなく、古注に「口才也」というように、雄弁の意味である。「春秋左氏伝」の定公の四年、BC五〇六、孔子は四十六歳の三月、諸侯が召陵で大国際会議を開いたときには、この人物が、私は祭祀官であり、外交官でない、と辞退した

にもかかわらず、特に委嘱されて霊公に随行し、会議の席次について議論がおこったとき、博引旁捜、大いに雄弁をふるって、自国の優位を主張したことが見える。まことに「佞」、雄弁というにふさわしい。

次に宋朝とは、宋の公子朝であって、これは大変ないろおとこであった。すなわち祝鮀の仕えた衛の霊公の夫人で、南子というのは、もうすぐこの篇でも出て来るように（二四一頁）、なかなかの女性であるが、この女性が、衛に嫁入るまえ、まだ宋のくにの姫君であったころ、最初の恋人として愛したのが、じつにこの宋朝であったことは、「春秋左氏伝」の定公十四年の条に見える。そうしてこの道ならぬ恋が、以後の衛の騒動の遠因にもなったことは、拙著「中国の知恵」第六章を見られたい（全集五巻）。なお霊公の父、衛の襄公の夫人の宣姜にも、「公子朝」という情人のあったことが、「左伝」の昭公二十年に見えており、劉宝楠の「論語正義」では、それもすなわちこの人物だというが、これは濡れぎぬらしく、いかに美男であっても、二代のきさきの若い燕であったとまではきめにくい。

さて、この条全体の意味は、なんともむつかしい世の中である。祝鮀ほどの弁舌があり、その上に宋朝ほどの美貌をもつのでない限り、いまの世の中のおそろしさを免れ、くぐりぬけて生きてゆくことは、むつかしい。

もっとも以上は、朱子の注の読み方であり、古注では、「祝鮀の佞有らずして宋朝の美有るは、今の世に免れ難し」、つまり弁舌はなくて、美貌だけもっているものは、あぶない。美貌の上に弁舌をかねそなえるものにして、はじめてやってゆける、とする。

つまり「不下有二祝鮀之佞一、而有中宋朝之美上、難乎免二於今之世一矣」と読むのが、新注であり、「不レ有二祝鮀之佞一、而有二宋朝之美一、難乎免二於今之世一矣」と読むのが、古注である。古注の読み方を変えた朱子は、例によって、徂徠から古代語の読み方を知らぬ者と、やっつけられているが、徂徠から百年ばかりのちの、清の古代語の大家、王引之（おういんし）の「経伝釈詞」の説は、かえって朱子に同じい。

なににしても、宋朝というのは、女たらしの代表とされていた人物であろうが、大胆に、それに言及したこの条は、大変思い切ったきつい言葉であるに、相違ない。

きついといえば、「難い乎（かな）今の世に免るること」の免は、古注に「今の世の害より免る」と説くように、殺戮をも含めた迫害圧迫をいうのであろうから、これまた大変きつい言葉であるが、難乎免於今之世矣という原文は、難、免、今、世、と実字、すなわち意味の頂点をなす字と、乎、於、之、矣、と助字、すなわちリズムのためのそえ言葉とが、たがいちがいになっている。まっすぐ読めば、NAN 難 hu 乎 MIAN 免 yu 於 JIM 今 zhi 之 SHI 世 yi 矣となる。ゆるやかなリズムを欲するときには、自由にそれをつくりうる「論語」の文章の妙である。

また、それに対し、不有、と突如としておこる仮定の書き出しは、大変さしせまった強いリズムである。

子曰、誰能出不由戸、何莫由斯道也、
子曰わく、誰か能く出づるに戸に由らざらん。何んぞ斯の道に由ること莫きや。

中国の古代の家は、南に向いた横に長い矩形であり、南半分が堂すなわち表座敷、北の半分のまた西半分が室、すなわち寝室であり、北半分の東半分が房、すなわち居間である。南半の堂と、北半の室房の間は、むろん壁が東西にしきるが、室の東南のところの壁に、とびらをしつらえたのが、戸であり、それは室から堂へ出てゆく通路である。なお、まえの「伯牛疾まい有り」の条に見えた牖、明かりまどは（二一五頁）、戸の西側、つまり室の西南の壁にある。

さて、「誰か能く出づるに戸に由らざらん」、出るとは、ここでは室から堂へ出てゆくことである。そのときには、戸をおしあけ、そこを経由して、出てゆく。だれだってそうしなければならない。それがきまったことである。人間の道の人間に対する関係も、同じであって、誰でもが、経由しなければならないものが、人道である。それになぜ、人人は、斯の人道に由ろうとしないのであろうか。部屋から出てゆくときは、戸から出てゆくにもかかわらず。

古注、新注ともに、以上のように説いており、それで充分であると思われる。劉宝楠は、「何莫由斯道也」とは、「誰不由斯道也」と同じであり、「誰か斯の道に由らざらん」とは、室から出るときは戸を通るように、人はみな自然に人道によって生きている、という楽観的な言葉として読むが、どうであろうか。

なお、日本の写本、またそれにもとづく版本のおおむねは、「誰能出不由戸者」、誰か能く出づるに戸に由らざる者ぞや、と者の字が多く、語気がいっそう強くなる。また、「出」とだけいって、どこから出てゆくと、いわないのが、これまで八佾篇（一二四頁）や、里仁篇（一四三頁）にも見えたように、中国語のくせであって、いまの言葉でも、出去了といえば、家から出ていったことになる。

子曰、質勝文則野、文勝質則史、文質彬彬、然後君子、

子曰わく、質、文に勝てば則ち野。文、質に勝てば則ち史。文質彬彬として、然る後に君子。

質とは素朴、文とは文明であって、二者は、あいよりあい助けて、人間の生活を成立させる最も重要な要素である、とする考えは、「春秋公羊伝」、それはおそらく「論

語」より後の文献であろうが、それに最も強くあらわれるものであるが、「論語」のこの条は、このことに対する、より早い重要な言及である。

もし質が文にまさるならば、すなわち素朴の要素が文明の要素の上を越すならば、「則ち野（や）」、それは田舎びた、不充分な生活である。逆に、文が質にまさるならば、すなわち文明の要素が素朴の要素に勝ちすぎるならば、「則ち史（し）」、史とは、元来、政府の歴史記述、祭祀の祭文、などをつかさどる言語文化のための官吏であること、内藤虎次郎博士の「支那に於ける史の起源」（「研幾小録」）や、王国維氏の「釈史」（「観堂集林」）などを参照されたいが、ここの史の字は、やや転化して、あまりにも言語的、文化的な生活を、意味するであろう。

要するに、素朴と文明のどちらが勝ちすぎても、完全な生活でない。文と質とが「彬彬（ひんぴん）」、とは古注に、「相い半ばする貌（かたち）」、新注に、「物の相い雑（まじ）わりて、適（あたか）も均（ひと）しき貌」、つまり、うまく均整がとれてこそ、然る後に、はじめて紳士である。もし、君子という言葉が、その広い意味である紳士一般にまでひろまらず、そのせまい意味である為政者、にしぼられるならば、かくあってこそ、はじめて、すぐれた為政者らしい為政者である。

この条は、もとよりはなはだ有名である。参考すべき条は、のちの顔淵第十二、「君子は質のみ矣、何んぞ文を以って為さん」という棘子成（きょくしせい）の言葉に反撥した、子貢の言葉である（下冊一〇九頁）。

子曰、人之生也直、罔之生也、幸而免、

子曰わく、人の生くるや直し。罔むくものの生くるは、幸にして免る。

人生はまっすぐなものである。まっすぐでない人間が生きているのは、偶然の僥倖として、罰を免れているに過ぎない。そういう方向のことをいう条であるが、古注と新注との間には、すこし解釈の差がある。古注に馬融を引いて、「人の世に生まれて自ずから終うる所の者は、其の正直を以ってなり」というのは、人間は、正直であってこそ、その一生を全うしうるとするのであり、つまり正直は、ある努力ののちに獲得されるものとなる。それに対し、新注では程子の説として、「生の理は本と直」、つまり人生の法則は、努力をともなわなくてもまっすぐなのが本来である、とする。私はむしろ新注に従いたい。善は必然であり、悪は偶然であるとするのが、儒学の考え方の基本とおもうからである。また罔之生也幸而免を、後藤点は「之れを罔いて生くるは」と読んでいるが、いまあえて読み方を改めたのは、「罔之」の「之」も、上の「人之」の「之」と同じく、軽い助字と見たからである。「罔」とは、古注に、「正直の道を誣罔す」、新注に「不直也」とあるように、「直」の反対概念である。あるいは、

「罔」は同子音の「無」と同じとし、直しさ罔き人間、という解釈もある。なにしても、直しからぬもの、それは偶然に発生し、偶然に生存する。それは幸いにして免れているのである。かろうじて目こぼしを受けて生きているのである。善は必然であり、悪は偶然であるという儒家の楽観的な人間観を、最もよくあらわす一条といわねばならない。

なお古注にいう「正直」の二字は、「尚書」の「洪範」篇に、人間の三つの徳をあげて、「一に曰わく正直」というのに、もとづこう。

子曰、知之者不如好之者、好之者不如樂之者、

子曰わく、之れを知る者は之れを好む者に如かず。之れを好む者は之れを楽しむ者に如かず。

有名な条であり、人人のよく知る条である。そうして人人が、普通に解しているように解してよろしいであろう。すなわち、「知る」とは、そのものあるいはその事柄の存在を知ることであり、この段階では、対象は、全然自己の外にある。「好む」とは、対象に対して特別な感情をいだくことである。対象はまだ自己と一体でない。「楽しむ」とは、対象が自己と一体となり、自己と完全に融合することである。

子曰、中人以上、可以語上也、中人以下、不可以語上也、

子曰わく、中人以上には、以って上を語る可き也。中人以下には、以って上を語る可からざる也。

中人とは、中ほどの人間である。陽貨篇第十七の「上知と下愚は移らず」（下冊三一八頁）と考えあわせて、孔子には、人間を三種に分ける考えがあったとされる。そうして「以って上を語るべき也」、「以って上を語るべからざる也」、の「上」とは、上知にふさわしい知識、と古注にいう。つまりこの条全体の意味は、中ほど以上の人間には、すぐれたことを語りうる、中ほど以下の人間には、すぐれたことを語っても、しようがない。中人が二度出るのは、上にもつき、下にもつくからである、とやはり古注にいう。

人間の知的な、あるいは道徳的な、能力には、系列がある、とする考えは、分らないではない。ただし徂徠が、この条から出発して、何でもかんでもと愚民に呼びかけるのは、ばかなことである、というのは、いまの世にあまり適しない考え方となるであろう。なお、班固の「漢書」の「古今人表」が、人間を九段階に分けるのは、主としてこの条と、陽貨篇の上知下愚の条に、もとづいてであること、その条で説く（下

冊三一八頁）。

樊遅問知、子曰、務民之義、敬鬼神而遠之、可謂知矣、問仁、曰、仁者先難而後獲、可謂仁矣、

樊遅、知を問う。子曰わく、民の義を務め、鬼神を敬して之れを遠ざく。知と謂う可し。仁を問う。曰わく、仁なる者は先ず難んで後に獲。仁と謂う可し。

弟子の樊遅が、知とは何であるかを、孔子にたずねた。孔子はこたえた。「民の義を務めよ」、古注の王粛の説は、「民を化道する所以の義を務めよ」であり、それならば民とは人民であって、人民を感化教導するについての道理ということになり、為政者としての知を説いたことになるが、新注では、「民も亦た人なり」とし、民の字を、ひろく人間の意味にとるから、「民の義を務めよ」、ひろく漠然と人間の道理を大切にせよ、ということになる。古注新注、かく民という字の意味する範囲について、広狭の違いがあるが、まず人間の道理を大切にするのが、知者の資格であるとする点は、一致する。そうして、人間以上の存在としてある鬼神に対しては、尊敬はささげるけれども、「之れを遠ざく」、ある距離をおいた存在としてあつかう、それこそ知者の資格となるものである。

樊遅はさらにたずねた、仁とは何であるか。それに対する孔子のこたえも、古注と新注で、読み方がちがう。古注の孔安国の説では、「先ず苦労して、後に功を得」であり、いろいろと骨を折ってから目的に到達する。つまり安易な到達をきらう。それが仁という道徳の資格であるとする。いま、本文の読み方を、しばらくそれに従わせる。新注は、「仁者」の二字を、「仁ある者」、仁の道徳をもつ人間とし、「難きを先にして、獲ることを後にす」とよみ、人がいやがって後まわしにする難しいことを、後まわしにせずに先にやる。また人が利益のある事柄として、先にやりたがる事柄を、後まわしにする。それが仁の道徳者の資格であるとする。仁斎は、孔子は抽象を嫌うから、単に「仁」といわず、「仁者」といった。他の章の「仁者」も同じと、注意する。

樊遅という弟子は、まえの為政篇第二の、「孟懿子孝を問う」の条に、「樊遅御たり」、孔子の車の馭者であったとして見えるが（六三頁）、かれが孔子にむかって、知と仁の問題についてただしたという話は、あとにも見える。顔淵第十二、「樊遅仁を問う。子曰わく、人を愛すと。知を問う。子曰わく、人を知ると」云云（下冊一三二頁）。子路第十三、「樊遅仁を問う、子曰わく、居処は恭、事を執りては敬、人に与（まじ）わりては忠」云云（下冊一六六頁）。

三者をあわせ考えれば、なにかを引き出し得ようが、しばらくそれをおき、この条で重要なのは、前半である。孔子は鬼神の存在を否定する無神論者ではなかった。しかし神よりも先ず人を、と考える合理主義者であったことを、「論語」の他のいくつかの条とともに、この条は示す。またそれは、「論語」ばかりでなく、しばしば秦漢の儒家の書物に見える思想であって、劉宝楠の「論語正義」には、桓公六年、ＢＣ七〇六の「左氏伝」、「民は神の主なり、是を以って聖王は先ず民のことを成して、而る後に力を神に致す」という季梁の言葉などを、引く。のちの宋儒の絶対的な無神論の源である。そのまた反動が、徂徠であって、「宋儒の見る所は、鬼神無きに帰す、凡そ鬼神無しと言う者は、聖人の道を知らざる者なり」と、この条でいうのは、再転して、宣長を開く。

子曰、知者樂水、仁者樂山、知者動、仁者靜、知者樂、仁者壽、
子曰わく、知者は水を楽しみ、仁者は山を楽しむ。知者は動き、仁者は静かなり。知者は楽しみ、仁者は寿ながし。

有名な条であり、含蓄に富む条である。私は安易な解釈を加えることを、さしひかえる。ただ徂徠が、「知者は水を楽しみ、仁者は山を楽しむ」というはじめの二句は、孔子自身の言葉ではなく、孔子以前の古語を引いたのであり、「知者は動く」以下が、

孔子の、それに対する解釈である、とするのは、徂徠らしい、おもしろい思いつきではあるであろうことを、附記するにとどめる。

子曰、齊一變至於魯、魯一變至於道、

子曰わく、斉一変せば魯に至らん。魯一変せば道に至らん。

斉は、いまの膠済鉄路の沿線にある臨淄を首都として、山東省の半ば以上を領有する、東方の大国であった。また魯とは、いうまでもなく孔子の祖国であって、その都曲阜は、臨淄の西南二百キロにあり、山東南部の小国であった。そうして孔子が、この両国のことをいうときには、反射的に、それぞれの国の歴史が、必ずあたまにひらめいたに相違ない。魯は周王朝の政治と文化の基礎をつくった聖人、周公旦、その後裔であり、かつ周公旦は、文王の子、武王の弟であるから、王朝と同姓の親藩であった。それに対し、斉の君主は、姜を姓とする譜代大名であるが、その始祖はやはり、周王朝創業の際の第一の功臣、太公望であった。ところで、この条の意味は、この二国によせた孔子の期待を示すものであって、斉は少しくその政治を変化させれば、魯の程度に到達し、魯の政治は、少しく変化させれば、道、完全な道徳政治に、到達する、というのが、言葉の表面の意味である。その裏にふくまれたものとして、古注では、斉も魯も、大聖人と大賢人の後裔であるから、かく期待をもったとし、新注では、孔子の時代、魯はなお礼教を重んずる文化国家であったのに対し、斉は実利を重んずる権謀の国家であったところから、かく差異をつけ、しかもいずれも絶望ではないと、いったとする。孔子の真意は、私には到底つかめない。ただ、のちの子路第十三に、「魯と衛の政は兄弟なり」というのが（下冊一五〇頁）、魯の政治に対する失望のごとくひびくのに対し、この条では、魯がなお、期待をもって眺められているように見える。

また、新注には、程子の説として、孔子の時代、斉は強国であるのに対し、魯は弱国であり、魯は斉より劣るとするのが常識であったのに、孔子は勇敢に、文化の存する所を、上位においたと、たたえている。またこの見解は、仁斎によっても継承されている。現代の日本を、文化国家としてあらしめたいと主張する人たちは、程子と、仁斎の説を、一読されることを、希望する。

　子曰、觚不觚、觚哉、觚哉、

　子曰わく、觚、觚ならず。觚ならんや。觚ならんや。

觚とはさかずきの一種である。古注に馬融の説を引いて、「觚は礼に用うる器なり、一升のものを爵と曰い、二升のものを觚と曰う」という。二升入るさかずきといえば、大さかずきのようであるが、古代の二升は、徂徠の換算によれば、日本の一合七勺八分であり、古代の薄い酒を盛るものとしては、小さかずきの方であった。漢人の「五経異義」に、「一升を爵と曰い、二升を觚と曰い、三升を觶と曰い、四升を角と曰い、五升を散と曰う」と、五種のさかずきを列挙するうちでは、小さい方の二つ目であり、かつ「五経異義」には、同子音の字で語義を説き、「觚は寡なり、飲むこと当に寡少なるべきなり」という。しからば觚とは、われわれが小さなさかずきを、猪口というのに、似た言葉である。そうして、「觚、觚ならず」とは、猪口が猪口でなくなっている、というのであって、盃のことを猪口というからには、酒はまさに寡少にのむべきであり、すこしだけ飲むべきものなのにもかかわらず、いまはみんなが大酒を飲む。「觚ならんや、觚ならんや」、なにが猪口なものか、といったとするのが、魏の王粛の説として、皇侃の「義疏」に引くものである。徂徠は、事柄をさらに的確にしようとしていう、当時は觚すなわち猪口という名のもとに、大きなさかずきをつくって、がぶがぶやっていた。だから、觚は觚ならず、といったのだと。

　觚という字の一番もとの意味は、稜、かど、であって、さかずきとしては、四角なかどのあるさかずきであるが、別にまた木を長六面体あるいは長八面体にけずりあげて、子供の習字の道具にしたもの、すなわちいまの石版のようなもの、それも觚と呼ばれた。「觚、觚ならず」とは、それをさし、本来はかどのある道具の觚が、今は角がない。おかしなことだといったのだという説をも、朱子は一説としてあげる。

宰我問曰、仁者雖告之曰、井有仁焉、其従之也、子曰、何爲其然也、君子可逝也、不可陥也、可欺也、不可罔也、

宰我、問うて曰わく、仁者は之れに告げて、井に仁有りと曰うと雖も、其れ之れに従わんや。子曰わく、何ん為れぞ其れ然らんや。君子は逝かしむ可き也。陥しいる可からざる也。欺く可き也。罔う可からざる也。

この条は、少し奇矯な問答のように思われる。宰我がたずねた、仁の道徳をもつ人は、もし誰かがかれに対し、「井戸の中に仁徳有る人がおっこちている」といったならば、そこのところへ行きますか。

「井に仁有り」を、古注は、「仁人井に堕つるなり」と説き、皇侃及び日本の写本では、本文をも井有二仁者一焉に作る。朱子の新注は、かく井戸の中に仁者がいるとするのは、余りに奇矯に過ぎると思ったのであろう、井有仁焉の仁は、人の字に改むべきであって、誰か人間が、井戸の中におっこちている、と告げられたとする。

孔子は答えた。何ん為れぞ其れ然らんや、そんなばかなことはない。その知らせを

受けた君子は、井戸のところまでは行くであろう。つまり「逝かしむ可きなり」。しかし井戸の中まで入って、その人をさがすことはしないであろう。「陥しいる可からざるなり」。つまり、つねに善意によって動こうとするけれども、思慮分別を失った過度の行為はしない。いいかえれば道理にかなったことで、君子を「欺く」ことはできる。常識に外れたことをもちかけても、かれを「罔」、欺瞞することはできない。問いは奇矯であるけれども、孔子の答えは、たいへんしっかりした答えである。

子曰、君子博學於文、約之以禮、亦可以弗畔矣夫、
子曰わく、君子は博く文に学びて、之れを約するに礼を以ってす。亦た以って畔かざる可し。

君子はまずひろい教養をもたなければならぬ。「博く文に学ぶ」。文の字の意味を、仁斎は、「先王の遺文にして、道の在る所」という。ひろく文化的な事象を指すとしてよいであろう。ところでしかし、かくひろい教養をもつだけでは、いけない。その中心として集約されるものが、なければならぬ。孔子の場合、集約の方法となるものは、礼、すなわち、正しい生活の方式であった。「之れを約するに礼を以ってす」。もしそうした態度であるならば、「亦た以って畔かざるべし」、畔かずとは、古注に引く

鄭玄の説によれば、「道に違かない」ことである。「矣夫」はともに意味をつよめる助字。下論の顔淵第十二にも、もう一度この語が見え、そこでは、君子の二字がない（下冊一二三頁）。この条についても、君子の二字がないテキストを、陸徳明の「経典釈文」には、記録する。子罕第九の顔淵の語、「我れを博むるに文を以ってし、我れを約するに礼を以ってす」（三六三頁）も、参看すべきである。

人は理想によって生きなければならぬ。そうして、生活はその理想に向かって集約されねばならぬ。「之れを約するに礼を以ってす」の礼の字は、われわれの生活では、ひろい別の字におきかえ得るかも知れぬ。しかし、かく理想に生きる前提としては、ひろい知識、ひろい教養が、必須であるとするのが、孔子の学問論を一貫する態度であり、まえの為政篇の、「学んで思わざれば則ち罔し、思うて学ばざれば則ち殆し」などと（七五頁）、あわせ読まるべき条である。

子見南子、子路不說、夫子矢之曰、予所否者、天厭之、天厭之、

子、南子を見る。子路説ばず。夫子之れに矢うて曰わく、予れの否らざる所の者は、天之れを厭てん、天之れを厭てん。

南子とは衛の霊公の夫人である。もと宋のくにの姫君であるが、まえの二二五頁の、

「宋朝の美」のところで触れたように、さとにいた時から不品行を取り沙汰された淫乱の婦人であった。にもかかわらず、孔子は衛のくにで、この婦人に謁見した。その次第は、「史記」の「孔子世家」によれば、次の如くである。孔子が、故国魯の貴族たちの腐敗にあいそをつかして、執政の地位を見すてた翌年、衛のくににおもむいた時のことといえば、孔子五十七歳であり、霊公はその在位の三十八年目で、四十四歳、夫人も脂ぎった年増であったであろう。その夫人から孔子に対し、会見の申し入れがあった。孔子はいちおう辞退したけれども、夫の霊公と交際をもつ人は、私にもお会い下さるのが例ですという、夫人の言葉が、伝えられたので、やむをえず、出かけた。孔子が門を入り、北を面(む)いてぬかずくと、絺(あさ)の帷(とばり)の向こうで、夫人も二度ぬかずいたらしく、環珮(かんぱい)の玉声が璆然(きゅうぜん)と鳴った、と、「史記」は記している。この「史記」の記載は、むろん小説的な粉飾を含むであろう。

なににしても、孔子が、衛国滞在中に、南子に謁見したことは事実である。その理由を、古注に引く孔安国は、夫人を媒介として、霊公に接近し、正しい政治を行わせるためであったと、説明する。

「子路説(よろこ)ばず」。この謁見に対し、子路は大変不機嫌であった。孔子の真意が、古注のいうごとくであったかどうかは別として、謹厳な孔子が、淫乱な婦人に謁見するということは、いかにも子路の不機嫌を買うべきおかしなことがらである。

「夫子之れに矢（ちこ）うて曰わく」。「矢は誓也」であり、子路の不機嫌に対し、孔子がきっとなって、いった言葉であるにはちがいないが、予所レ否者、天厭レ之、天厭レ之、という誓いの解釈は、諸説紛紛である。しばらく朱子の新注によって解すれば、もしも私のしていることが道にはずれたことであるならば、天から見放されるであろう。つまりこの謁見も、自分としては、自分の考えがあってしたことであって、道にはずれたこととは思っていない。もし道にはずれたことであるならば、天が見すてる。おまえが見すてるよりさきに、天が見すてるであろう。最後の判断は、天にまかせる。

そのほか、私がかく不運な目を見ているのは、天から私が見棄てられているからである、というのが、皇侃の引く王弼（おうひつ）の説のようであり、皇侃が更に引く他の二三の説にいたっては、そのいわんとするところさえ、捕捉しがたい。日本の旧訓のうち、北野本が、「予（わ）れすまじきところをば、天も厭（ふさ）がんや、天も厭（ふさ）がんや」と、読むのも、そのいずれかにもとづこう。

要するに、六朝時代、すでにさまざまに解釈が分かれていたことを知るのみであるが、魏の何晏の「集解」では、道を行うということは婦人の事柄ではないし、弟子が不機嫌であったからといって、それに対して誓いを立てるというのもおかしいとして、この条全体が、そもそも疑わしいといっている。かく難解の条であるが、難解な条であるだけに、魅力をもつ章である。そうして魅力をもちながらも、難解な条であることには変りない。拙著「中国の知恵」第四章をも参照されたい（全集五巻）。

子曰、中庸之爲徳也、其至矣乎、民鮮久矣、
子曰わく、中庸の徳為るや、其れ至れるかな。民鮮きこと久し。

「中庸」という言葉が、儒家のきわめて尊重する概念であったことは、もっぱらその価値を説く「中庸」という独立の文章が、孔子の孫である子思の作として、漢代では「礼記」四十九篇中の一篇となり、さらにまた宋以後は、「四書」の一つとして、極度の尊重を受けたことでも、示される。そうしてそれについては、儒家のもっとも重要な思想の一つであるだけに、かずかずの論議が交わされているが、しばらく私の臆説をいえば、中とは黄金律のように、もののあるべき道理として、最上のものであるが、最上の道理は、つねにものの中央にある、と考えられるところから、中と呼ばれるのであり、また、庸とは、常であって、偏頗でないもの、奇僻でないもの、そうしてそれこそやはり最上の道理であることを、意味しよう。要するに中庸とは、もっともすぐれた常識、を意味するというのが、私の感じである。

ところで、この条の意味は、中庸の、人間の道徳としての価値は、至上のものであ

る。しかるに、「民鮮きこと久し」とは、「礼記」の「中庸」篇にこの言葉をのせて、「民鮮能久矣」、民能くすること鮮きこと久し、というのと、意味は同じであって、その能力をもつ人間が、鮮しくなってから、ずいぶんの時間を経た、というのである。

子貢曰、如有博施於民、而能済衆、何如、可謂仁乎、子曰、何事於仁、必也聖乎、堯舜其猶病諸、夫仁者、己欲立而立人、己欲達而達人、能近取譬、可謂仁之方也已、

子貢曰わく、如し博く民に施して、能く衆を済うもの有らば、何如。仁と謂うべき乎。子曰わく、何んぞ仁を事とせん。必ずや聖か。堯・舜も其れ猶お諸れを病めるか。夫れ仁者は、己れ立てんと欲して人を立て、己れ達せんと欲して人を達す。能く近く譬えを取る。仁の方と謂う可きのみ。

子貢がたずねた。もしここに、「博く民に施し」、施すとは君主が恩恵を施すことであると古注に説くが、必ずしも物質的にものを施すことでなく、善意をおし及ぼすこと、としてよいであろう。そうして、能く衆くのひとびとを済い得る人があったとするならば、それはどう評価さるべきでありましょうか。仁といってよいでありましょうか。

孔子は答えた。「何事於仁」、それこそは最高の行為であり、仁どころではない、という意味であるに相違ないが、事の字の訓詁は明らかでない。劉宝楠は、「事は為と猶わんがごとし」として、四字は、「何為れぞ仁に於いてこれを言わんや」の意であるとするが、その証拠とする「礼記」の「楽記」の「事」の字は、必ずしもここと似た用例ではない。また仁斎が、「事は止と通ず」と訓じ、「何んぞ仁に事まらんや」と訓ずるのも、似た用例を見いだすことが困難である。しかし結論的には、それはもはや仁の範疇のことではない、というには相違ない。そうしてそれは仁よりもさらに一段上の、最高の道徳者である「聖」にしてはじめてできることである。「必ずや聖か」。いや聖人においてさえも、無造作にできることではない。古代の聖人である堯と舜さえも、それらをむつかしいこととしたであろう。「其れ猶お諸れを病めるか」の諸の字は、前の二〇九頁、「子、仲弓を謂いて曰わく」の条の、山川其舎諸の諸の字と同じく、之乎二字のつまったものであるが、かしこの諸が、諸れを舎てんや、と反語であったに対し、ここは、諸れを病めるか、と推測の語である。なお、「堯舜も其れ猶お諸れを病めるか」という表現は、のちの憲問第十四の子路に答えた言葉にも、「己れを修めて以って百姓を安んずるは、堯舜も其れ猶お諸れを病めるか」と見える（下冊二三八頁）。五帝の時代の最後の二人の聖天子であったという堯舜は、近ごろの歴史家から、その実在を疑われているけれども、孔子はすでに上代の最もすぐれた君主として、仰ぎしたっているようである。

さて、孔子の言葉はなおつづき、子貢が人間としての最高の道徳を提起したのに対し、より近い、より到達し易い仁者の道徳は、いかにあるべきかを、説く。仁者は自分が何かを樹立しようとねごうときには、自分だけで樹立せずに、他人にもそれを樹立させる。自分が何かに到達しようとおもえば、他人にも、そこに到達させる。「博く民に施して衆を済い」、すべての人に恩恵を施して、すべての人を済う、ということは、困難であるにしても、手近なところから、善意を人におよぼし、わかとう、とする。そうして「能く近く譬えを取る」。譬えとは、類似、相似の意味であって、何事をも、身近な自分の身の上について事がらを考える。あることを他人にしようとする場合には、それがみずからの身の上に加えられた場合には、どうであろうかと、相似を、近い自分の身の上について、考える。それはつまり、「己れの欲せざるところを恕りて、人に施すことなし」であると、古注を敷衍した宋の邢昺の「正義」にはいう。こうした心がけこそは、仁の道徳の方法であるといってよろしい。

人間は社会的存在である、ということを、人間はつねに考えなければならない、とするのが、儒家の主張の一つであるが、この条はそれを最もよくあらわすものの一つであろう。仁とは連帯感の意であって、天地万物、すべて自己でないものはないと考えるのが、仁であり、手足が、肉体の他の部分との連帯を失った病気、すなわち中風を、医者の言葉で「不仁」というのは、仁の字の本来の意味を、意識せずしてうまくあらわしているというのは、宋の程子の言葉であり、宋学者の好んで引くものであるが、朱子の「論語」の注は、それをこの場所で引いている。

それとともに人間への愛は、広漠な、したがって空漠な、人類愛、というかたちから出発するよりも、そうした理想をもちながらも、実践は近くからはじめねばならぬ、という儒家の考え方をも、この条は示しているであろう。

なお、この条、一般人に対する教えにも、むろんなり得るけれども、堯舜を引き合いに出しているところからいって、支配者のための教えで、元来はあるであろう。

述而第七

例によってはじめの句「述而不作」の、さらにはじめの二字を摘んで、篇名としたのである。

この篇からあと、郷党第十にいたるまでの四篇については、数百年にわたって学者の見ることができなかった一つの資料が、今世紀のはじめから、われわれの目にふれることとなった。二世紀末の大儒、鄭玄、じょうげんとも読み、ていげんとも読むが、その人の「論語注」である。

鄭玄は、字で呼べば鄭康生、後漢の末年、AD一二七、山東の農民の子として生まれ、あだかもAD二〇〇かっきり、建安五年に、七十四歳でなくなっている。その長い生涯の間に、あまねく諸経典の注を書き、前後漢四百年の経学、すなわち古典解釈学を、集大成した。その多くの著述のうち、今に伝わるものは、「周来」、「儀礼」、「礼記」、すなわちいわゆる「三礼」の注を、第一とし、「詩経」の注がそれにつぐが、その他の著述は、おおむね散佚し、ただ断片的に他の書に引用されたものが、学者の貴重するところとなっている。「論語」の注もまたその一つであって、ややのちに出た魏の何晏の「論語集解」に、「鄭玄曰ぅ」、として引用する断片、また他の書に引かれた断片によって、その片鱗をうかごうにすぎなかった。しかるにその原本が、今世紀に至って、再発見されることとなったのである。

すなわち一九〇七年から、翌年にかけ、甘粛省敦煌県の、古寺の密閉された洞窟の中から、六朝時代唐時代の写本が、フランスとイギリスの探検隊によって、大量に発掘され、フランス隊の所獲は、東洋学者ポール・ペリオ Paul Pelliot によって、パリに持ちかえられ、国家図書館、Bibliothèque Nationale の保管に帰した。うちかれらが与えた番号で、二五一〇というのは、「論語」の注釈であった。はじめの方は欠けて、この述而篇の中ほど、「子曰わく、富みにして求むべくんば、執鞭の士と雖も、吾れ亦た之れを為さん」（二六三頁）の、「執鞭之士」から本文がはじまり、あと郷党第十の終りにいたるまでの本文と、割注の注釈とがある。それが何人の注であるかを、ペリオは弁別しえなかったようであるが、やがて大正元年、わが狩野直喜博士が、パリに遊んだときに、それが実に鄭玄の注の残巻であることを、確認した。「奇書万巻皆な捜取せよ、独り魯論の鄭君を存するのみならず」とは、ややのちにパリに遊んだ内藤湖南博士に、狩野博士のおくった詩であるが、漢代第一の大師「鄭君」の「魯論語」発見者としての得意さがうかがわれる。

かくして発見された「論語」鄭注の残巻は、翌大正二年、その写真が、他のいくつかの写本の写真とともに、当時京都に亡命していた清朝の遺臣、羅振玉のもとに、ペリオから送られ、羅氏がコロタイプ版で覆製した「鳴沙石室遺書」の一部分となった。覆製者は京都の写真師、小林忠治郎である。また大正十五年、東京本郷の文求堂、田中慶太郎が、更にそれを縮写した本もある。

以上のような次第で、この篇の中ほどからしばらくの部分、われわれは貴重な新資料を、参照し得る。ただし、この新資料についての研究は、なお充分には行われていないようであって、いま私のこの書物には、随時、私が興味を感ずる点を、引用するにとどめる。より詳しい研究は、将来の学者にまたねばならない。

なおもっとも余分のことであるが、鄭玄の年譜なり伝記は、清人によって何種か作られているが、鄭珍の「鄭学録」がもっともすぐれる。

子曰、述而不作、信而好古、竊比於我老彭、

子曰わく、述べて作らず。信じて古を好む。窃かに我が老彭に比す。

「述べる」とは、朱子の注に、「旧を伝うるのみ」というように、祖述の意である。それに対し、「作る」とは、朱子の注に、「創始也」というように、創作の意である。

自分は祖述はするけれども、創作はしない。過去の文明は、多くの人間の知恵の堆積であり、創作は自分一個人の恣意におちいりやすい。そうした考えのもとに、この言葉は生まれているであろう。しかし、かく過去のものを祖述するのは、手がるな古代主義から、そうするのではない。その中のよいものを、よいと信じ、またその中の愛好すべきものを心から愛好する、つまり「信じて古を好む」のである。それが私の態度であるが、それは私だけの態度ではない。私に先んずる人間として、老彭がある。老彭は、古注に引く包氏の説によれば、殷の賢大夫、すなわち周王朝に先だつ殷王朝の、すぐれた政治家であって、かれもまた私と同じ態度であった。私の心がまえは、かつての老彭のそれに似たものとして、比較しうるであろうというのが、「竊比於我老彭」の意味であり、老彭の上に「我老彭」の我の字があるのは、ちょうど英語で、固有名詞のまえに my をかぶせることがあるように、「之れを親しむ辞なり」と朱子はいう。しかしそれには、文法的な疑義がある。「わが」という所有格の場合は、「我」でなく「吾」をつかうのが、「論語」の例であり、「我」は主として目的格につかわれる。そうした関係からであろう、古注系統の和訓では、この句を、「竊かに我れを老彭に比す」と読む。といって、「我れを」という訓を成立させるためには、このままの本文では、適当でない。日本の古写本には、「竊比於我於老彭」となったものがあり、うち上の「於」の字を余分とすれば、「竊比我於老彭」となり、「竊かに我れを老彭に比す」という訓を、成立させ易い。

老彭なる固有名詞が、殷の人であるとすることには、異説もある。老と彭は二人であって、老は老聃すなわち老子、彭は長生きを以って聞えた彭祖であると、漢の鄭玄などは説いていたらしいことが、ここは鄭玄注の原書が、まだ見られない部分であるけれども、他への引用によって分かる。

子曰、默而識之、學而不厭。誨人不倦、何有於我哉、

子曰わく、黙して之れを識し、学んで厭わず。人に誨えて倦まず。何んぞ我れに有らん哉。

この条は、読みやすいように見えて、しかも読み方がいろいろさまざまである。便宜まず、一つの読み方を述べる。「黙して之れを識す」とは、いろいろと言あげせずに、沈黙のうちに、事柄をよく認識する。「学んで厭わず」とは、学問というものは、すればするほど新しい境地が開け、従って新しい責務を感ずるものであるが、いや気をおこさずに、学問を持続する。「人に誨えて倦まず」とは、教育というものは、相手があっての事柄であり、相手はなかなかこちらのいうことを納得しないものであるけれども、そのために熱意をうしなわない。この三つのことだけは、「何んぞ我れに

有らんや」、私にとって特別に困難なことではない。

かく最後の句を、自信の言葉として読むのは、前の里仁篇第四の、「能く礼譲を以って国を為めんか、何か有らん」、の何有（一四一頁）、また雍也篇第六の、「由や果なり、政に従うに於いて何か有らん」の何有が（二二二頁）、なんのむつかしいことがあろう、というのにてらして、妥当であるとするのが、劉宝楠の結論である。徂徠の説も、大体同じであるが、徂徠はさらに細かな考察として、「黙して之を識す」ことから、しぜんに「学んで厭わず」が生まれ、「学んで厭わず」から、しぜんに「人に誨えて倦まず」が生まれる。三者は互に因果をなして、つぎつぎに生まれるから、何も困難はないとする。

そのほか仁斎は、それらのことだけには自信があるが、そのほかのことは、何が私に有ろうか、と読み、劉宝楠の別の一説もそれに同じいが、やや無理であろう。また新注が、別の径路から、やはり謙遜の言葉とし、これらの道徳は、どうして私にあろうか、私にはない、とするのは、おそらく何有の二字の原義でない。また古注に引く鄭玄は、何ユエニ我レニノミ有ルニヤ、なぜわたしだけにそうした行いがあるのか、誰でもできることなのに、私だけそれが得意なようになっているのはおかしい、という意味に読むが、やはりむりであろう。

子曰、徳之不脩、學之不講、聞義不能徙、不善不能改、是吾憂也、
子曰わく、徳の脩まらざる、学の講ぜざる、義を聞きて徙る能わざる、不善を改むる能わざる、是れ吾が憂い也。

道徳の修養を怠ること、学問の勉強を怠ること、義しいことを耳にしながら、そのただしさへわが身をもってゆけないこと、善からぬことと気づきながら改められないこと、この四つが、私の心配である。
朱子がいずれも、孔子自身の行動についての憂いであったとするのに、徂徠は反対して、門人の行動についての心配であったとするが、普通には朱子のように、自ずからの憂いとして読んでおり、またその方がおだやかであろう。

子之燕居、申申如也、夭夭如也、
子の燕居は、申申如たり。夭夭如たり。

燕の字は宴と同じい。その意味は安である。燕居、すなわち安居、とは朝廷から下って、家でくつろぐことであって、私的生活の意である。孔子の私的生活のありさまは、申申如、夭夭如、であったというのは、いずれも、印象を音声によって比擬する

擬態語であって、申申はのびのび、夭夭は、少し無理だが、「つやつや」と訳せよう。「詩経」の「桃夭」の詩に、嫁入り前の少女の美しさをたとえて、「桃の夭夭たる」という、その夭夭である（吉川「詩経国風」、全集三巻六二頁）。要するに、孔子の家庭に於ける生活の態度は、すぐれた自由人としての、規律ある自由さを、充分に示していた。

子曰、甚矣吾衰也、久矣、吾不復夢見周公、
子曰わく、甚しいかな、吾が衰えたるや。久しいかな、吾れ復た夢に周公を見ず。

私もずいぶん老人になった。肉体がよほど衰えたにちがいない。何となれば、以前は、私が最も理想とする人物である周公を、よく夢に見た。しかしいまは、周公の夢を見なくなってから、ずいぶんになる。周公は、孔子から五六百年まえ、周王朝の創業にあたって、王朝の政治と文化の方針、またそれらの組織をさだめた、周公姫旦であって、文王姫昌の子、武王姫発の弟である。礼の諸儀式、またそれに伴う楽、すべてはこの偉人が制定したものとされ、ひとり周王朝のみならず、人間の文化の方向を定めた偉人として、孔子が仰ぎ慕っていたことが、ほかならぬこの条によって最もよく示されるのであるが、それへの思慕を、恋人への思慕のように、夢に見る見ないで

いっているのは、まことに美しい詩である。夢の文学の系譜を考えようとする人は、必ずこの条を逸してはならぬであろう。

　子曰、志於道、據於徳、依於仁、游於藝、

子曰わく、道に志し、徳に拠り、仁に依り、芸に游ぶ。

「道」という言葉、「徳」という言葉には、いろいろの解釈があるであろうが、宇宙の法則、またその一部分としての人間の法則が、万物に普遍し、万物をつらねて存在すると意識したときに、それを呼ぶ言葉が「道」であり、そうした法則が、なにか一つのものの上に顕現したものが「徳」であると、私は理解している。そうした理解によってこの条を解すれば、めざし志すものは大きな「道」であるが、先ずよりどころとするのは、自己の上に顕現し獲得された「徳」である。また依りそうものは「仁」、すなわち人間愛、それは宋儒の説によれば、道なり徳なりのもついくつかの側面のうち、最も重要な側面であるが、それをもっとも身近なものとして依りそい、そうして「芸に游ぶ」、芸とは教養であり、礼楽射御書数の六つが、六芸の名のもとに、もっとも重要な教養であると意識されたようである。人間への愛情によりそいつつ、そうした教養の中にあそんで、人格のはばを広げる。游の字は、元来は「およぐ」という意味であるが、転じて「游ぶ」と訓ぜられるのは、自由な気もちで、その中に身をゆだねる意味である。日本の古写本の中には、ぶっつけに「遊」の字に作るものもある。

子曰、自行束脩以上、吾未嘗無誨焉、

子曰わく、束脩を行う自り以上は、吾れ未まだ嘗って誨うること無くばあらず。

束脩とは、いまもその意味につかわれるように、先生への謝礼である。脩の字は、月がついていることによっても分るように、細長いほし肉であり、束脩とは、その一束である。朱子の注に、それは謝礼として、一番かるいものであったというが、恐らくそうであろう。とにかくそうした一番かるい謝礼でも、それをもって来た限りの者に対し、私はつねに何かを教えてやる。教えてやらないということはない。それ以上の関係にあるものは、なおさらである。

以上が、この条の普通の読み方である。束脩は、束修とも書かれており、束帯修飾、きちんと礼服を着て挨拶をすること、という説もあるが、前説ほど勢力をもたない。

子曰、不憤不啓、不悱不發、擧一隅不以三隅反、則不復也、

子曰わく、憤せずんば啓せず。悱せずんば発せず。一隅を挙げて三隅を以って反

らざれば、則(すなわ)ち復(また)せざる也(なり)。

この条も教育の方法を説いた。「憤」とは憤慨、いきどおりの意味で、ここはなく、心が膨脹し、盛り上ることである。弟子がなにか疑問をもち悩みをもち、そのために心がふくれあがったときに、はじめて啓(ひら)きみちびく。また悱(ひ)とは、何かをいいたくて、しかもうまくいえず、口をもぐもぐさせていることだと、注に説く。その時にはじめて、発(ひら)きみちびいてやる。つまり弟子が自分自身で、充分な蓄積をもちながら、しかも自分だけではどうにもならなくなったときに、はじめて産婆役をつとめてやる。それが私の教育の方法である。また弟子に、蓄積がある場合には、物事の一つの隅(すみ)だけをつまみ上げて示せば、あとの三つの隅も、連鎖反応的に理解して、こちらに応答する。もしそうでない場合、すなわち、「一隅を挙げても、三隅を以って反らない」場合は、まだ相手が成熟しないのだから、もう一度そうすることはせず、相手の成熟を待つ。

これは教育の方法として、大へんすぐれた方法である。それだけに、よほどすぐれた教育家でなければなし得ないであろうと感ずる。日本の写本には、挙㆓一隅㆒の句、挙㆓一隅㆒而示㆑之と、而示之の三字が多いものがある。

子食於有喪者之側、未嘗飽也、子於是日哭、則不歌、
子、喪ある者の側にて食すれば、未まだ嘗って飽かざる也。子、是の日に於いて哭すれば、則ち歌わず。

この章には、孔子の生活にあらわれた二つの事柄が、述べられている。六朝末の陸徳明の「経典釈文」によれば、分けて二章とするテキストもあったらしいが、普通には、つづいた一章としてあつこう。何にしても、孔子がいかに細かな神経のもちぬしであったか、そうしてそれは、人は人人の中にいるという意識とつらなるものであったか、そのことを最もよく示す章であり、少なくとも私にとっては、「論語」のうち、最も貴重な章の一つである。

「子、喪ある者の側にて食す」とは、皇侃の「義疏」に、他家の葬式の手伝いに行ったときのことと説く。手伝いとして立ちはたらくためには、食事を取らなければならない。しかし、その食事は、親、つれあい、兄弟、その他近親を喪って、悲しみにひたる者のそばで取られる。かつ礼のおきてとして、喪主自身は充分の食事を取ってはいけないのである。そのそばでの食事であるから、「未まだ嘗って飽かざるなり」、腹一ぱい食べたことはなかった。

また孔子は、他家へ弔問にゆき、弔問者の礼として、声をあげて哭いた日、その日

は、家へ帰ってからも、歌を歌わなかった。

前者は他人との間に、調和を保とうという心情であり、後者は、自ずからの感情に不調和をつくるまいという心情である。

なおこの二つのこと、「論語」では、孔子についてのみ記されているが、漢人の「礼記」の「曲礼」篇には、「哭する日には歌わず」、またその「檀弓」篇には、「喪有る者の側にて食するには、未まだ嘗つて飽かざるなり」と、一般の規定として、記されている。そうして、「礼記」のすぐれた注釈者である鄭玄は、前者に、「哀しみ未まだ忘れざればなり」、後者に、「哀戚を助くるなり」と、注している。

子謂顔淵曰、用之則行、舎之則藏、惟我與爾有是夫、子路曰、子行三軍、則誰與、子曰、暴虎馮河、死而無悔者、吾不與也、必也臨事而懼、好謀而成者也、

子、顔淵に謂いて曰わく、之れを用うれば則ち行い、之れを舎つれば則ち蔵る。惟だ我れと爾とのみ是れ有る夫。子路曰わく、子、三軍を行わば、則ち誰と与にせん。子曰わく、暴虎馮河、死して悔い無き者は、吾れ与にせざる也。必ずや事に臨みて懼れ、謀りごとを好んで成る者也。

「子、顔淵に謂いて曰わく」、これは顔淵を前においての対話である。世の中が自分を認めて任用すれば、おもてだった行動をする。しかし世の中から見すてられた場合は、じっとひそみかくれる。そうした自由自在な境地は、わしとお前だけが所有している。舎は捨におなじ。

　すると、そばにすわっていた子路が、むくれて、くちばしをはさんだ。

　もし先生が、三軍、それは大きな大名のくにの軍隊編成であって、一軍は一万二千五百人、三軍はその三倍の三万七千五百人であるが、そうした軍隊とともに行動なさるとき、さらにいいかえれば、先生が国軍の総司令官となられたとき、そのときには、だれを行動の仲間とされますか。そういうときには、顔淵では間に合いますまい、この勇敢な私でなくては、というつもりが裏にある。

　孔子はいった。暴虎(ぼうこ)とは、虎に素手で立ちむこうこと、馮河(ひょうが)とは、大河をかちわたりすること、いずれも、無鉄砲な勇気である。そうして、「死して悔い無き者」、まかりまちがえば命さえ投げ出せば、いいんだ、というような人間、それは私の仲間でない。私の仲間となる者は、必ずきっと、以下のような人格でなければならない。すなわち、「事に臨みて、懼る」、事件を前にして、慎重に対処の方法を考える。「謀(はか)りごとを好んで、成る」、せいぜい計画をめぐらし、その計画を遂行し成功させる者、そうした者でなければならない。軍事についても、あるいは、軍事についてなればこそ、無企画な勇気は、私の友でない。

子曰、富而可求也、雖執鞭之士、吾亦爲之、如不可求、從吾所好、

子曰わく、富みにして求む可くんば、執鞭の士と雖も、吾れ亦た之れを為さん。如し求む可からずんば、吾が好む所に従わん。

富みにして求む可くんば、という最初の句は、二様によめる。経済的に余裕のある生活、それを追求することが、不道徳でないとして許容されるならば、という一般的な条件としても読め、あるいは富者たることを求めてもよい条件に、その社会があるならば、とも読める。いま、いずれとも定めない。真意は両者の中間にあるかも知れない。

何にしても、富というものが追求してもよいものならば、それを獲得する手段として、執鞭の士、馬の別当である足軽、そうした賤しい役目でも、私は甘んじてつとめよう。しかしもし、富というものが、追求さるべき条件をもたないとするならば、「吾が好む所に従わん」、私の生活の自由を保持して、好きなように生きたい。理想のために生きたい。

なお、この篇の冒頭の解説で述べたように、敦煌から発見された漢の鄭玄注の残巻

は、この条のあたりから始まっている。しかし、この条のところは、なお紙が半分やぶけており、「孔子聘きに諸国に応ずるも、能く□□見る莫し、……道の終に行う可からざるを知り、故に此の言を発す。……」云云という注の文句が、紙の破れ残った部分に見える。

子之所愼、齊、戰、疾、
子の慎しむ所は、斉、戦、疾。

孔子が、その生活のなかで、慎重に対処したものは、三つあった。一つは斉、ものいみ。ここの斉の字は斎と同じであり、祖先の祭祀を行うまえの何日間か、精神を集中するために、斎戒沐浴することである。第二は戦争。第三は病気。

鄭玄の注は、この条から完全に読める。この条の注は、「斎を慎しむは、祖考を尊ぶ也、戦いを慎しむは、民の命を重んずる也、疾を慎しむは、性命を愛する也」である。うち「祖考」とは先祖、「性命」は、いまのわれわれの言葉でいえば、生命である。この条の古注すなわち何晏の「集解」は、孔安国を引いて、「此の三者は、人の慎しむ能わざる所、而るに夫子は独り能く之れを慎しむ」であるが、それと鄭注とを比べると、鄭玄の方が、より行きとどいた注釈であると、感ぜられる。

子在齊聞韶、三月不知肉味、曰、不圖爲樂之至於斯也、

子、斉に在りて韶を聞く。三月、肉の味わいを知らず。曰わく、図らざりき、楽を為すことの斯に至るや。

孔子が、東方山東省の大国である斉のくににおもむき、しばらくそのくにの重臣、高昭子の、家臣となったのは、三十五歳のときのことである。時あだかも故国の魯では、内乱があったので、そのとばっちりを避けるのが一つの目的、さらに大きな目的は、高昭子を介して斉の君主景公に接近するにあったと思われること、私の「中国の知恵」第九章に説くごとくである（全集五巻）。

この条はそのときの事跡であって、孔子は斉のくににおいて、古代の舜の時代の管絃楽である韶の音楽を聞いて、そのすばらしさに感動し、三か月間、肉を食っても、肉の味を空虚なものと感じた。そうしていった。「音楽というものの感動が、これほどまでに深いとは予期しなかった」。

以上のように読むのが普通の説である。そうしてまた、そのように読むのが、最も美しいであろう。韶の音楽の美しさは、まえの八佾篇第三では、「韶は美を尽くしまた善を尽くせり」とたたえられており（一二五頁）、のちの衛霊公篇第十五でも「楽

は則ち韶舞」と見える（下冊二五二頁）。

しかし別の読み方もある。やはり私の「中国の知恵」に説くように、当時、斉のくにでは、外国からの帰化人である陳氏の一族が、勢力を得、くにの政権を奪おうとしていた。しかもこの陳氏は、じつに、韶の音楽をつくった舜の後裔であった。この条をそうした政治情勢と関係させ、「図らざりき楽を為すことの斯に至るや」の斯を、斯の土地、すなわち斉の国と読み、もうひびきが絶えたかと思っていた舜の時代の音楽が、舜の子孫であると共に、簒奪者でもある陳氏によって、伝わり、この斉のくにに存在しているとは、予想を超えた妙なまわり合わせである。そうした感慨の言葉として読む説である。この読み方は、古注にもとづくが、普遍な読み方とはなっていない。新出の鄭玄の注では、斉の国に於ける韶楽の存在が、陳氏のその国への帰化にもとづくことを注意すると共に、「図らざりき」という驚嘆の内容は、「舜の韶楽を作りし美、乃ち此に至る」とする。

なお、異文として、「為楽」の二字を、「嬀楽」の二字に作る本があったことを、唐初の陸徳明の「経典釈文」は注意する。つまり、「図らざりき、嬀の楽の斯に至るや」と読むのであって、嬀とは舜の苗字であり、嬀の楽とは、舜の音楽という意味である。

また、「史記」の「孔子世家」には、「三月」の上に「学之」の二字があり、それならば、「之れを学ぶこと三月」、つまり三か月間、韶の演奏を勉強したということになる。

冉有曰、夫子爲衞君乎、子貢曰、諾、吾將問之、入曰、伯夷叔齊何人也、曰、古之賢人也、曰、怨乎、曰、求仁而得仁、又何怨、出曰、夫子不爲也、

冉有曰わく、夫子は衛の君を為けんか。子貢曰わく、諾。吾れ将に之れを問わんとす。入りて曰わく、伯夷・叔斉は何ん人ぞや。曰わく、古の賢人なり。曰わく、怨みたる乎。曰わく、仁を求めて仁を得たり。又た何をか怨まん。出でて曰わく、夫子は為けざる也。

この条の問答は、当時の社会から三面記事的な関心をあつめていた、衛のくにの御家騒動と関係して、生まれている。御家騒動のくわしい事情は、私の「中国の知恵」六章に、「春秋左氏伝」にもとづきつつ記述するのを、参照されたいが（全集五巻）、かいつまんでいえば、暗愚な衛の霊公と、その夫人南子、すなわち前の雍也第六（二四一頁）に見える美貌の婦人であるが、その間に生まれた蒯聵という名の太子は、BC四九六、母を殺そうとしたことが発覚して以来、国外に亡命したままであった。B

C四九三、霊公がなくなると、重臣たちは先代の遺志として、亡命中の太子蒯聵の子であり、先代霊公の孫である輒を、新しい君主とした。すなわち衛の出公であるが、亡命中の蒯聵は、それを承認せず、大国晋の援助を得て、故国に攻め入ろうとし、十六年間、二つの勢力は抗争した。一方の蒯聵は、新君輒の父ではあるに相違ないけれども、祖父からいえば勘当された息子である。また一方の輒は、祖父の遺志にそうものとして即位した君主ではあるけれども、蒯聵のむすこであるには相違ない。このむつかしい事件に対して、当時の知恵の代表者である孔子が、どうした態度を取るかは、人人の注視のまとであったようであり、この条の問答も、それによって生まれている。「冉有曰わく、夫子は衛の君を為けんか」、衛の君とは、そのときの現在の君主であるところの、子供の輒の方である。先生はその方を援助されるであろうか、と、この冉有の発言は、弟子たちだけでこの問題を論議していた段階のことであろう。けっきょく弟子たちだけでは、見当がつきかねたと見え、子貢が提議した、よろしい、ひとつおれが先生にたずねてあげよう。「諾、吾れ将に之れを問わんとす」。諾とは、英語の yes あるいは well というように、かるい承諾の言葉であること、前の里仁篇第四の「参よ吾が道は一以って之れを貫く」の条参照（一四三頁）。

さて子貢が、孔子の家あるいは孔子の部屋にはいってたずねたことは、直接当面の衛の問題についてではなく、当面の問題と類似した、一つの昔ばなしに、ついてであった。「伯夷叔斉は何ん人ぞや」。伯夷と叔斉は、すでに公治長第五（一九一頁）に見えたように、前十二世紀、殷王朝の末期の孤竹という国の君主の二人の子である。伯夷のほうが太郎を意味する伯の字がついていることによって示されるように兄であり、叔斉は叔の字が示すように弟の三郎であったが、父は、兄よりも弟の叔斉の方を、後とりとしたい意志をもっていた。やがて父が死ぬと、叔斉は後とりとなることを辞退し、兄の伯夷をたてようとしたが、伯夷は、おまえが後とりとなるのこそ、おとうさまの遺志であるといって、弟の辞退を承認せず、国外に亡命した。すると叔斉も、そのあとをおって国外に亡命したので、国の人たちはやむをえず、二人の間の二郎を後とりにしたという話が、「史記」列伝の、第一の巻である「伯夷列伝」に、見えており、かくして国外に亡命した二人が、さきの公治長篇で説いたように、周の武王の武力革命を、阻止しようとしてはたさず、首陽山で、蕨を食べつつ、餓死したというはなしは、その後日談として、「史記」に見える。要するに伯夷叔斉も、先代の君主が自分を後継者とさだめた意志を、先代の意志である故に重視すべきか、または先代の意志はそうであっても、家族の順序として長上にゆずるべきか、その葛藤になやんだ人物であって、当面の衛君輒の場合と、事柄が似ている。だから、遠まわしに、この昔ばなしについての、孔子の意見を、子貢はたずねたのである。

　すると、孔子はこたえた。「古の賢人なり」、かれらは古代の偉人である。

子貢はさらにたずねた、「怨みたるか」。かれらは自己の行動、つまり先代の君主の意志よりも謙譲の美徳を、より重いものとし、その結果、得ようと思えば得られた権力の地位を、放棄したという行動を、人間の不幸としてうらみごちたでありましょうか。

孔子はこたえた、「仁を求めて仁を得たり」。かれらは人道的に行動することを欲求して、欲求するとおりの人道的行動を獲得したのである。ゆえに、「又た何をか怨まん」。なにも残念におもうことはなかったはずである。

ここにいたって、孔子の意向はあきらかである。先代の君主の意志という形式的な事柄よりも、長者に対する自然の愛情と尊敬とを、より重要としたのである。つまり祖父の意志だといって、父の復帰を拒みつづける衛君輒（ちょう）には、あきらかに賛成しないのである。

そこで子貢は外へ出、弟子たちが待ちかまえているところへ帰ると、いった。「夫子は為（たす）けざるなり」、先生は、現在の衛の君主を、援助されないであろう。

この問答は、新出の鄭注がその一例であるように、孔子が衛のくににいたときに交されたともいい、あるいは衛のくにを去ってから交されたともいうが、蒯聵が、とうとう故国への復帰を、暴力によって完成したのは、BC四八〇、孔子七十二歳のときであるから、それ以前、つまり輒がまだ君主であったときのものであるにはちがいない。
仁斎は、この会話の心理を分析して、さいしょ子貢が、「伯夷叔斉は何ん人ぞや」と問うたときは、孔子はまだ、子貢が何のために問うたかを悟らず、漠然と、「古の賢人なり」とこたえたのであるが、明敏な子貢は、先生の態度の方向をさとり、以下の問答を交したとする。これは、いわば「論語」の戯曲性を、こまかく分析したおもしろい説であるが、すこし穿鑿に過ぎるように思う。

子曰、飯疏食飲水、曲肱而枕之、樂亦在其中矣、不義而富且貴、於我如浮雲、

子曰わく、疏食を飯らい水を飲み、肱を曲げて之れを枕とす。楽しみ亦た其の中に在り。不義にして富み且つ貴きは、我れに於いて浮雲の如し。

最初の飯の字は、「飯らい」と訓ぜられるように、動詞である。つぎの「疏食」の二字には、両説がある。疏の字は草かんむりの蔬の字と同じく、「疏食とは菜食なり」、つまり野菜ばかりの食事とするのが古注であり、「そしょく」と音が与えられている。その系統のテキストでは、本文をもぶっつけに「蔬食」につくるものさえある。それに対し新注は、食の字を「し」と発音させて、その狭義の意味である「こめ」の意味

とし、疏食とは、粗末な穀物でつくった飯であるとする。つまり古注によれば、おかずについていったのであり、新注によれば、飯そのものについていったことになる。もっとも古注が流布した時代にも、新注のような説はすでにあったらしく、唐の陸徳明の「経典釈文」には、「食は字の如し、菜食を謂う。一に音嗣、飯なり」と、両説をあげる。一方また、清の劉宝楠の「論語正義」は、大体として古注を述べた書物であるが、この条は段玉裁の意見にもとづきつつ、粗末な穀物であるとし、具体的には、現在も北方人が常食とする高粱であって、それは稲や黍よりもわるいものだとする。要するにいずれの説によるにしても、粗末な食事を意味するには相違ない。なお疏食という言葉は、この条のほかにも、「論語」に二か所見える。あとの郷党篇第十の「疏食菜羹瓜」（四一八頁）、憲問篇第十四の「疏食を飯らいて歯を没わるまで怨む言無し」（下冊一九一頁）。

　次の「水を飲む」というのも、もとより食事の簡素さをいうが、水の字は日本語のミズのように、必ずしも冷水のみを意味せず、加熱した水、すなわち日本語の湯、白湯も、水であること、現代中国語と同じであろう。

　次の「肱を曲げて之れを枕とす」とは、食事以外の生活も、簡素であることをいうが、肱の字を、「ひじ」と読みならわして来たのは、一種の意訳であるかも知れない。なんとなれば、日本語のひじ、すなわち腕の中ほどの屈折する関節を意味する漢字は、厳密には肘(ちゅう)であって、肱(こう)でない。肱(こう)は、腕ぜんたいを意味するからである。どちらにしても事柄の結果は同じだが、曲肱の二字は、直訳すれば、「肱(うで)を曲げて」となるであろう。

さて、そうした貧乏な、簡素な生活のなかにも、楽しみはやはりその中に内在する。何何は「其の中に在り」といういい方は、「論語」になお四つ見える。すでに為政篇に見えた「禄其の中に在り矣」（七七頁）、のちの子路篇第十三に見える「直きこと其の中に在り矣」（下冊一六四頁）、衛霊公篇第十五の「餒(う)え其の中に在り矣」、「禄其の中に在り矣」（下冊二六八頁）、子張篇第十九の「仁其の中に在り矣」（下冊三九〇頁）であって、事柄はいずれも、その中におのずからにして内在するという、やわらかないい方である。ここもそうであり、かつここは、「楽しみ亦た其の中に在り矣」と亦の字を加え、こうした生活の中にも、楽しみはおのずからあると、ことに含蓄あるやわらかないい方である。

さて孔子の言葉はなおつづく。それに反し、「不義にして、富み且つ貴き」こと、「不義」とは、われわれの言葉でいえば、「不正」である。不正な方法で得た経済的なまたは社会的な優位、それは反省なき人にとっては、楽しいであろうが、この私にとっては、浮雲のようなものである。「浮雲の如し」という比喩は、普通、大空に浮び出たかと思えば、すぐ散ってしまう浮雲のように、はかない、当てにならないものである、と解されているが、すこしちがった説もある。すなわち漢の鄭玄の説として、古注、すなわち魏の何晏の「論語集解」に引くものは、「己が有(も)ちものに非ざるなり」であって、その説は、皇侃の「義疏」に、浮雲が我れとは無関係に、勝手に天に浮んでいるように、不正な富貴は、我れとは無関係なものである、と敷衍されている。ただし皇侃は、それとあわせて、浮雲は、「倏(たちま)ち聚りて欻(たちま)ち散じ」、はかない、つかの間のものであることの比喩だとする説、つまり通説と近いものをも、記載する。またどうしたことか、新出の鄭玄の注は、何晏の引くものとちがっており、「浮雲は万物を潤沢すること無し」、つまりつかの間の雲であるから、しっかりした雲のように、雨となって、万物をうるおさない、そのように「人の富貴道行（？）を欲して、以って名誉と為すものも、其の道を以って之れを得ざれば、我が身に於いて損有るのみ、故に居らず」といい、その傍証として、「礼記に曰わく、徳は身を潤おし、富は屋を潤おす」というのを、引く。何晏の引くものは、その意味を要約したのであろうか。ないしは、同じ鄭玄注でも、見る本がちがっていたのであろうか。なお鄭玄が、疏食に注して、「疏の言(げん)（類似語）は粗」というのは、そまつな米という説のようである。また、「肱の言は臂」と注する。

子曰、加我數年、五十以學易、可以無大過矣、

子曰わく、我れに数年を加え、五十にして以って易を学べば、以って大いなる過まち無かる可し。

この条、古注と新注では、読み方が相当にちがう。さらにまた古注にも新注にもとらわれようとしない最近の学者の説は、さらに大きくちがう。私のこの注釈は、最近の説を述べるよりも、われわれの民族なり中国の民族が、最も普通にこの書物について保持して来たイメージの美しさを、解説するのが趣旨であるから、一ばん普通の読み方であると思われる古注の読み方を、はじめに掲げよう。

すなわち、古注によれば、私にもしもう数年の寿命がかし与えられ、五十の年齢に達し得たときに、「易」の勉強をし得るならば、私の一生は、それによって、重大な過失がないものとなるであろう。

「易」とは、いうまでもなく、俗にいう「易経」であって、五十本の筮竹による占いの方法を説いた古典である。五十本の筮竹を、任意に二つに分けると、さまざまのコンビネーションが生まれるが、その結果は、まず八つの図形、すなわち、いわゆる八卦、☰乾☱兌☲離☳震☴巽☵坎☶艮☷坤の、八図形となる。更にまた八つの図形を、二つずつ組み合わせると、より複雑な六十四の図形、䷀乾䷁坤などの、いわゆる六十四卦となるが、これらの図形群は、自然界の法則なり、それと対応する人間の法則とを、示唆するとし、それに周王朝初期の聖人である文王と周公が、説明の言葉を加えたと、普通の伝説ではいわれる古典である。もっともこの伝説は、孔子以後に発生したものと、近ごろの学者はいう。

ところでなぜこの「易」の哲学を、よわい五十に達してのちに、孔子が学ぼうといったかといえば、古注は、まえの為政篇の、「五十にして天命を知る」（六〇頁）という自叙伝的な言葉と思いあわせ、「易」は人間の使命ないしは運命を説いた重要な書物であるから、天命を知りうべき年齢まで待って、それを学びたい、といったのだとする。古注の再注釈である皇侃の「義疏」が、四十五、六歳の言葉、とするのは、鄭玄の説にもとづくこと、新発見の鄭注によって分り、宋の邢昺の「正義」では、四十七歳の言葉とする。

次に朱子の新注も、「易経」に対する孔子の態度を示すものとして読むことは、同じであるが、この章には字の誤まりが二か所あるとして、それらを改めて読む。すなわち「加」の字は、似た発音の「仮」の字の誤まり、「五十」の二字は、「卒」の一字が、分裂して誤まったものとするのである。そのため、新注にはじめて和点をつけた林道春は、「我れに数年を加(か)して五十(つい)に以って易を学べば、以って大いなる過まち無かるべし」と読み、後藤芝山は「我れに数年を加(か)して、以って易を学ぶことを五十(お)えしめば、以って大いなる過まち無かるべし」と読んでいる。

うち加の字を古注のように「くわえる」と読むか、新注のように「かす」と読むかは、重要な問題でないからしばらく措き、「易」を学んだ年齢として、五十の二字を、新注が消してしまおうとするのは、「史記」の「孔子世家」の記載を、顧慮してである。すなわち、「史記」によれば、孔子が韋編三絶、すなわち長方形の竹の簡を横にながく並べ、韋のひもで綴りあわせたのが、当時の書物の体裁であったが、「易」については、なめしがわのとじ糸が、三度もちぎれてしもうほど、愛読したこと、また文王と周公の作と伝えられる六十四卦の解説に、孔子自身の再解説十篇を、「十翼」として附加したこと、いずれもみなごく晩年のこととしており、五十歳のことではないからである。

さて以上古注にしても新注にしても、「易」という書物は、最も重要な書物であるから、それをじっくり読んで、自分の実践に役立てたい。そのためには、それだけの年齢を、天が私に増しあたえるように、あるいは貸しあたえるように、と読むのであるが、最近あらわれた一種の説、たとえば本田成之博士の説は、はなはだしくちがう。すなわち博士は、「易経」が、儒家の古典として、五経の一つとなったのは、孔子以後のことであり、「易」は、孔子とは、本来無関係であったし、「史記」がいう「韋編三絶」も、「十翼」を作ったのも、すべて伝説にすぎぬと、主張するのであるが、この条についても、その主張をあだかも成り立たせる資料がある。すなわち「五十にして以って易を学べば、以って大過無かるべし」の「易(えき)」の字が、同じ音の「亦(えき)」の字になっていたテキスト、したがって読み方としても、「五十にして以って学べば、亦た以って大過無かるべし」という読み方が、漢の時代の魯論学派にあったことが、「経典釈文」その他の古い資料に見えることである。本田氏は、それに従い、この条も、「易」とは無関係であると、主張する。もしこの主張のために助け舟を出すとするならば、なるほど、「亦可以……」亦た以って……なる可し、といういい方は、雍也篇（二四〇頁）、また顔淵篇（下冊一二三頁）に、それぞれ、「亦た以って畔(そむ)かざる可し」、子路篇に、「亦た以って残に勝ち殺を去る可し」（下冊一五四頁）、同じく子路篇に、「亦た以って戎に即かしむ可し」（下冊一七八頁）、とあるように、「論語」のほかの条にも見える語法である。それらの点をも考えあわせて、おもしろい一説ではあるが、そうきめてしまうのは、なお早計なように感じられる。少なくとも、「易」という書物が、孔子のころには、なお存在しなかったとするならば、それは行き過ぎであって、「易」はその言葉つきの古めかしさからいって、孔子以前の文献ではあろうと、私などは考えている。

子所雅言、詩書執禮、皆雅言也、

子(し)の雅(つね)に言(い)う所(ところ)は、詩(し)、書(しょ)、執礼(しつれい)、皆(み)な雅(つね)に言(い)う也(なり)。

まえの条も、最近の説は別として、通説による限り、古典が孔子によって尊重されたことを、示すものであるが、この条も、そうであって、まえの条が、「易経」に対する尊重であったのにつづき、この条は、「詩経」、「書経」、および「礼」に対する尊重を示す。まず、「詩」すなわち「詩経」は、孔子以前の歌謡三百五篇を、孔子が編纂したものが、ほぼ孔子の時のかたちのまま、現在も伝わっている（岩波中国詩人選集「詩経国風上」吉川解説、全集三巻参照）。また「書」、すなわち「書経」は、孔子以前の為政者たちの、政治的な発言を、孔子が選択編集したものであり、現存のものは、孔子の原書の一部分を失っているが、原書の様子は、いまの本から大たい想像される（岩波「尚書正義」吉川解説、全集八巻参照）。また「礼」は、孔子以前の聖人であり、周王朝創業の英雄である周公が、規定した社会生活のための儀式、家庭生活のための儀式、それらについての法則であるが、それを「執礼」というのは、儀式は、実行するものであり、「詩」や「書」のように、読んだり暗誦したりするものではないから、「礼を執う」といったのだとする説、また儀式をおこのう際には、司会者が次第書きを手に執りもち、それを読んで儀式を進行させるから、「礼を執る」といったとする説などがあるが、要するにこの三つの古典は、孔子の最も尊重するものであり、ゆえにいずれもみな「雅に言う」、いつもそれを話題にした、というのである。

もっとも、雅言の二字を、「雅は常なり」として、「雅に言う」と読むのは、朱子の新注の説であって、古注の説は少しちがう。すなわち、「雅は正なり」とし、「雅言」すなわち「正言」とは、この三つはいずれも重要な古典であるから、正しい発音で読んだ、とする。ところで正しい発音というのが、更に二説に分れる。普通の書物を読む場合には、もし君主の実名とか、尊属の実名とかである字と、同じ字が出れば、実名敬避の習俗から、書物の中の字をも、ほかの音に読みかえた。たとえば公冶長篇で説いたように（一六一頁）、漆雕啓という人名が、漢の景帝の実名であるので、漆雕開と読みかえられた類である。こういう風習が、普通の書物を読む場合にはあったが、この三古典に対しては、そういうことをしなかった。以上は漢の鄭玄の説である。何晏の「集解」に引く鄭玄、新出の写本の鄭玄注、いずれもそういう。次に、第二の説として、正言すなわち正しい発音とは、周王朝が、もと都をおいた陝西地方の発音の意味であり、この三古典を読む場合には、標準音であるそれにより、孔子の郷土の音である山東音によらなかった。つまり、「雅言」とは、近ごろの標準音である北京音が、「官話」と呼ばれるのと同じである、とするのは、清儒の説である。くわしくは、清の阮元の「揅経室集」におさめる「郝蘭皐戸部に与えて爾雅を論ずる書」、劉宝楠の「論語正義」、および張行孚の「説文発疑」を見よ。

何にしても、この条は、孔子の古典に対する尊重を示す。人間の生活の法則は、空な個人的な直観によっては得られず、必ず過去のすぐれた言語を読むことから、発見されるとすることが、孔子の教育学説を、当時の諸家から、区別するものであった。また現代においても、それをある種の他の主張から、区別するものである。

葉公問孔子於子路、子路不對、子曰、女奚不曰、其爲人也、發憤忘食、樂以忘憂、不知老之將至云爾、

葉公、孔子を子路に問う。子路対えず。子曰わく、女奚んぞ曰わざる、其の人と為りや、憤りを発して食を忘れ、楽しんで以って憂いを忘れ、老いの将に至らんとするを知らざるのみと。

葉公の葉というのは、地名であり、舒渉反、かなづかいはセフ。ショウと発音する。いまの河南省葉県であり、孔子のころは、南方の大国である楚の領域であった。葉公というのは、そこの地方長官であり、姓は沈、名は諸梁、字は子高、という人物であって、楚のくにの人望を負った重臣であった。「左伝」では定公五年、BC五〇五、孔子四十七歳のときに、その名がはじめてあらわれ、孔子が七十三歳でなくなった哀公十六年、BC四七九、楚のくにのおこった白公の叛乱を、その人望によって収拾したのも、この人物である。また「礼記」の「緇衣」篇は、多くの古典の言葉を引いて

道徳を説く一篇であるが、それにも葉公の顧命、すなわち遺言として、三句の言葉が引かれている。それらの点から見て、ひとり楚のみならず、ひろく外国にも信望のある人物であったと思われる。やや奇矯な話柄として、この人物は、建築にも調度にも、竜の模様をつけるのを好んだが、本物の竜が、その篤志に感じ、窓から首をのぞけると、びっくり敗亡した、という話が、「荘子」に見えるが、それも有名人の税金としてのゴシップであったとも、考えられる。「論語」でも、この条のほか、のちの子路篇第十三に、孔子との問答が二条あらわれる（下冊一六三頁、一六四頁）。孔子がかれと交渉をもったのは、晩年のことと思われ、劉宝楠の「論語正義」は、「史記」の「孔子世家」に、「斉の景公卒せし明年、孔子、蔡より葉に之く、葉公、政を問う、孔子曰わく云云」、また「他日、葉公、孔子を子路に問う云云」というのによって、時に孔子六十三、四であったとする。

さてこの条は、「葉公、孔子を子路に問う」、孔子の人柄を子路にたずねたのである。しかし、子路はそれに対して何も返答をしなかった。返答しなかった理由として、先生の人柄が、あまりにも偉大であるので、「未まだ答うる所以を知らず」、どう答えてよいか、思いあたらなかった、とするのが古注の孔安国の説である。また葉公が訊ねた動機を、新出の鄭玄注は、孔子の人柄に見習いたかったからだ、「法り行う可きを得るを冀う也」という。私もそれがよろしいと思うが、葉公の質問が、見当ちがいの要素をふくみ、そのため、子路は答えなかったのではないか、という説をも、新注は挙げる。

ところで、子路がそのことを孔子に報告すると、孔子はいった。「お前は、なぜ、いわなかったのか。その人となりは、憤りを発する、すなわち人間の将来を憂えての心情の興奮がおこると、そのために食事をさえも忘れる。一方また、自ずからの楽しみとするものを楽しんで、そのときには憂いを忘れている。かくて老いが、その身の上をおとずれようとすることをも気にかけない。そうした理想家的な人柄で、お前の先生はあると、なぜお前はいわなかったのか」。

この条は、「論語」のうちでも、最もいきいきしたものとして、私のはなはだしく愛する条である。最後の云爾の二字は、語勢を強めるための助字。

子曰、我非生而知之者、好古敏以求之者也、

子曰わく、我れは生まれながらにして之れを知る者に非ず。古を好み敏にして以って之れを求むる者なり。

私は生まれながらにして人間の生活の法則を知っているものではない。天才ではない。「知る」の対象は明示されてないが、そう見てよいであろう。私は、人間の経験

の堆積であり、また選択である古代の事柄を、好み、敏感にそのなかから、人間の法則をさがし出そうとしているものである。

一説として、敏の字は、同子音の勉の字と同じ意味であり、「敏めて以って之れを求むるものなり」、一生懸命に探求している、と読む説が、劉宝楠の「論語正義」に見え、劉氏より百年ばかり前の徂徠の説も同じい。劉氏は徂徠の「論語徴」を読み、他の場所ではそれを引用しているから、この条の解釈も、徂徠の示唆であるかも知れない。

なお新出の鄭玄注は、「此れを言うは、人に学を勉ます」、つまり教育的な動機からの謙遜の言葉とする。

子不語怪力亂神、

子は怪力乱神を語らず。

孔子の思想が、異常な、超自然的な事柄に対する興味を、他のおおむねの宗教が、示すようには示さず、むしろそれを抑制したことを示す、有名な一条である。

怪力乱神の四字は、怪力の二字で道理に外れた力、乱神の二字で正しからぬ神、と読む一説も、たとえば皇侃の「義疏」には、晋の李充の説として見え、また新出の鄭玄注の説もそうであるが、それらはむしろ、普通の説ではない。普通の説は、怪、力、乱、神、それぞれ一つのことであり、あわせて四つのこととする。通説の代表として、古注に引く王粛は、「怪とは怪異なり」一ぱんに不可思議なこと、「力とは奡の舟を盪がし、烏獲の千鈞を挙ぐるが若きの属を謂う」、前者は、のちの憲問篇第十四にその話が見え（下冊一八六頁）、千鈞の鼎を挙げたという烏獲とともに、伝説中の腕力のつよい人物である。また「乱とは、臣の君を弑し、子の父を弑するを謂う」、つまり無秩序。「神とは鬼神の事を謂う」。そうしてそれを語らなかった理由を説明して、「或いは教化に益無く、或いは言うに忍びざる所なればなり」という。それは新注に謝良佐を引いて、「聖人は常を語りて怪を語らず、徳を語りて力を語らず、治を語りて乱を語らず、人を語りて神を語らず」というのとともに、この条の意味を、正しく説いたものと、いえる。

この条は、一般に儒学が、あるいは特に宋以後の儒学が、みずからの立場として、無神論を主張する場合に、いつも引用される言葉である。また宋儒よりも、一層強く無神論の立場にあったと思われる仁斎は、孔子は、神よりも、つねに人を重んじたのであって、まえの雍也篇の「鬼神を敬して之れを遠ざく」（一三三頁）、のちの先進篇の、「未まだ人に事うること能わず、焉んぞ能く鬼に事えん」（下冊三七頁）も、その趣旨であるが、この条こそは最も明確であるとする。また、この条から出発すれば、他の書物、すなわち「易」や「中庸」に、孔子の言葉としてのせるもののうち、鬼神妖異のことに触れたものは、みな後世の附会であるとする。

ところが、はなはだおもしろいことに、徂徠は、仁斎をも含めて宋儒的な解釈に反撥し、孔子は、これらの四つのことを、全然語らなかったのではない。「聖人と雖も、何んぞ常人に殊ならん」。日常いつもの世間話のなかでは、これらにも言及したであろう。ただ弟子に対する教訓としては、語らなかった、というのだとし、その証拠として、古代人の使う「語」の字の用例は、常に教訓の言葉という意味であると主張する。そうして、のちの儒者たちの誤解は、古代における「語」の字の用例を知らないところから起こったとする。要するに徂徠は、孔子もまた、超自然のことがらに、一がいに冷淡であったのではない、とするのである。

徂徠の説が正しいか否かは別として、その説は、仁斎に反撥しつつ、ややのちの宣長に連なっていることを、興味深く思う。宣長が、徂徠を、自ずからの思想の、有力な先駆者として意識したことは、宣長自身もいうところである。仁斎から徂徠を経て、宣長にいたる江戸時代思想史の展開の経過は、日本人が、もっと本腰を入れて研究すべき事柄の一つであるが、徂徠のこの条の解釈は、その有力な資料となるであろう。

なお徂徠の説と、やや似た説、すなわちこれらの四つのことを、全くいわなかったのではなく、弟子の質問には答えなかっただけだとする説が、はやく皇侃の「義疏」

に見える。ながく埋れていた皇侃の「義疏」を、日本の古写本の中から発見して、日本ひいては中国の学界に再紹介したのは、徂徠であるから、この条の解釈にも、皇侃からの示唆があるとしてよい。

子曰、三人行、必有我師焉、擇其善者而従之、其不善者而改之、

子曰わく、三人行めば、必ず我が師有り。其の善き者を択んで之れに従う。其の善からざる者にして之れを改む。

いま三人で道をあるいているとする。うち一人は自分であるが、他の二人の行動ないしは言語のなかから、自分の師とすべきものが、必ず発見されるであろう。二人の言語なり行動のなかから、よいものをえらんで、自分もそれに見ならうし、また、かれらの行動のなかで、よくないと思うものが、自分にもあれば、人のふり見てわが身を直せばいいからである。

以上の解釈は、「三人行」の「行」の字を、道をあるいていることとするのだけは劉宝楠により、それ以外は、すべて新注によるものである。すこしちがった解釈もあるが、それでまずよろしいであろう。新注に引く尹焞は、前の里仁篇の「賢を見ては斉しからんことを思い、不賢を見ては内に自ずから省りみる」を、この条と対応させ

ている（一四六頁）。

なおはじめの句、三人行を清原家系統の日本の写本が我三人行に作るのは、新出の鄭玄の本と合致し、必有我師焉を日本写本が必有得我師焉あるいは必得我師焉に作るのは、鄭玄と合致しない。

子曰、天生徳於予、桓魋其如予何、
子曰わく、天、徳を予れに生せり。桓魋其れ予れを如何。

この条は、「史記」の「孔子世家」によれば、孔子が、宋のくに、すなわち、いまの河南省商邱県で、迫害を受けたときに、発せられた言葉である。

魯の哀公三年、六十歳の孔子は、このくにを通り過ぎ、弟子たちと、大きな木の下で、礼の儀式の練習をしていたが、宋の重臣で、司馬の位にあった桓魋なる者が、くわしい理由は不明であるが、孔子を殺そうとして、その木を、根こそぎに、抜いた。孔子がそこを立ち去るとき、弟子たちが、「以って速やかに去るべし」、はやくお逃げなさい、といったのに対し、孔子が、この言葉を吐いた、と「史記」には記す。

言葉の意味は、私は、天から使命を、またその使命を果すべき恩恵を、さずかっている。桓魋ごときが、私をどうしようとするのか。どうしようもない。

孔子が、こうした使命感の、もち主であったことは、次の子罕第九の、「子、匡に畏す」の条に、一そうつよくあらわれる（三五二頁）。

なお、桓魋は、この事件のころには、宋の景公の寵臣であったが、のちその寵におぼれ、謀反をおこすにいたることが、「左伝」に見える。また、のちの顔淵篇第十二に見える司馬牛は、この人物の弟である（下冊九七頁）。

なお孔子のもった使命感の内容として、新出の鄭玄注は、「我れに授くるに聖の性を以ってし、我れをして法度を制作せしむ」と、いっている。

子曰、二三子、以我爲隱乎、吾無隱乎爾、吾無行而不與二三子者、是丘也、

子曰わく、二三子、我れを以って隠せりと為すか。吾れは隠す無きのみ。吾れ行いて二三子と与にせざる無き者は、是れ丘なり。

二三子という言葉は、前の八佾篇第三にも見えたが（一一四頁）、ここは孔子が、弟子たちに呼びかけた言葉であって、諸君といわんが如くである。諸君は、私が、教育効果を目ざして、何かを諸君のまえに隠しており、私の全貌を、諸君の前に示していないと、考えてはいないか。しかし、そう思うならば、誤解である。「吾れは隠す

無き乎爾」、私は何も隠しだてはしていない。隠しだてをしないばかりではない。いつ何を行動するに当っても、諸君と一しょに行動する。どの一つの行動だって、諸君とともにしないものはない。そういうのが、この私なのだ。

古注の包咸の説に、孔子の知は広く、道は深いために、弟子たちは追っつくことができず、そのため、先生は何かを隠しているという気持が、弟子たちにあるのを見て、こうかたった、とする。「吾無隠乎爾」の「乎爾」の二字は、徂徠が、おそらくは中国の学者に先だって説くように、語勢を強めるための句末の助字である。「爾」を「汝」と読み、「吾れ爾に隠すこと無し」と読む説は、正しくないであろう。また、最後の、「是丘也」の三字を、徂徠は、当時他の学者には、自分の学問の体系の全貌を、わざと示さぬものがあったが、それらと自ずからを区別するため、それがこの私だ、「是れ丘なり」といったのだとする。

子以四教、文、行、忠、信、
子は四つを以って教う。文。行。忠。信。

孔子の教育は、四つのことを重点とした。学問、実践、誠実、信義。

子曰、聖人吾不得而見之矣、得見君子者、斯可矣、子曰、善人吾不得而見之矣、得見有恆者、斯可矣、亡而爲有、虛而爲盈、約而爲泰、難乎有恆矣、

子曰わく、聖人は吾れ得て之れを見ず。君子者を見るを得ば、斯れ可なり。子曰わく、善人は吾れ得て之れを見ず。恒有る者を見るを得ば、斯れ可なり。亡くして有りと為し、虚しくして盈てりと為し、約しくして泰かなりと為す。恒有るに難し。

二度、「子曰わく」が見えるので、朱子はあとの方の「子曰」を衍文、すなわち後世にあやまり加えられた字とするが、徂徠や劉宝楠は、別の日の言葉であるため、二度「子曰」があらわれるとする。また、「不得而見之」は、意味としては「不得見之」と同じであるが、リズムをゆるやかにするために、「而」の字が加わっているのである。「得て之れを見ず」と読むのが訓読の習慣であるが、「之れを見るを得ず」、不得見之と、意味は全く同じい。

聖人とは、完全な道徳と知性をもった人間をいい、一種の超人の概念である。もっとも、そうした意味に確定するのは漢以後のことであり、漢以後の人から孔子が聖人と呼ばれるのも、そうした定義によってである。より早い孔子の時代に、この言葉が、

すでにそこまでの意味を確定していたかどうかは、疑問であるが、少なくとも、それに近い意味では、すでにあったと思われる。

そこでこの条の意味は、超人的な道徳者である聖人、それに私がめぐりおうことはできないであろうが、すぐれた道徳者すなわち君子者におうことができるならば、それで私は満足する。君子者といういい方は、のちの先進篇第十一にも見える（下冊六一頁）。

またいう、善人、これはどういう概念であるか、つきとめにくいが、それに私はめぐりおうことができないであろう。しかし恒有る者、行動に一定の基準ある人間、それにめぐりおうことができたなら、それで満足である。恒有る者、行動に基準ある人物、それは世の中にいそうで、なかなかいない。世の中の人人の行動を見ていると、もっていないものを、もっているように見せかけ、からっぽなのに、充満しているように見せかけ、貧弱なのに、豊富なふりをする。つまり見えばかりはっている。行動に基準が有るとは、いいがたい。

「難乎有恒矣」の訳は、古注の孔安国の説に、「之れを名づけて常有りと為す可きに難し」というのによった。また「約而為泰」の四字を、江戸時代の古点、道春点、後藤点、みな「約しけれども泰かなりと為す」と読んでいるが、「せわし」という和訓は、約の字の一面だけしか伝えないようにひびくので、それをさけた。武内博士が

「約しけれども泰かなりと為す」と訓ぜられるのは、皇侃、邢昺ともに、約を貧約、泰を奢泰と訓ずるのに、もとづかれたのであろう。

「斯可矣」の「斯」の字は、同子音の「則」の字と同じであり、「すなわち」と訓じてもよろしい。斯も則も、……ならば、……と、ある条件を承けて、次のことをいう場合に、句のはじめに来る助字である。

子釣而不綱、弋不射宿、
子、釣りして綱せず。弋して宿を射ず。

この条は、小さな生活にあらわれた孔子の心づかいである。

釣とは、古注に引く孔安国に、「一つの竿の釣りなり」、一本のつりざおで、一匹ずつ、魚をつる方法である。それに対し綱とは、河に大きなつなをわたし、つなにたくさんの針をくっつけて、大量に魚をとる方法である、とやはり孔安国の説である。前者の方法によって魚をとったけれども、後者の方法によることはなかった。綱の字は、網の字の誤まりであり、「釣りして網せず」と読む説もあるが、新出の鄭注は、孔安国とおなじ。

また、弋とは、射ぐるみと訓じ、しっぽになわのついた矢で射ることであろう。そうした矢で鳥を射たけれども、射たのは、飛んでいる鳥だけであって、枝にとまり、眠っている鳥を、射ることはなかった。

新出の鄭注に、「皆な万物を長ばし養う為めなり」という。インドの教えのように、絶対に殺生を禁ずるという立場から見れば、不徹底な態度のようであるが、不徹底なところに、かえって心づかいの細かさが見られる。

なお、徂徠は、これは孔子が、家の祭祀のために、鳥や魚を必要としたときに、した行為であるとする。そうして天子諸侯が祭祀の供物を得るために狩猟する場合は、鳥獣のすべてを取りつくさないという規定が、「礼」にあるが、それを小規模に実践したのだとする。徂徠は、「礼」を、社会生活の秩序と平和を維持するための律法と見、かつ孔子の教えは、つねに「礼」を意識しつつ述べられていると、主張する。ここも、徂徠のその態度のあらわれであり、説の当否はともかくとして、その説は、物茂卿という名をかかげて、劉宝楠の「論語正義」に引かれている。

子曰、蓋有不知而作之者、我無是也、多聞擇其善者而従之、多見而識之、知之次也、

子曰わく、蓋し知らずして之れを作る者有らん。我れは是れ無き也。多く聞き其の善き者を択びて之れに従い、多く見て之れを識すは、知るの次ぎ也。

知とは、知性のはたらきを意味し、作とは、創作を意味する。けだし世の中には、知性のはたらきを充分にはたらかせず、つまり事柄の周囲の条件を充分に知悉せず、ただ自分の直観だけに頼って、ものを創作するという態度のものが、あるであろう。しかし私は、そうした態度を、もたない。といって、私は、充分な知性をもつ者であると、自認するわけではない。せいぜい多くのことを聞こうとする。といって聞いたものに無選択にしたごうというのでなく、その中から、すぐれたものをえらんで、それに従う。また、せいぜい多くの書物ないしは事柄を見て、それらをおぼえておく、そうした態度は、完全な知性の人間とはいえなくとも、それに次ぐ者、それに接近する者、である。

孔子みずからがそれであるとは、文章の表面に見えないが、じつはみずからをそれとすることは、充分に、文章の裏に見える。自信と謙遜とが、いやみなくからみあった、たくみな、例のいいかたである。なお、「多く聞きて」ののちには、「其の善き者を択びて」といい、「多く見て」ののちには、それがないが、後者も、「其の善き者を択びて、之れを識（しる）す」であることは、いうまでもない。

互郷難與言、童子見、門人惑、子曰、與其進也、不與其退也、唯

何甚、人潔己以進、與其潔也、不保其往也、
互郷、与に言い難し。童子見ゆ。門人惑う。子曰わく、其の進むに与する也。其の退くに与せざる也。唯えに何んぞ甚しきや。人己れを潔くして以って進む。其の潔きに与する也。其の往を保せざる也。

互郷は、地名にちがいないが、所在が、あきらかでない。かりに孔子が、諸国歴訪の旅の中で、経過した地名として読もう。「与に言い難し」とは、その土地の人間は、はなしがしにくい、と直訳される。その理由として、朱子は、「不善に習い、与に善を言い難し」とするが、鄭玄は、いなかものの一人よがりで、視野がせまかったとし、何晏もそれを引くのの方が、よりぴったりする。

何にしても、むつかしい、いやな土地がらであったが、そこを通り過ぎたとき、一人の子供が孔子に面会をもとめたのを、孔子は拒絶せずに会ってやった。これはまた、先生どうしたことですか、と弟子たちがいぶかった。「門人惑う」。

孔子はこたえた。かれが私に会いに来たのは、進歩をもとめてのことにはちがいない。だから、自分は、その進歩の方向に、協力しようとして、会ってやったのである。私に会うという以外のかれの行動は、人間として、退歩の方向にあるかも知れない。私はそれにまで協力するのではない。「其の進むに与する也、其の退くに与せざる也」。

とにかく、私に会おうとするときのかれは、進歩の方向にある。しかるに、それに対して疑惑をもつのは、ひどすぎはしないか。「唯何甚」の三字は、そういう意味であると、古注にいう。「我れの此の童子を見るを怪しむは、悪を悪むこと一に何んぞ甚しき」というのが、古注に引く孔安国の原文であり、新出の鄭玄もほぼ同じい。

そう弟子たちをたしなめた上、孔子の言葉は、なおつづいた。人が、自分を清潔にしてやって来たときは、その瞬間の清潔さに協力しよう。「其の往」、かれの未来の行為まで保障する責任を、もたなくても、いいではないか。「其往」の二字は、古注にも引く鄭玄によれば、以上のように、読まれる。新注は、逆に、過去の行為が「往」であるとするが、味わいは、鄭玄の方が深い。

のちの顔淵篇第十二、「子曰わく、君子は人の美を成し、人の悪を成さず」（下冊一二二頁）は、ここと応ずる。

子曰、仁遠乎哉、我欲仁、斯仁至矣、

子曰わく、仁遠からんや。我れ仁を欲すれば、斯に仁至る。

仁すなわち人間の道は、遠くへだたったところにあるのであろうか。そうではない。われわれが、それを欲求しさえすれば、すぐ、それはやって来る。

人間の能力を、力づよくわりきっていった一章である。「斯に仁至る」の「斯」は、前にも説いたように、「則」の字と似て、条件による結果の招来を示す助字であるが、ここでは、もっとも急速な招来を示すものとして、つかわれている。

徂徠の解釈は、第一句を、「仁は遠いかな」と読むのにはじまって、通説とたいへんちがっているが、この条については、徂徠に敬意を表しないことにし、わざと引かない。

陳司敗問、昭公知禮乎、孔子曰、知禮、孔子退、揖巫馬期而進之、曰、吾聞、君子不黨、君子亦黨乎、君取於呉、爲同姓、謂之呉孟子、君而知禮、孰不知禮、巫馬期以告、子曰、丘也幸、苟有過、人必知之、

陳の司敗、問う、昭公は礼を知れる乎。孔子曰わく、礼を知れり。孔子退く。巫馬期を揖して之れを進めて曰わく、吾れ聞く、君子は党せずと。君子も亦た党する乎。君、呉に取れり。同姓なるが為に、之れを呉孟子と謂う。君にして礼を知らば、孰か礼を知らざらん。巫馬期、以って告ぐ。子曰わく、丘や幸なり。苟しくも過ち有れば、人必ず之れを知る。

陳とは、一九〇頁でもいったように、いまの河南省の東南部、淮陽県にあった小国であって、孔子は、五十七歳の時と、六十一歳の時と、二度そこを訪れている。司敗とは、官名であって、司法の長官であり、他の国では司寇とも呼ぶ職である。陳のくにのその職にいた重臣が、孔子にむかって皮肉な質問を発した。孔子のくにの先代の君主である魯の昭公は、礼儀にあかるいかたでありましたろうか。孔子は、それを肯定した。「曰く、礼を知れり」。

孔子が、その場を立ち去ると、司法長官は、あとにのこっていた弟子たちの中から、巫馬期という弟子、姓が巫馬であって、名が期であり、ここにだけあらわれる弟子であるが、その弟子に、目くばせをして、自分の方へ来させた。目くばせというのは意訳であって、「揖」は両手を組み合わせて、少し上にあげるお辞儀である。さまざまの場合にそうするが、人をいざのう場合にも、そうする。

さて、「巫馬期を揖して、之れを進めて」、司法長官がいった言葉は、「吾れ聞く、君子は党せずと」。私がかねてから聞いている言葉では、紳士は朋党をつくらない、仲間ぼめをしない、と聞いているが、この言葉に反して、紳士も仲間ぼめをすることがあるのかね。魯の昭公についての、君の先生のさっきの言葉は、仲間ぼめのように思われる。何となればあの昭公という君主は、南方の呉のくにから、奥方を迎えられた。ところで、魯と呉は、同じく姫の苗字である。かく同姓のもの同士は結婚しないのが、この社会のおきて、すなわち礼であるのに、それに違背する。そればかりか、同姓であることを隠すために、奥方を、呉孟子（ごもうし）という、特殊な呼び名で呼び、事実をおおいかくそうとした。もし、この君主が礼を知っているとしてよいならば、「孰（たれ）か礼を知らざらん」、礼を知らぬ人間など、この世の中に、いやしない。

巫馬期は、この無遠慮な言葉に、こたえるすべを知らなかった。そうして、それをそのまま、孔子に告げた。

すると、孔子は何も弁解がましいことをいわず、ただしずかにいった。私は幸福である。「丘や幸なり」。私が、少しでもあやまちをおかせば、だれかが、すぐそれに気づいてくれる。

以上が、この条の言葉の意味であるが、古注も新注も、孔子は、昭公が、同姓の婦人をめとったという非礼を、もとより充分承知していたが、祖国の君主の恥じをかくすために、わざと、「礼を知る」とこたえたのであり、この心づかいを知らない陳の司敗が、あげ足とりをしたのに対し、「丘や幸なり」云云と、含蓄ある言葉を吐いたとする。私も、それでよいと思うが、仁斎だけは、聖人にも、過失はないわけではないとし、はじめの「礼を知れり」は、うっかり不注意にこたえた言葉だとする。私の「仁斎と徂徠」（全集十七巻一三五頁以下）をも参照されたい。

なお「君子は党せず」とは、友人あるいは同じ団体に属する人間であるからといって、無条件に、その行為に賛成しないということであって、のちの衛霊公篇第十五に、「君子は矜かにして争わず、群して党せず」（下冊二六一頁）と見える。また同姓のもの同士は結婚しないというおきては、周の時代におこったものとされるが、以後ずっと継承され、今日の中国でも、ほぼ守られている。それに反し、日本では、皇室をはじめ、しばしば同姓の結婚が行われているため、江戸時代の儒者のなかには、それはそれで、また一つの美風であると、弁護する議論を、かつて読んだ記憶があるが、いまその書名を忘れた。

また、「君、呉に取れり、同姓なるが為に、之れを呉孟子と謂う」と読んだのは、古注ことに「経典釈文」に、「為」を「于為反」とし、「ために」を意味する発音を与えるのに、よった。新注系統の訓は、「同姓為り」であって、「為」の字を平声に読んでいる。

子與人歌而善、必使反之、而後和之、

子、人と歌いて善ければ、必ず之れを反さしめて、而る後に之れに和す。

音楽を尊重した孔子は、唱歌の会を開くこともあった。そうして、すぐれた歌と思うものがあった場合には、いつもきっとそれをもう一度うたわせ、そのあとで、自分も、それと合唱した。もう一度うたわせたのは、それに対する賞賛を、たしかめるとともに、やがて自分も、その美しさに参加して、合唱するための準備を、ととのえようとしてであったと思われる。

小さな生活の記録であるけれども、孔子の人柄を象徴する章である。

子曰、文莫吾猶人也、躬行君子、則吾未之有得、

子曰わく、文は吾れ人の猶くなること莫からんや。躬もて君子を行うことは、則ち吾れ未まだ之れを得る有らず。

普通の訓は、ほぼ右のごとくである。そうして、私の文章ないしは学問は、人なみであろうが、君子としての行いを、実践躬行することは、まだ不可能であるというのを、その意味とする。古注、鄭玄、新注、みなそうである。しかし、それでよいかどうかは、甚だ疑問であって、「文莫吾猶人也」といううち、はじめの「文莫」の二字は、子音を同じくする連語であるようにも見え、しかも、何を意味する連語かは、あきらかでない。いま、うかつに、説を立てないこととする。

子曰、若聖與仁、則吾豈敢、抑爲之不厭、誨人不倦、則可謂云爾

已矣、公西華曰、正唯弟子不能學也、
子曰わく、聖と仁との若きは、則ち吾れ豈に敢えてせんや。抑も之れを為して厭わず、人に誨えて倦まざるは、則ち謂う可きのみ。公西華曰わく、正に唯れ弟子学ぶ能わざる也。

聖人の地位、仁徳者の地位、そうしたものに、大胆に参与しようなどと、私は思いもよらない。ただしかし、辛抱づよくいや気をおこさずにやるということ、また辛抱づよく相手が納得するまで人を教えるということ、それらの点では、私は、問題にしてもらっても、よいであろう。「之れを為して厭わず、人に誨えて倦まず」は、さきにこの篇の第二章にも、「黙して之れを識し、学んで厭わず、人に誨えて倦まず」と、似た言葉が見える（二五三頁）。「可謂云爾已矣」のうち、おしまいの四字は、すべて強勢の助字をかさねたのであり、もっとも強い自信の語気である。

自信をうらにこめつつも、あくまでも謙遜の言葉であるこの言葉を聞き、弟子の公西華はいった。まさに、その点こそ、われわれ弟子の、まねのできない点でございます。

子疾病、子路請禱、子曰、有諸、子路對曰、有之、誄曰、禱爾于

上下神祇、子曰、丘之禱久矣、
子の疾まい病なり。子路、禱らんことを請う。子曰わく、諸れ有りや。子路対えて曰わく、之れ有り。誄に曰わく、爾を上下の神祇に禱ると。子曰わく、丘の禱ること久し。

「子疾病」の「疾」の字は、ひろく病気を意味し、「病」の字は、病気が危篤状態になったことを意味する。つまり「病し」と読んでもよろしい。ただし孔子七十三歳の臨終のときではない。子路は孔子より一年早く死んでいるからである。これはそれまでのあるときの、大病の時のこととせねばならないが、なんでも少しはやりすぎる子路が、病気の平癒を、神神に禱りたいと、願い出た。
「子曰わく、諸れ有りや」。「諸」の字は、「之乎」の二字の、つまったもので、「有諸」とは、「有レ之乎」と同じである。お前は、神神に禱りたいというが、病気の救済を、神神に禱るという先例はあるのかと、たずねたように見える。

子路はこたえた。「之れ有り」、そうした例はございます。そうして、その証拠として、誄という文献に、「爾を上下の神祇に禱る」という文句があるのを、挙げる。誄とは、いかなる文献であるか、じつは、あきらかでない。普通に誄といえば、人の死後、その功績を列挙した文章であるが、ここはそれでない、というのが、おおむねの学者の説である。

　すると孔子はこたえた。そうか、そうしたことが、禱るの内容であるならば、おれは、久しく禱っているよ。私は、神神からとがめられないように、自分を行動して来たつもりだ。いまさら、ことごとしく禱る必要はない。そういったように、見える。

　孔子は、神の存在を、意識しないではなかった。しかし、神は孔子にとり、それにむかって援助を求めるべき性質のものではなく、人間が自主性をもって、正しい行動をするならば、神は自然に人間を助ける、と考えていたように見える。古注に引く孔安国はいう、「孔子の素ての行いは、神明に合す、故に曰う、丘の禱るや久しと」。また新出の鄭玄の注には、「禱る」とは、「過ちを鬼神に謝す」、つまり懺悔のこととし、「孔子は過ちの謝す可き無きを自ずから知る、ゆえに禱るや久しと云う」と、説いている。

　子曰、奢則不孫、倹則固、與其不孫也寧固、

子曰わく、奢れば則ち不孫、倹なれば則ち固し。其の不遜ならん与りは寧ろ固しかれ。

不孫を、一本では不遜に作る。おとなしからぬことである。「固」の字を「いや

し」と訓ずるのは「陋也」と古注、新注、ともに訓ずるからであって、窮屈で見すぼらしいことである。過度の贅沢、過度の倹約、いずれもつりあいのとれた生活ではなく、贅沢は、僭上沙汰を、また倹約は、礼の生活の水準に及ばぬという、いずれも、弊害を生むが、弊害を同じくおかすならば、不穏当な僭上沙汰をするよりも、むしろ、しみったれよ。「与其……寧」というのは、「……よりも寧ろ」と訓じ、二者を選択して、後者をよしとするいい方であること、すでに八佾第三の「林放、礼の本を問う」の条にも、見えるごとくである（九三頁）。

子曰、君子坦蕩蕩、小人長戚戚、
子曰わく、君子は坦として蕩蕩。小人は長えに戚戚。

君子は、おだやかにのびのびとしており、小人は、いつでもこせこせしている。たいへん含蓄のある言葉である。新注に引く程子が、「君子は理すなわち道理に循う、故に常に舒やかに泰し、小人は物に役かる、故に憂い戚むこと多し」といい、仁斎の「古義」に、「君子は毎にわがみを検束せんと要す、故に其の心反って寛広なり、小人は自ずから放縦を好む、故に長えに戚戚たるを免れず」、徂徠の「徴」に、君子は命すなわち人間の運命と使命とを知る、故に坦蕩蕩、小人は命を知らず、故に長戚戚、というのは、いずれも事柄の一面をいうに過ぎぬであろう。

子温而厲、威而不猛、恭而安、

子は温かにして而も厲し。威あって而も猛からず。恭しくして而も安し。

この条は、孔子の人格を、弟子が記載したものである。もっとも、一本には、「子曰わく、温にして厲なれ」。また、さらに一本には、「君子は温にして厲なれ」となっていたといい、それならばともに、人間の理想型を、孔子が説いた言葉となるが、それらの本には、賛成者が少ない。三句とも、まんなかにはいった「而も」が示すように、相異なるごとく見える要素の、釣合いの取れた併存、それが中国では常に人間の理想とされるのであって、孔子はまさにそうした人格であったというのである。

一一の語義は、説明するまでもないようであるが、「温而厲」の「厲」の字には、やや問題がある。新注は「厲」を「厳粛なり」と解し、「温而厲」は、温順と厳粛という、二つの要素をかね備えていたとするが、徂徠は、のちの子張第十九の子夏の言葉、「君子に三変有り、之れを望むときは儼然たり、之れに即くときは温なり、其の言を聴くときは厲し」（下冊三九三頁）を証拠として、「厲」はもっぱら、言語のきびしさについていうとする。また徂徠は、孔子は何よりも「礼楽」の体得者として尊重さるべきであり、この条の批評も、それを考慮すべきなのに、宋儒の新注はそこのところをわきまえないといっているが、何にしても「恭而安」とは、礼儀正しく謙遜であるけれども、窮屈でなく、おちついているという意味にはちがいない。

泰伯第八

子曰、泰伯其可謂至徳也已矣、三以天下譲、民無得而稱焉、
子曰わく、泰伯は其れ至徳と謂う可きのみ。三たび天下を以って譲る。民得て称する無し。

この篇は、泰伯という古代の賢人に対する賞賛ではじまり、堯、舜、禹など、古代の聖王に対する賞賛でおわっている。といって、全篇が、それのみでうずめられているわけではもとよりなく、依然として、雑然たる体裁であるが、その中に、曽子に関する記載が、数条かたまってあることが、この篇のまた一つの特徴といえば、特徴である。

篇の名にもなった泰伯は、人名であり、周王朝創業前期の賢人である。その事跡として孔子が記憶していたものが、いま、われわれがもつ伝説と大差なしとすれば、次のごとくである。周王朝の祖先が、まだ殷王朝治下の、西方の一諸侯として、陝西省

西部にいたころ、まず頭角をあらわした君主は、大王であり、三人の子があった。長男がここの話題の泰伯、次男が仲雍、末子が季歴であり、季歴の子が、のちに周王朝の創業を決定した英雄、文王である。

祖父の大王は、孫の文王の才能をはやくから見ぬき、これに王位を伝えようとした。そのためにはまず、季歴をあととりとしなければならぬが、父の意向を察した泰伯と仲雍は、南方の未開地域である呉のくに、すなわちいまの蘇州附近に亡命し、かつ断髪文身、ざんぎり髪のいれずみという、南方の蛮人と同じ風俗に身をやつして、父の継承者たることを拒否し、王位がうまく季歴を経由して、文王に伝わるようにした、というのである。

この条は、そうした泰伯の行為を、至徳、至上の道徳、と批評しうべきものと、たたえたのである。またそれが至上の道徳である理由として、「三たび天下を以って譲る」という特別な行為をしたにもかかわらず、世のことごとしい評判にならず、「民得て称する無し」とするのであるが、うち「三たび天下を以って譲る」という表現は、なかなか難解であるとされる。何となれば、周王朝は、のちには「天下」すなわち全中国、当時の意識では全世界の、あるじとなったけれども、当時は、まだそうではない。泰伯が譲ったものは、一地方の諸侯の位であり、「天下」をもって呼ばるべきでないということが、問題の一つ。また、「三たび」とは、なにゆえにそういうのか、というのが問題の第二であって、いろいろ説が分れているが、しばらく、「三たび譲る」とは、何度も辞退したことの文学的表現、また「天下」とは、泰伯も、天下のあるじとなりうべきほどの賢人であったのに、とする新注の説だけを、あげておく。

子曰、恭而無禮則勞、愼而無禮則葸、勇而無禮則亂、直而無禮則絞、君子篤於親、則民興於仁、故舊不遺、則民不偸、

子曰わく、恭にして礼なければ則ち労す。慎にして礼なければ則ち葸す。勇にして礼なければ則ち乱る。直にして礼なければ則ち絞。君子、親に篤ければ、則ち民仁に興こる。故旧遺れざれば、則ち民偸からず。

この条の前半は、文化的生活の、規準であり法則である「礼」の価値を、説いたものである。「恭にして礼無ければ則ち労す」、すなわち無法則な丁寧さは、骨折り損になるだけである。また無法則な慎重さはいじけるだけであり、無法則な勇気は無秩序を生み、無法則な正直さは人を絞めあげる。

「君子親に篤ければ」以下を、新注は別の一条と見、新注ぎらいの徂徠も、ここではそれに賛成する。ここの「君子」は、下の「民」と対して使われているから、君主を指すにちがいない。君主が、「親に篤し」、すなわち、親属に対する情愛がこまやかで

あれば、人民もそれに見習って「仁に興こる」、人道に勇み立つ。また君主が、「故旧」、昔なじみの人間、たとえば、皇太子であったころの先生、学友、そうした人間を忘れず見捨てなければ、人民もそれに見習って、軽薄でなくなる。

なおこの章の前半と似た教えとして、のちの陽貨第十七に、「直を好みて学を好まざれば、其の蔽や絞。勇を好みて学を好まざれば、其の蔽や乱」と見える（下冊三三一頁）。

曾子有疾、召門弟子曰、啓予足、啓予手、詩云、戰戰兢兢、如臨深淵、如履薄冰、而今而後、吾知免夫、小子、

曽子、疾まい有り。門弟子を召して曰わく、予が足を啓け、予が手を啓け。詩に云う、戦戦兢兢として、深淵に臨むが如く、薄冰を履むが如しと。而今よりして後は、吾れ免るることを知るかな、小子。

以下五条は、すべて弟子の曽参の言葉を記録する。曽参すなわち曽子は、孔子より四十六歳若かったと、「史記」の「弟子列伝」に見え、かつ、この条は、その臨終の際の記録であるから、孔子の死後、何十年か経ってのことと、思われる。

「曽子、疾まい有り」とは、まえの述而篇の孔子についての記述でいえば、「疾まい

病なり」であり、すなわち病気が危篤になった意味である（三〇三頁）。そのとき、曽子は曽子の門人たちを、枕もとに呼びあつめていった、「予が足を啓け、予が手を啓け」、古注、新注ともに、「啓は開なり」とし、かけぶとんをひらきまくって、手足をしらべさせたのだとするが、古代語研究にたけた清儒のなかには、ひらいたのは、かけぶとん、すなわち衾ではなく、臨終に手足が硬直するのをおそれて、手足そのものを開かせたのだとする説、また、「啓」の字は「䁈」と同じであり、「予が足を啓よ、予が手を啓よ」といったのだとする説などがあるが、いずれにしても、その肉体に故障のないことを確かめさせた。そうしてさらに、「詩経」の三句を引いていった、いままで私は、戦戦兢兢として、深い淵をのぞきこむように、また薄い氷をわたってゆくように、注意ぶかく私のからだをまもってきたが、かく、父母からもらったからだを、完全に保持して死ぬ、これから先は、その心配もなくなる、若者たちよ、といった。

　この章は、「孝経」に見えた「身体髪膚、之れを父母に受く、敢えて毀傷せざるは、孝の始めなり」という有名な孔子の言葉と、密接に関連して、解釈されて来た。「孝経」という書物は、孔子と曽子との、対話のかたちで記されており、対話の相手に曽子がえらばれたのは、とくに孝の道徳に深い関心をもつ弟子だったからだと、されているが、「孝経」の対話のはじめの方に見えるのが、「身体髪膚」云云という孔子の言葉であるから、それと対応してこの章を説くのは、もっともなことである。しかし、いささか疑古派的な態度をとるならば、「孝経」という書物は、叙述の仕方、文章の様子からいって、「論語」よりはだいぶのちのものと思われる。「論語」のこの章が、記録されたころに、「孝経」が、少なくともいまのかたちのような「孝経」が、存在したかどうかは疑わしい。したがってこの章を、「身体髪膚」云云と対応させずに読む読み方も、可能なのではないか。すなわち、単に完全な肉体を保ち得たばかりでなく、忠実な人間として、生命を享受することを義務とし、その言行に、戦戦兢兢と、注意をはらいつづけて来た人物が、その義務を果しえたよろこび、またその義務から解放されるよろこびを、語ったものとして、読むことはできないか。げんに曽参は、四つあとの条で、「士」の「仁」に対する任務は、「死して後已む」、死に至って始めて解放される、といっている。

もっとも、徂徠もいうように、刑罰すなわち死刑の危険を感ずること、現在のわれわれより、ずっと多かった古代の環境の中では、完全な肉体を保ちつつ死に就くということは、果された義務の、重要な要素であると意識されること、現代のわれわれよりも、ずっと多かったには相違ないであろうけれども。

引用された「詩」の三句は、いまの「詩経」では、「小雅」の「小旻」の篇の、最後の章に見える。また「而今」の二字を古点も後藤点も、「きょう」と訓じているのは、古注の周生烈の説が、「而今而後」を、「乃今日而後」とおきかえるのに、もとづくのであろうが、じつは、「而今」の二字で、「今」の一字と同じであり、「而」は、かるく上に添わった助字であると思われる。したがって「而今」は、「きょう」というよりも、もっと集中された時間、いまのこの瞬間、と読んだ方が、よいと思われるので、ここには、旧訓をあらためた。

「吾知免夫小子」の「夫」の字は、上につけて、「吾れ免るるを知る夫」と読むのが、普通であって、その方がよいであろう。北野本の点が、「夫」を下につけて、「吾れ免れんということを知んぬ、夫の小子」と読むのには、従わなかった。

曾子有疾、孟敬子問之、曾子言曰、鳥之将死、其鳴也哀、人之将死、其言也善、君子所貴乎道者三、動容貌、斯遠暴慢矣、正顔色、斯近信矣、出辭氣、斯遠鄙倍矣、籩豆之事、則有司存、

曽子、疾まい有り。孟敬子、之れを問う。曽子言いて曰わく、鳥の将に死なんとするや、其の鳴くこと哀し。人の将に死なんとするや、其の言や善し。君子の道に貴ぶ所の者は三。容貌を動かせば、斯に暴慢に遠ざかる。顔色を正しくすれば、斯に信に近づく。辞気を出だせば、斯に鄙倍を遠ざく。籩豆の事は、則ち有司存す。

この章も、まえの章と同じく、曽子臨終の際の記録である。「曽子疾まい有り、孟敬子之れを問う」。「問う」とは見舞に行ったこと、孟敬子は、魯のくにの家老であって、まえの為政第二と公冶長第五に見えた孟武伯（六五頁、一六三頁）の子である。父の孟武伯が、孔子の友人の子であること、すでにまえに述べたとおりであり、敬子は、さらにその子といえば、時代はさらにさがるはずであって、曽子の死が、孔子の死よりも、ずっと後であったことは、いよいよ明らかである。

さて、危篤の床にある曽子は、見舞にきた孟敬子にいった。単に「曰わく」といわずに、「言いて曰わく」というのは、臨終の言葉であるゆえに、鄭重にいったことを示そうとしてであると、皇侃は、説く。

さて、その言葉は、死にのぞんだ鳥の鳴き声は、かなしい。死にのぞんだ人間の言葉は、すぐれている。いずれも、生命の終末であり、したがってまた生命の集中である瞬間に、吐かれるからである。私も、死にのぞんだ人間の、よい言葉として、次のことを、あなたに告げよう。

「君子の道に貴ぶ所の者は三」、ここの君子の二字は、孟敬子が家老であることを考えれば、漠然たる紳士の意味ではなく、為政者、支配者の意味となる。また、ここの「道」という言葉は、道徳的な法則、を意味すると思われ、古注には、鄭玄が、「此の道は礼を謂うなり」というのを引く。つまり一句の意味は、道すなわち礼というものに対し、為政者として、特に尊重すべき効用は、三つある。第一は、「容貌を動かせば、斯に暴慢に遠ざかる」。ここの容貌とは、身体ぜんたいの動作のことである。容貌すなわち動作を、礼のおきてによってうごかすならば、暴慢すなわち言語による暴力、肉体による暴力、その他、他人が自己に加える諸種の暴力から、遠ざかることができる。第二に、「顔色」とは、動作の一部分である顔の表情であるが、それを、礼によって正しくすれば、「斯に信に近づく」、人からだまされないという状態に、近づく。第三に、「辞気」とは、言語およびそれに伴う雰囲気をいうようであり、「辞気を出だす」とは、言葉づかいということであろうが、それも礼のおきてによるならば、鄙しい、道理に倍いた、他人の言語を、遠ざけることができる。以上三つのことが、礼による生活として、君子すなわち為政者の、とくに貴重すべきものである。あなたは、礼といえば、もっと低い次元のことを、お考えかも知れない。たとえば、神や先祖を祭る場合、お供えを盛る器物として、籩、すなわち竹を編んでつくったたかつきであり、かわいた食物を盛るうつわ、豆、すなわち木でつくったたかつきであり、汁気のものを盛るうつわ、それらについてのことがら、つまり、さらに具体的にいえば、いかなる祭祀には、何個の籩、何個の豆を、どこに、どうならべ、いかなるお供えを、どう盛るか、そうした事柄を、礼の内容として、お考えであるかも知れない。しかし、それらのことについては、「則ち有司存す」、掛りの者が、それぞれにいるわけです。掛りの者におまかせになれば、それでよろしい。

以上、暴慢、信、鄙倍を、他人の自己に対する態度として解したのは、かりに古注が、鄭玄注をそっくり引くのに、よった。新注では、立居振舞いを正しくすれば、自己の中から乱暴さがなくなり、顔色を正しくすれば、自己が真面目さに近づき、言葉づかいに気をつければ、自己の言語が凡陋背理から遠ざかるとする。漢の劉向の「説苑」に見えた曽子の言葉で、この条と似たものが、すでに新注に近い意味であるのからすれば、その方がよいかも知れない。なお「鄙倍」の「倍」の字は、いずれにしても、「背」と同じであり、背理の意である。

なお曽子の臨終についてのいま一つの話として、「礼記」の「檀弓」上篇には、死の床にあった曽子が、死の苦痛をこらえて、ベッドの敷き物を、自分の身分にふさわしいものに換えさせたという話が、たいへん美しい文章で、記されている。

曾子曰、以能問於不能、以多問於寡、有若無、實若虛、犯而不校、昔者吾友、嘗從事於斯矣、

曽子曰わく、能を以って不能に問い、多きを以って寡しきに問い、有れども無きが若く、実つれども虚しきが若く、犯されて校わず。昔者、吾が友、嘗つて斯に

従事せり。

古注に引く漢の馬融、新注の朱子、ともに、曽子が、その亡くなった友である顔回の、謙虚な人柄を、追憶したものとし、「吾友」とは、すなわち顔回であるとする。ひとり仁斎のみは、「吾友」は、複数であり、かつての同門の友人をひろく指したとする。新出の鄭玄は、顔淵と仲弓と子貢等なり、といい、期せずして仁斎と合致する。いまは普通の説に従い、顔回についての叙述としよう。

「能を以って不能に問う」、自分はすぐれた才能者であるにもかかわらず、才能のないものたちの意見をも徴するということ。「多きを以って寡しきに問う」、自分は豊富であるのに、豊富でない人間の意見をもきくということ。「有れども無きが若く、実つれども虚しきが若し」、いずれも充実した人格であるにかかわらず、謙虚にも、そうでないように行動すること、「犯されて校わず」、人から喧嘩をしかけられても、相手にしない。以上のような態度は、いまは亡くなったけれども、むかし私の友人であった顔回が、それを、行動としたものである。「昔者」は、二字で「むかし」である。「嘗つて」は、それが行動として、たしかに存在したことを示し、そうした行動が、いまは、まれであることを、うらにひびかせている。また、「従事」の二字は、いまわれわれが、何何に従事する、というの源であるが、「論語」以外の古書では、「詩経」の「小雅」の「十月之交」に、「黽勉して事に従う」、「礼記」の「内則」に、「各おの其の事に従う」などと見える。なお、「犯されて校わず」とは、新注の「校は計校也」、気にかける、による訓であって、古注は、「校は報いる也」、報復、と、漢の包咸の説を引き、新出の鄭玄注もおなじい。

曾子曰、可以託六尺之孤、可以寄百里之命、臨大節而不可奪也、君子人與、君子人也、

曽子曰わく、以って六尺の孤を託すべく、以って百里の命を寄すべく、大節に臨んで奪うべからず。君子人か。君子人なり。

「六尺之孤」とは、父が早く死に、幼少で即位した君主をいうと、諸家の説が一致する。「六尺」とは、背の高さであるが、劉宝楠によれば、むかしの一尺はいまの六寸であるから、六尺はいまの三尺六寸。また徂徠によれば、周の一尺は現在日本の曲尺の七寸二分であるから、六尺は四尺三寸二分。いずれにしても、成人の身たけではない。そうしたみなしごの君主を、その人にあずけ、後見人となってもらいうる人格。また、「以って百里の命を寄すべし」、百里とは、当時の、侯国の領土の面積が、原則として百里四方であったところから、大名のくにに一つを意味する。「寄」も「あずけ

る」であり、「命」は、古注に「政令なり」という。つまり、一国の政令をあずかって、摂政となり、後見人となりうる人格。そうして、ひっくるめていえば、「大節に臨んで奪うべからず」、大事件をまえにしても動揺させることができない人格。そうした人格は、君子人といってよろしいか。そう、それこそは、君子人である。

「百里の命」は、政令でなく、人命であり、百里四方の人民のいのちをあずかること、という説をも、劉宝楠の「正義」はあげる。また、「大節」は、大事件の意に相違ないが、新注がその人の死生に関する大事件とするのは、徂徠が反駁するように、かえって窮屈であり、何晏の古注が、「国家を安んじ、社稷（しゃしょく）を定むる」事柄とする方が、よろしいであろう。

　最後の八字は、「君子人か、君子人なり」と自問自答のかたちに、読みならわしており、「論語」のうちでも、もっとも活殺自在な、名文の一つとなるが、徂徠は、そうした読み方に疑問をはさみ、「礼記」の「仲尼燕居」篇の、「古（イニシエ）之人与（ナルカナ）、古（イニシエ）之人也（ナリ）」を傍証として、ここも、「君子人与（ナルカナ）、君子人也（ナリ）」と、繰返しての賛美であり、自問自答ではないとする。徂徠のみならず、古注系統の読み方はそれに傾いており、古代の語法は、あるいはそうであったかも知れぬが、しばらく、普通の読み方に従う方が、たのしいことは、たのしい。

曾子曰、士不可以不弘毅、任重而道遠、仁以爲己任、不亦重乎、死而後已、不亦遠乎、

曽子曰わく、士は以って弘毅ならざる可からず。任重くして道遠し。仁以って己れが任と為す。亦た重からず乎。死して而して後已む。亦た遠からず乎。

以上ずっと記録されて来た曽子の言葉のうち、この条はもっともすぐれる。あるいは、「論語」全部の中でも、もっともすぐれた条の一つであろう。「士」の字の原義は、家老でない若手の官吏をさすが、ここでは、ひろく教養ある人間と解していいであろう。「弘」とは、ひろい包容力、「毅」とは、つよい意志。「士」たるものは、それらをもつ責任があり義務がある。何となれば、その任務は重く、その人生行路ははるかであるからである。その理由をさらに述べていう、「仁以って己れが任と為す、亦た重からずや」。人道の実践と普及を、自己の任務とする。それこそ任務として重大なものではないか。しかも、その任務は、いのちある限りは、解消されない。つまり「死して而して後已む」。しからばその行程たるや、はなはだ、はるかでは、ないか。

この条は、もっともすぐれた有名な一条であるだけに、解釈は、以上のように一定している。ことに、「死して而して後已む」、すなわち、人間は、生きているかぎり、使命をもっており、その使命は、死にいたるまでは、解消されないというのは、儒家

の人道主義の積極性を、よく示す。私はそのことをある人に語ったところ、その人は、けげんな顔をした。よくきいて見ると、その人は、「死して而して後已む」とは、生命を犠牲にすることによって、はじめて人間の任務を完成し得る、ことだと、理解して来た、というのであった。しかしながら、そうした説は、少なくとも普通の注釈書には、見当らない。

「不亦……乎」といういい方については、学而篇第一章を参照のこと（二四頁）。

子曰、興於詩、立於禮、成於樂、

子(し)曰(い)わく、詩(し)に興(お)こり、礼(れい)に立(た)ち、楽(がく)に成(な)る。

曽子の言葉の記録は、まえの条でおわり、ここからあと、篇のおわりまでは、孔子の言葉である。

この条は、人間の教養の順序をいう。道徳的興奮の出発点となるのは、「詩経」である。何となればそれは、ただしい感情の高揚であるから。つぎに教養の骨骼を定立するのは、礼を学ぶことである。なんとなればそれは、人間の秩序の法則であるから。最後に、教養の完成は、音楽を学ぶことにある。なんとなればそれは、感情を法則によって整理し、人間性の包括的な表現であるから。

子曰、民可使由之、不可使知之、
子曰わく、民は之れに由らしむ可し。之れを知らしむ可からず。

人民というものは、政府の施政方針に、従わせるだけでよろしい。何ゆえにそうした施政方針をとるか、その理由を説明する必要はない、と普通に解されており、儒家の政治思想の封建性を示すとされる条である。事実また、漢の鄭玄の注などは、そのように解している。すなわち「可使由之」の由は、「従う也」であるとし、また「民」の字を、同じ子音で、暗を意味する「冥」の字に、おきかえさえもしている。そうして民は冥いものであるゆえに、「正道を以って之れに教うれば、必ず従わん。如し其の本来を知らば、則ち暴なる者は或いは軽んじて行わず」。これが新出の写本によって読まれる鄭玄の説である。

しかし、他の注釈の説は、必ずしもそうでない。まず何晏の古注によれば、人間の法則というものに、人民は知らず識らずに従っている。だから、人民に、それに従わせることは可能であるが、知らず識らずにやっていることの理由を、はっきり自覚させることは、むつかしい。

また朱子の新注によれば、政府の施政方針は、人民の全部が、その理由を知ることが理想であるが、それはなかなかむつかしい。それに随順させることはできても、一一に説明することはむつかしいと、理想と現実の距離をなげいた語とし、鄭玄のような説は、「聖人の心」ではないとして、しりぞけている。

さらにまた仁斎には、君主は人民のために、その経由利用すべき文化施設を整備すべきだが、かくすることの恩恵を知れと、おしつけてはならぬとする説があることは、私の随筆集「雷峰塔」九十五頁を見られたい（全集十七巻「仁斎と徂徠」一四一頁）。

子曰、好勇疾貧、亂也、人而不仁、疾之已甚、亂也、

子曰わく、勇を好みて貧しきを疾むは、乱る。人にして不仁なるを、之れを疾むこと已甚しければ、乱る。

事柄は二つであるが、いずれも過度で矯激な心理または行動が、無秩序を生むことを、いましめた。勇敢な行為を好むということ、それ自体は必ずしもわるいことではないが、そうした性格のものが、自分の貧乏な境涯に不平をもつ場合は、必ず無秩序状態を引きおこす。またここに、不仁な、不道徳な人間がいるとすれば、それは排斥されなければならないけれども、それをあまりにも過度に憎悪するときは、やはり無秩序な状態を引きおこす。

諸家の説、文字の解釈は、以上のように、一定している。いま少し立ち入った解釈として、こころみに、次のように考えることは、できないか。自己の貧乏な境遇に憎悪をいだき、勇気にまかせて、それを打破しようとするのは、革命家の性質である。そうした革命家的性質を、孔子はおそらく、乱、無秩序として、きらったであろう。そうして不仁の一つと考えたであろう。しかし、そうした態度に対して、全く理解をもたず、ただむやみにそれを憎悪するばかりでは、無秩序は、いっそうはなはだしくなる。

二度見える「疾」の字は、動詞であって、憎悪する意味。「已甚」は、二字で「はなはだし」と読み、過度を意味する。「孟子」の「離婁」篇下に「仲尼は已甚なる者を為さず」と見えるのと、同じ用例である。

子曰、如有周公之才之美、使驕且吝、其餘不足觀也已、

子曰わく、如し周公の才の美有りとも、驕りて且つ吝かならしめば、其の余は観るに足らざるのみ。

周公とは、すなわちまえの述而篇に、「甚しいかな、吾が衰えたるや。久しいかな、吾れ復た夢に周公を見ず」と追慕された周公旦である（二五六頁）。周王朝の政治と

文化の創始者であるこの英雄を、孔子は、完全な人格と意識していたのであり、そうした意識を、ここでは「周公の才の美」と表現する。「才」とは、才能の意であるが、道徳的才能をも、含めての謂いであって、われわれの言葉でいえば、先天的な人格である。また「美」とは、完全な調和、充実、を意味する最高のほめ言葉であるが、「之才之美」と、二つの「之」の字を重ねたいい方は、強調の語気として、もっともよくはたらいている。また、はじめの「如」の字は仮定であって、かの周公ほどの、美しい完全な才能があったとして、というのである。また次の句の「使」の字は、もう一度、より強い仮定であって、かりにもしそうした人格のなかにも、二つの欠点があったと仮定する。一つは傲慢、それは人をよせつけない。一つは吝嗇、それは必ずしも経済的な吝嗇ばかりでなく、心理的な吝嗇でもあり、自己の善意を出し惜しみする。その二つの欠点が、周公に実際にあったはずはないけれども、かりにもし万が一、有ったとするならば、その人格の他の部分の美点は、すべて帳消しになり、目もあてられぬこととなるであろう。

「史記」の「魯周公世家」を見ると、周公は、たいへん包容力のひろい人物であり、政府の最高の位置にいながら、青年が会いに来ると、大いそぎで会った。そのため、「一たび沐(もく)するに三たび髪を握り、一たび飯(はん)するに三たび哺(ほ)を吐く」、おちおち頭を洗い、飯を食うひまもなかった、という説話をのせるが、そうした説話が、孔子のころすでにあったとすれば、この条は、それと関連しよう。

子曰、三年學、不至於穀、不易得也、
子曰わく、三年学びて、穀に至らざるは、得易からざる也。

およそ三つの説がある。

「穀」を「善」と読み、三年間学問しながら、善に到達しないものは、めったにない。それが古注に引く孔安国の説である。

「穀」を「俸禄」と読み、三年間勉強した結果として、俸給をほしがらぬもの、つまり、大学を卒業しても、就職を希望せず、学問をつづけたいというもの、それはめったにない。それが朱子の新注の説である。またちかごろ再発見された鄭玄の注の説も、期せずして朱子の説と、同じい。

第三に、「穀」をやはり「俸禄」の意味とするが、三年間勉強した結果として、官吏として俸給を得べき資格に到達しないもの、それはめったにない。つまり、三年間の勉強は、社会人としての地位を、おのずから保証する。これは、皇侃の「義疏」に引いた東晋の孫綽の説である。

私は、第三の説を、もっとも好み、従ってそれによって、この条を読んでいる。

子曰、篤信好學、守死善道、危邦不入、亂邦不居、天下有道則見、無道則隱、邦有道、貧且賤焉、恥也、邦無道、富且貴焉、恥也、

子曰わく、篤く信じて学を好み、死を守って道を善くす。危邦には入らず。乱邦には居らず。天下道あれば則ち見れ、道無ければ則ち隠る。邦に道有るに、貧しくして且つ賤しきは、恥じ也。邦に道無きに、富み且つ貴きは、恥じ也。

最初の句を、「篤く信じて学を好み」、つまり、学問の効用を確信してそれを好む、と読むのは、新注の読み方であって、古注では、「信を篤うして学を好む」と読むが、述而篇のはじめの「述而不作、信而好古」とにらみあわせれば（二五一頁）、新注の読み方のほうがすぐれるであろう。第二句も、「死を守って道を善くす」、つまり命がけで、道徳の向上に努力する、と読むのも、新注の読み方であって、古注系統の訓は、「死を善き道に守る」、あるいは、「守って善き道に死す」であるが、いまはやはり新注に従おう。

何にしても、そうした信念と覚悟をもちながら、身を持すること、きわめて慎重であって、危険の徴候のある国には、足をふみ入れない。また無秩序な国に、万一はいったときには、じっとそこに留まってはいず、そこを立ち去る。また世界に道徳があ

るときには、世の中の表面に立ち、道徳がないときには、隠れて、表面に立たない。それが、紳士たるものの心得である。だから、せっかく、国家に道徳がある時代でありながら、その道徳的な政治に参与することができず、貧乏で、卑しい地位にいるのは、恥辱である。そうした時代には、むしろ、進んで仕えるべきである。同時にまた、国家が、道徳を失った場合、そうした不合理な、不潔な社会の中で、経済的にゆたかであり、また高い地位にいるのは、恥じである。

この条は、孔子の、潔癖な精神とともに、その積極的な精神を、よく示す条である。余談であるが、かつて私は、「邦有道貧且賤焉恥也」という条を、ある大学の入学試験に出したところ、正解者は、はなはだとぼしかった。かつ、誤解の答案として、もっとも多いのは、この九字を、「邦に道有らば、貧しくして且つ賤しきも、焉ぞ恥じならんや」と読んだものであった。日本人が軽率に考える儒学の思想は、どんな時代でも、貧乏こそ第一の道徳であると、いうのであろうか。

子曰、不在其位、不謀其政、
子曰わく、其の位に在らざれば、其の政を謀らず。

地位と職務とは、相即したものであって、その地位にいない限り、その職務のことを、とやかく考えない。それは、おせっかいというものであり、無秩序のもとである。憲問第十四（下冊二一八頁）にも、同じ語が見える。

子曰、師摯之始、關雎之亂、洋洋乎盈耳哉、

子曰わく、師摯の始め、関雎の乱りは、洋洋乎として耳に盈てる哉。

この条は、「詩経」の開巻第一の篇である「関雎」のうたが、楽曲として奏せられる場合、その音楽としての美しさをたたえたところの、音楽批評の言葉であるには、ちがいないが、はなはだ読みにくい条であり、古注と新注とでは、読み方に相当の距離がある。新注の方がすぐれていると感ずるので、いま、それによって解説する。

すなわち師摯とは、のちの微子第十八（下冊三七八頁）に、「大師の摯は斉に適く」と見えるところの名音楽家であり、魯の政府の楽団の長官であった。師の字は楽官を意味し、摯がその名である。また、「之始」とは、「関雎」の詩が、「詩経」「国風」篇の、最初の詩であるところから、そういうのであるとする。つまり、「師摯之始」という四字は、音楽の始まりとして、名指揮者師摯が編曲した「関雎」の音楽の意となる。そうして、「関雎之乱」の乱とは、「関雎」の楽曲のうち、最後の楽章の意味であって、そこのところの美しさは、洋洋乎、ひろびろのびのびと、耳一ぱいに、ひびき

わたる。

以上が新注の読み方である。古注は、鄭玄の説を採用し、「師摯の関雎の乱れを始めしは」と読み、一度混乱した「関雎」の楽曲が、師摯によってはじめて整理し直されたが、その整理された美しさは、というふうに、読んでいる。

子曰、狂而不直、侗而不愿、悾悾而不信、吾不知之矣、
子曰わく、狂にして直ならず、侗にして愿ならず、悾悾にして信ならざるものを、吾れは之れを知らず。

熱狂的な情熱家でありながら、正直でないもの。子供っぽさをもちながら、地道でないもの。馬鹿正直でありながら、あてにならない人間。そうした人間に、私は出あったことがない。つまり、狂すなわち熱狂、侗すなわち子供っぽさ、悾悾すなわち馬鹿正直、というのは、平衡を失した性格であるが、それらは同時に、直すなわち正直、愿すなわち地道、信すなわち当てになる、という美点を、もっているのが普通である。この普通の法則にはずれるものを、私は知らない。古注は、大体、そのように解している。新注は、「吾れ之れを知らず」の読み方がちがい、狂でありながら直でない、侗でありながら愿でない、悾悾でありながら信でないものは、みな、まやかしものだ

から、私はそれらに対して、責任をもって、応対しない、の意に解しているが、いずれにしても、過度な、中庸を失した性格にも、孔子が、関心と同情とをもったことを示す点は、同じである。子路第十三の「狂狷」についての議論（下冊一七〇頁）、陽貨第十七の「古の狂」「矜」「愚」を、今のそれとを対比しての議論（下冊三四四頁）が、あわせ考えられる。

子曰、學如不及、猶恐失之、
子曰わく、学ぶは及ばざるが如くするも、猶お之れを失わんことを恐る。

及とは、去りゆくものを、後から追いかけて追いつく意味である。学問をするには、泥棒を追っかけるように、一生懸命に、目的を追っかける態度でなければならない。それでもなお、対象を見失う恐れがあるのだ。
以上は、大体新注によっての訳である。

子曰、巍巍乎、舜禹之有天下也、而不與焉、
子曰わく、巍巍たる乎、舜・禹の天下を有せるや。而うして与からず。

以下四条は、古代のすぐれた君主たちに対する、賞賛の言葉である。巍巍、古注に、「高大之称」、たかく、大きく、堂堂とそびえたつ形容である。舜とは、堯・舜の舜であって、おろかな、いやしい農民の子であったが、前任の皇帝である堯から、抜擢されて、その譲位をうけ、完全な道徳政治の時代を現出したと、伝えられる皇帝であり、その事跡は、いまの「尚書」、すなわち「書経」の、「舜典」篇（吉川「尚書正義」岩波版第一冊、全集八巻）に見える。また、禹とは、舜の時代の大問題であった洪水を治め、その功績により舜の譲位をうけて皇帝となり、夏王朝の開創者となったと、伝えられる英雄である。その事跡は「尚書」の「禹貢」篇（吉川「尚書正義」岩波版第二冊、全集八巻）その他に見える。

二人の英雄は、いずれも、世界の王として、世界を保有したが、その保有の仕方は、高く大きく、正正堂堂と、立派であった。そうして「而うして与からず」、とは、その立派さの構成に、独裁的には関与せず、多くの賢明な人たちに委任して、その立派さを完成した、それが、舜と禹の、真実のえらさであるというのが、最もはやい漢時代の読み方であったこと、劉宝楠の「正義」に引く清の毛奇齢の説が、いろいろ証拠をあげて説くごとくであり、それが一番よいであろう。新出の鄭玄の注にも、「其の成功有るは、能く賢臣を択び任ぜしを美む」という。ついで何晏の古注では、舜は堯から、禹は舜から、天下を与えられたけれども、それはこっちから求めて与えられたのではないと、読んでいるが、それは明らかに無理な読み方である。何晏が、こうした無理な解釈をしたのは、何晏の仕えた魏の王朝が、漢王朝の帝位を暴力によって簒奪した際、表面は、堯と舜、あるいは舜と禹の間のこととして伝えられるような、任意の譲位の形式をとった。そのことと関連して、こうした無理な解釈をでっち上げたのだと、劉宝楠は注意している。また朱子の新注は、「与からずとは猶お相関せずというがごとし」とし、その保持する地位をありがたいとも何とも思わなかった、とするのは、恐らく老荘的に過ぎるであろう。さらにまた、別の読み方として、「与からず」とは、このかがやかしい舜と禹の時代に、孔子が、同時代人として参与できなかったのを、なげくのであるという、東晋の江熙の説が、皇侃の「義疏」には、引かれている。

子曰、大哉堯之爲君也、巍巍乎、唯天爲大、唯堯則之、蕩蕩乎、民無能名焉、巍巍乎、其有成功也、煥乎其有文章、

子曰わく、大いなるかな堯の君たるや。巍巍乎として、唯だ天を大いなりと為す。唯だ堯之れに則る。蕩蕩乎として、民能く名づくること無し。巍巍乎として、其れ成功有り。煥乎として其れ文章有り。

この条は、前条よりもさらにさかのぼって、堯の偉大さを賛美する。堯の事跡は、「尚書」の「堯典」に見え、すぐれた道徳的能力者であったこと、天象を観測して、暦をととのえたこと、微賤の身分にあった舜を、後継者として抜擢したことなどが、記されている（吉川「尚書正義」「堯典」篇参照）。それらの事跡は、前条の舜・禹に関する事柄とともに、今日の古代史家からは、歴史でなく伝説であるとして扱われているが、孔子の頃には、かえって既に、歴史として意識されていたらしい。

さて、「大いなる哉、堯の君たるや」。堯の、君主としてのありかたは、「大」であった。偉大、広大、雄大など、大の字の含みうるすべての意味を、この大の字は、もっているとしてよい。「巍巍乎として、唯だ天を大いなりと為す」、たかくそびえるものとしては、かの大空のみが、偉大、広大、雄大であるが、「唯だ堯、之れに則る」、堯こそは、大空の偉大さ、広大さ、雄大さを、自己の法則として保持した。天、すなわち大空は、その上をめぐりゆく日月星辰を中心として意識され、世界の秩序の、最高の、完全な、具現であると考えられたことは、「論語」の中にも、あちこちに見える。「唯天」「唯堯」の「唯」の字は、その下に来る主格、すなわち、ここならば、「天」、「堯」を、極度に強調して、「ただそれのみは」、あるいは、「それこそは」と、強く押し出す言葉である。

「蕩蕩乎として、民能く名づくること無し」。「蕩蕩」は、古注に包咸を引いて、「広遠之称」と説く。おだやかに、ひろびろと行きわたる形容である。大空の法則をみずからの法則とした堯の政治は、蕩蕩と、ひろく、のびやかであって、その中に住む人民は、あだかもわれわれが空気の存在を意識しないように、そのよさ、ありがたさを、意識にのぼせ、言葉に出していうことがなかった。「名」の字は動詞であり、古注に引く包咸は、「能く其の名を識る無し」、つまり人民は、主権者が堯という名であることを、知る者がなかった、という意味に説くようであるが、「名」の字は、言語、文字の意味に用いられることがあるから、新注に、「亦た天の、言語を以って形容す可からざるが如きなり」という方が、よろしいであろう。新出の鄭玄の注も、「民能く名う無しとは、其の然る所以を知らず」とする。

ところで、堯の名状すべからざるよい政治は、といってまた、何の結果をももたらさない、不毛な無為自然であったのではなく、「巍巍乎として、其れ成功有り」。たかだかと、完全な政治的道徳的業績をうちたてた。成とは完成、功とは仕事を意味する。ところでまた、政治的道徳的業績というものは、往往にして、色彩とうるおいとに乏しいものであるが、堯の場合は、「煥乎として其れ文章有り」。「煥は明なり」と古注に注する。煥かしくも、文化をもった。

「堯は高なり」という訓が、後漢の許慎の「説文解字」にあるように、その名がすでに高大さを意味したこの古代の皇帝を、偉大な君主とするのは、古今を通じた常識であるが、この条の賛美は、たいへん情熱をおびている。孔子は、堯の事跡について、現在のわれわれよりも、より多くの資料をもっていたと思われる。

なお徂徠は、はじめの「巍巍乎」の三字を上につけ、「大いなる哉、堯の君たるや巍巍乎たり」と読む。つまり、「巍巍乎」を、もっぱら堯の属性とし、天の属性としないのであるが、いまは普通の読み方に従った。巍巍乎、蕩蕩乎、煥乎の「乎」の字は、形容詞に添加されて、リズムをととのえ強める助字である。

舜有臣五人、而天下治、武王曰、予有亂臣十人、孔子曰、才難、不其然乎、唐虞之際、於斯爲盛、有婦人焉、九人而已、三分天下有其二、以服事殷、周之德、其可謂至德也已矣、

舜に臣五人有り、而うして天下治まる。武王曰わく、予れに乱臣十人有り。孔子曰わく、才難しと。其れ然らず乎。唐虞の際、斯に於いて盛んと為す。婦人有り。九人のみ。天下を三分して其の二を有ち、以って殷に服事す。周の徳は、其れ至徳と謂う可きのみ。

この条も、過去のすぐれた政治に対する賛美であるが、賛美は、孔子自身の時代の王朝である周王朝の、創業時代にまで、くだって来る。

しかし、比較の材料として、はなしはまず、やはり太古の君主の舜からはじまる。舜には、すぐれた臣下が五人あり、そのために、天下が太平であった。五人とは、禹(う)と、稷(しょく)と、契(せつ)と、皐陶(こうよう)と、伯益(はくえき)とである。うち禹が、洪水を治め、次の夏王朝を創めた偉人であること、稷が、農事の長官であり、のちの周王朝の遠祖となったこと、契(せつ)が、民政の長官であり、のちの殷王朝の遠祖となったこと、皐陶(こうよう)は、司法長官として、伯益(はくえき)は、狩猟の長官として、それぞれ舜を輔佐したことは、「尚書」のはじめの方の篇に見える（吉川「尚書正義」岩波版第一冊参照、全集八巻）。

それとおなじく、周王朝の創始者である武王、すなわち姫発(きはつ)も、多くのよい輔佐者をもった。そのことは武王自身の言葉にも見えるのであって、「予に乱臣十人有り」。ここの乱の字は、その字の普通の意味ではなく、あべこべに「治」の字の意味であって、すぐれた輔佐者十人をもったことを意味する。かく言葉が普通の意味とは全く反対の意味をあらわすことは、いわゆる「反訓」である。「くるしい」を意味する「苦」の字がある場合には「快」を意味し、「ゆく」を意味する「徂」の字がある場合には「存」を意味するのと共に、よくその例として引用される。さて、武王のもった乱臣、すなわち治臣十人とは、一、その弟である周公旦。二、同族である召(しょう)公奭(せき)。三、その軍師であった太公望。四、畢(ひつ)公。五、栄(えい)公。六、大顚(たいてん)。七、閎夭(こうよう)。八、散宜(さんぎ)生(せい)。九、南宮适(なんきゅうかつ)。そうして十は、武王の母であり父の文王の正妻であった太姒(たいじ)であるとされるのであるが、ここに一つの問題が発生する。

すなわち、子である武王が、母の太姒(たいじ)を「乱臣十人」の中に含めることであって、これはいかにも妥当でない。古いテキストには、臣の字が無く、「予有(レ二)(リ)乱(オサムルモノ)十人(一)」となっているものがあることが、しばしば強調されている。また日本の王朝の写本には、臣の字があったが、明経家(めいけいか)が「論語」を進講する場合には、臣の字をとばして、読まなかったともいう。

なお、この武王の言葉は、がんらい武王が、革命軍をひきいて、殷の最後の王、紂(ちゅう)を征伐したときの軍令として、「尚書」の一篇である「太誓(たいせい)」に見えたはずであって、いまの「尚書」の「太誓」篇は、ずっとのちに補訂されたものであるが、それにも、この言葉ははいっており、やはり「乱臣十人」となったテキストと、「乱十人」となったテキストとが、ある（吉川「尚書正義」岩波版第三冊、全集九巻）。

さて以上は、古代の英雄の舜も、比較的新しい英雄武王も、それぞれに有能な輔佐者をもったことを、提示するのであるが、「孔子曰わく」からあとは、そのことから引き出された孔子の感想である。

まず、「才難しと。其れ然らずや」。最初の「才難」の二字は、人材というものは、得がたいものであるという意味であるが、これは孔子以前から存在したことわざであるとされる。「才難し」ということわざがあるが、「其れ然らずや」、なるほどその通りであると、孔子はまずいうのである。「才」とは劉宝楠がここに注して、「人の徳有りて能く事を治むる者」というように、ただ道徳があるばかりでなく、実践力をそなえた人物である。それはなかなか、この世の中に見つけにくいものだというが、なるほどその通りだ。それが孔子の感想のはじまりである。

ところで次の句には、問題がある。「唐虞の際、斯に於いて盛んと為す」、うち唐虞が堯舜の別名であることは、分りやすいこととして、この二句八字全体の論理的連なりは、たいへん分りにくい。古注も新注も、いちおう何とかすじを通そうとしているが、実はとおらない。そのためいろいろ議論がわかれ、所謂聚訟の府であったが、清の劉宝楠の「正義」の説は、千古の疑いを解くものと思う。すなわち、「唐虞之際」の「際」とは、他のいくつかの使用例から見て、「下」の字とおなじいとするのである。「唐虞之際」とは「唐虞之下」であり、もう一ついいかえれば「唐虞以下」である。つまり唐虞すなわち堯舜から以後の時代では、「斯に於いて盛んと為す」、「斯」とは周の創業時代を指すのであって、周の創業時代こそ、人材の盛んな時代である。堯舜の時代は別として、そのあとの時期としては、この時期にこそ注目すべきである。劉宝楠はそういう風に読むのであるが、私はこの説がもっともよいと思う。もっとも劉宝楠は、別の一説として、清の王引之の説をもあげる。それは、「於斯」の「於」の字を、「与」の字と同じであるとし、「唐虞の際を斯と与に盛んと為す」と読むのであり、これも首肯される。少なくとも、古注新注その他の、従前の説よりは、すぐれる。

さて、「唐虞の際(もと)、斯(ここ)に於いて盛んと為す」は、以上の如く読むとして、それにつづく孔子の言葉はいう、「婦人有り、九人のみ」。周の初期は、人材の比較的多かった時代であり、武王自身の言葉によっても、「乱臣十人有り」、乃至は「乱十人有り」であるが、実はその中には、婦人である母の太姒を含んでいる。男子は、それを除いた九人だけである。人材の得がたいことは、これによって立証されるであろうと。

孔子の感想は、なおつづく。周の王朝は、このように、少ないとはいえ十人の輔佐者をもち、その結果として、「天下を三分して其の二を有(たも)った」。当時周は、陝西の西部を本拠とする諸侯であったが、武王のちち文王姫昌(きしょう)の時代から、そのすぐれた道徳によって、だんだん勢力範囲を拡張し、当時の中国の三分の二を保有した。当時の王朝であり河南を本拠とした殷(いん)王朝には、当時の中国全土の三分の一にあたる東方の地帯だけがのこされたわけである。ところで両者の力関係は、そうであったにもかかわらず、「以って殷に服事す」、おとなしく一大名として殷王朝に仕えた。父の文王は終生そうであったし、子の武王も初期はそうであった。そうして殷王朝の悪政が、ぎりぎりのところまで来たときに、はじめて革命をおこした。それまでは殷王朝の反省を待って、手荒い行動に出なかった。そうした周の国の道徳の高さは、「其れ至徳と謂う可きのみ」、道徳の最上のものと評価して、よろしいであろう。篇のはじめに、「泰伯は其れ至徳と謂う可きのみ」というのと（三〇九頁）、はるかに照応するといえる。

子曰、禹吾無間然矣、菲飲食、而致孝乎鬼神、悪衣服、而致美乎黻冕、卑宮室、而盡力乎溝洫、禹吾無間然矣、

子曰わく、禹は吾れ間然すること無し。飲食を菲くして、孝を鬼神に致し、衣服を悪しくして、美を黻冕に致し、宮室を卑しくして、力を溝洫に尽くす。禹は吾れ間然すること無し。

三つ前の条で、禹は舜とならべてたたえられているが、この条は、もっぱら禹に対する賛美である。伝説によれば、禹も、堯の抜擢を受けた人物である。さいしょ禹の父の鯀が、堯の命令をうけて洪水を治めたが、いっこう成績があがらなかったのに対し、その子である禹は、洪水の処理に、みごとな成績をあげ、中国の山川に秩序をもたらし、のち、舜の譲位をうけて、帝位に即いた。その帝位は、子孫によって世襲され、いわゆる夏王朝のはじめとなる。古代伝説における時代区分として、堯舜はそれ以前の三人の聖天子とあわせて、「五帝」と呼ばれ、禹のはじめた夏王朝は、のちの殷王朝、周王朝とあわせて、「三王」もしくは「三代」と呼ばれる。つまり禹は、歴

史の第二の時代である「三王」もしくは「三代」の始まりであるが、堯舜と同時代人であり、堯舜と同じ地位の聖人と、一般に意識される。

　ところで、この条は、禹が、日常生活をきりつめつつ、文化的な事象に力をそそいだことを、たたえる。現在のわれわれが、禹の事跡として知るものは、現存の「尚書」に見えた条条のみであり、うち「禹貢」に見えた治水の事跡が、この条最後の「力を溝洫に尽くし」と対応するが、孔子の時代には、それ以外の資料も遺存しており、孔子は、それらによって、この賛美をしたと思われる。

　「子曰わく、禹は吾れ間然すること無し」、禹に対して、私は非のうちどころがない。「間」とはすきを見つけて非難する意味。なぜ非難の余地がないかといえば、「飲食を菲(うす)くして、孝を鬼神に致し」、飲食とは日常の食べもの、飲みものであり、菲(ひ)は、古注に引く馬融が、同子音の字に置き換えて「薄(はく)也」と訓ずる。要するに、日常の食生活はきりつめつつ、しかも神神のまつりのお供えは、立派にした。「孝を致す」の「孝」は、ここでは広義の意味であり、目上のものに対する誠意ある奉仕を意味する。また「致」の字は、単にささげる意味ではなく、「至」の字と近い意味、つまり次の「力を溝洫に尽くす」の「尽」の字と近い意味であり、「つくす」と読んでもよい。「鬼神」の「鬼」とは、先祖のたましいその他、人間のなったかみ。それに対し、「神」は、天のかみその他、人間以外のかみである。

次に衣の生活についても、「衣服を悪しくして、美を黻冕に致す」。日常の衣服はきりつめつつ、お祭りのときの大礼服は、しごくの立派さであった。黻の字は両説あり、祭服の模様というのが第一説、蔽膝、前だれ、とするのが第二説であるが、第二説の方がよい。また冕とは、大礼服用のかんむりであって、布で包んだ長方形の板が上にくっつく。俗にいう「平天冠」である。

また、住の生活についても、「宮室」とは、必ずしも宮殿を意味しない。ひろく居宅の意味である。また「宮室を卑しくして」の「卑」は、具体的物理的な「卑」であって、その高さがひくいことである。かく居宅は粗末にしつつ、溝洫、すなわち農業のための水路に、力をつくした。溝も洫も、水路の名称であり、古注によれば、一里四方九百畝の農地が一井と呼ばれ、九軒の農家のための耕地として、政府が配分したものであるが、碁盤縞のようにならんだ多くの井の間ごとに、幅四尺、深さ四尺の水路がある。それが「溝」である。さらにまた、百の井があつまった十里四方の土地は「成」と呼ばれるが、成と成の間にある幅八尺、深さ八尺の水路が、洫である。度量衡にくわしい徂徠の換算によれば、井は、いまの百七十二丈八尺四方、もう一ついいかえれば四町四十八間四方であり、その間にある四尺の溝は、いまの二尺八寸八分の幅。方十里の成の面積は、一里十二町四方であり、その間を流れる洫は、五尺七寸六分の幅である。

最後に、孔子はもう一度同じ言葉をかさねて、賛美をおわり、強める。「禹は吾れ間然すること無し」。「間然すること無し」の訓は、新注による。古注は間の字を、まじわる、参与する、と訓じ、立派な禹の政治に、孔子が同時代人として参与できないのをうらむ言葉とする。また清の王引之の「経伝釈詞」に、ここの然の字は焉とおなじとする。

子罕第九

子罕言利與命與仁、

子、罕に利と命と仁とを言う。

孔子のめったにしかいわないものが、三つあった。一つは利益。二つには運命。三つには最高の道徳である仁。この三つのものについて語ることは、まれであった。そう読むのが、古注の説であり、また新注の説である。なぜこの三つをまれにしか語らなかったかといえば、三つともあまりにも重大な問題であるから、軽率には口にしなかったのだと、やはり古注と新注の説が一致する。

ただ以上のように読むと、それと矛盾する事実が、すぐ気づかれる。「利」とは「義」と対立する概念であって、「義」すなわち道理よりも、利益効果を重んずる態度であるが、そうした態度についての言及が、「論語」の中にほとんどないというのはよいとして、「命」、すなわち天が人間にあたえる運命もしくは使命についての言及は、ときどきあり、「命を知らざれば、以って君子と為る無きなり」という重要な言及が、「論語」の最後の一章としてあるということさえある（下冊四三六頁）。しかしそれはなお、まれな言及であるといえるであろうが、最後の「仁」に至っては、「罕に言う」どころか、「論語」のなかで、もっともしばしば「言」われている話題である。

しかしながら、それに深くこだわるのは、表面的な矛盾にこだわるものであって、孔子の言行には、この条の記者が感じたように、三者についての言及が、まれであると感ぜられる面があったのであろうと、私はそう考えている。

徂徠は、上に述べた矛盾を調和するために、別の読み方を主張する。八字を途中で切り、子罕レ言レ利、与レ命与レ仁と読む。つまり利益のことはまれにしかいわなかったが、それをいうときには、きっと運命あるいは人道と、関係させていった、とするのである。たいへんおもしろい読み方であり、また徂徠が「論語」にあたえたいくつかの新解釈のうち、大変有名な一条であるが、必ずそう読まねばならぬわけのものでもなかろう。なお、余談ながら、徂徠の説は、全然の新説かと思っていたが、それに先だつ説が、少なくとも日本には、あったらしい。清原家系統の点が、この条を、「子罕に利を言くときは、命ゆるし、仁ゆるす」（北野本）と読むことである。ただ、どうしてそういう訓が生まれたか、その経過は、あきらかでない。清原氏が拠った古注ないしは「義疏」の中には、こうした訓を生むべき要素が、ないように思われる。

なお新出の鄭玄注の説を附記すれば、「孔子希に利を言うは、其の行いを傷つくる為め也」。また「希に命と仁とを言うは、民は知らしむ可からざる為め也」と、泰伯篇のれいの条を（三二四頁）、この条の理由とする。彼の条の解釈のうち、鄭玄のものはもっとも峻厳であったが、その峻厳な解釈を、そのままここにも使ったのである。

達巷黨人曰、大哉孔子、博學而無所成名、子聞之、謂門弟子曰、吾何執、執御乎、執射乎、吾執御矣、

達巷の党人曰わく、大いなるかな孔子。博く学びて而も名を成す所無しと。子之れを聞き、門弟子に謂いて曰わく、吾れ何をか執らん。御を執らん乎。射を執らん乎。吾れは御を執らん。

この条は、数条あとの「大宰、子貢に問うて曰わく」、また「吾れ試いられず、故に芸なり」とともに、孔子の謙遜を示す条である。ただしその謙遜は、自己の行為に、充分な自信をもつ人の謙遜であるゆえに、ほほえましく気もちよくひびく。

達巷とは、地名であるが、所在はあきらかでない。党とは、古注によれば、五百軒の部落である。達巷というむらの人が、孔子をほめて、いった。「大いなる哉孔子」、

孔子は、なんとも偉大である。ひろく種種の学問をしながら、なんの専門家であるという局限された名声は、おもちにならない。すべてのことに通じ、かつすべてを包容した偉人であられる。「博く学びて而も名を成す所無し」。

孔子はこの批評を聞くと、内弟子たちに、いった。じゃ私は、何を専門として主張したらいいのかね。馬車の馭者であること、それが一番の専門だといおうか。あるいは弓を射ることだといおうか。まあ、馬車の馭者であることが、専門だとしよう。

弓を射ること、馬車を馭することとは、当時の紳士の必須の教養であった。孔子よりのちの文献であろうが、「周礼」の「保氏」の条には、礼、楽、射、御すなわち馭、それと書、数、の六つを、六芸といい、国立大学の学生に教える六つの教養とする。

なお、達巷の党人は、姓は項、名は橐という説が、晋の皇甫謐の「高士伝」などに見える。項橐は項託とも書き、七歳にして孔子の師と為ったと、「淮南子」の「修務訓」などに見える人物であるが、話柄としての価値しかもたぬであろう。またさらに別の説として徂徠は、達巷が姓、党人が名とするが、やはり通説とはなりにくい。

党人の孔子に対するほめ言葉が、まえの泰伯篇（三三五頁）の、孔子の堯に対するほめ言葉、「大いなる哉、堯の君たるや、蕩蕩乎として、民能く名づくること無し焉」と似ていること、これは注意にあたいする。

門弟子という言葉は、まえの泰伯篇の「曽子疾まい有り」の条（三二二頁）と、ここだけに見える。いまかりに内弟子と解する。

子曰、麻冕禮也、今也純、儉、吾從衆、拜下禮也、今拜乎上、泰也、雖違衆、吾從下、

子曰わく、麻冕は礼なり。今や純。倹なり。吾れは衆に従わん。下に拝するは礼なり。今は上に拝す。泰なり。衆に違うと雖も、吾れは下に従わん。

麻冕とは、麻でつくったかんむりの一種である。冕がかんむりの一種であることは、すでにまえの泰伯篇で説いたごとくであって（三四五頁）、上に長方形の板がのっかっているが、長方形の板の表裏に貼るきれは、がんらいは麻であった。且つその麻には規格があり、二尺二寸のはばの中に、二千四百本のいとのある、目のこんだ麻をつかうのが、本来の規格であった。ところがいつしかそれが変って、現在では、純をつかっている。純とは、古注によれば絲である。当時は、麻よりもきぬの方が、やすい材料であり、古いおきてには違うわけであるけれども、その方が倹約である。私も異を立てず、みんなのするとおり、きぬをつかおう。

しかし反対の場合もある。「下に拝す」とは、臣下が君主からもてなしを受ける場合、座敷から中庭におりて、中庭でおじぎをしつつ、お礼を言上することである。そ

れが本来のおきてであったが、いつの間にかそれが変って、現在は座敷の中にいたまま、おじぎをしている。これは「泰」、傲慢というものである。みんなのするやり方とちがってもかまわない。私はやはり座敷からおりて、中庭でおじぎをする方にしたがおう。

なお鄭玄は、純の字を緇の字の誤まりとし、その意味は、黒い繒であるとする。

子絶四、毋意、毋必、毋固、毋我、

子、四を絶つ。意毋く、必毋く、固毋く、我毋し。

孔子には、四つのものがなかった。第一に主観的な恣意。第二には無理押し。第三に固執。第四には自己のみへの執着。朱子が、四つのものは相関連しておこる、私意は無理押しを、無理押しは固執を、固執は利己主義を生む、といっているのは、おもしろい見方である。

新出の鄭注の本は、首句の毋意を、毋億に作るが、その注によれば、億はやはり臆測の意。

子畏於匡、曰、文王既沒、文不在茲乎、天之將喪斯文也、後死者

不得與於斯文也、天之未喪斯文也、匡人其如予何、

子、匡に畏す。曰わく、文王既に没す、文、茲に在らざらんや。天の将に斯の文を喪ぼさんとするや、後死の者、斯の文に与かることを得ざる也。天の未まだ斯の文を喪ぼさざるや、匡人其れ予れを如何。

孔子は、人間の文化は、永遠であり、不滅であり、したがってたとい一時的に文化が暴力におびやかされることはあっても、文化はついに暴力に勝つことを、確信していた。また、しかく永遠な文化の、その時代における担い手は、ほかならぬ自分であることを信じていた。この二つの確信を、この条は示すものである。

「子、匡に畏す」、匡は地名であるが、衛のくにの邑、鄭のくにの邑、宋のくにの邑、と諸説あって、充分に所在をつきとめにくい。新出の鄭注では、衛の下の邑であるとし、且つ事件は、のちの衛霊公篇第十五にいうように（下冊二四一頁）、霊公に失望した孔子が、衛を去って陳におもむく途中でおこったとする。また劉宝楠の「論語正義」では、鄭の領内の町というのを結論とし、いまの河南省扶溝県附近であるとする。「畏す」とは、おそろしい目にあったことであって、その原因は、次のごとくであったと、古注に引く包咸は説く。すなわち、かつて陽虎という魯の大将が、侵略軍をひきいて、匡の土地にはいり、乱暴をはたらいた。ところが孔子の容貌が、偶然にも陽

虎と似ていた上に、さきに陽虎の侵略に従軍した顔刻（がんこく）という弟子が、このときの孔子の馬車の馭者として、匡の地に着いた。そのため土地の人びとは、またもや陽虎がやって来たと誤認し、兵器をもって孔子をとりかこんだ、というのである。つまりとんでもない誤解のためであったけれども、孔子は生命の危険にさらされたわけである。そのときに吐かれたのが、この言葉である。なお陽虎は、のちの陽貨第十七の篇名ともなった陽貨と、同一人である（下冊三二三頁）。

「文王既に没す、文茲（ここ）に在らざらんや」。文王とは、周王朝の創始者文王姫昌（きしょう）であって、文王と謚（おくりな）されるごとく、文明の創始者であった。その人はすでになくなっている。だとすると、「茲（ここ）」というのは、すなわち孔子自身を指すが、文明の伝統は、私自身の上にこそ存在するはずではないか。文王の生前ならばともかく、文王死後の文明のにない手、それは私よりほかにあるはずはないではないか。「文王既没、文不レ在レ茲乎」、私はこの二句を、そういう風に読んでいる。旧訓は、「文王既に没すれども、文茲に在らずや」であり、これは古注の「文王已（すで）に死すと雖も」にもとづくものであるが、それでは弱い。文王は既に没したから、文明の伝統は微弱になっていようけれども、というのでは弱い。文王がすでになくなった以上、次の文明の保持者は、ほかならぬこのおのれである、というのでなければならぬと、私は信ずる。

　さてかく、文明は自己を媒体として、保持され、継承されている、という自信の上に立って、より論理的な、より強い言葉が、吐かれる。いわく、「天の将に斯の文を喪ぼさんとするや」、もし、文明の滅亡を、万物の主宰者である天が希望していると、かりにしよう。そうしたことはそもそもあり得ないが、もしそうだと仮定するならば、「後に死する者」、すなわち文王より後の時代の人間であるもの、すなわち孔子が、「斯の文に与かることを得ざるなり」、文明の伝統に参与できないはずで、そもそもある。しかるに自分は、げんに文明の伝統に参与している。だとすると、天は、文明の滅亡を欲しないこと明らかであり、前の仮定は、ただの仮定であること、明らかである。しかしやはり事柄を別の仮定の形でいおう、「天の未まだ斯の文を喪ぼさざるや」、文明の滅亡を天が欲しないならば、とあえて仮定の形でいおう。きまりきったことを仮定の形でいうとして、もしそうであるならば、文明の継承者であるこの私を、匡の人間が、天の意思にそむいて、どうしようと思ったって、どうしようもない。

この条については、拙著「中国の知恵」第三章をも参照されたい（全集五巻）。

またこの条は、まえの述而篇（二八八頁）の、「天徳を予れに生せり、桓魋其れ予れを如何」とあわせて考えるべきであって、「史記」の「孔子世家」は、この条の方を、五十六歳で故国の魯を見すててのち、ほどなくのこと、述而篇の災難を、さらに数年ののちのこととする。またこの法難の際の顔淵の行動は、先進第十一に見える（下冊六六頁）。

大宰問於子貢曰、夫子聖者與、何其多能也、子貢曰、固天縦之将聖、又多能也、子聞之曰、大宰知我乎、吾少也賤、故多能鄙事、君子多乎哉、不多也、

大宰、子貢に問うて曰わく、夫子は聖者か。何んぞ其れ多能なるや。子貢曰わく、固より天之れを縦にして将に聖ならしめんとす。又た多能也。子、之れを聞きて曰わく、大宰は我れを知れる乎。吾れ少くして賤し。故に鄙事に多能なり。君子は多からんや。多からざる也。

この条は、次の条とともに、自信にみちた人の謙遜の言葉であること、まえの達巷党人の条と同じである。

大宰とは、官名であり、首相の地位である。当時は、呉の国と宋の国とに、この官名があり、どちらの国の大宰であったか、古注も新注も、分らぬとするが、劉宝楠の「正義」に引く清の方観旭は、呉王夫差の大宰として、呉越のあらそいの物語りに、忠臣蔵の斧九太夫のような役をつとめた大宰嚭であると、定める。「左伝」の哀公七年、また十二年、魯と呉の外交交渉の際、子貢は魯のスポークスマンとして、大宰嚭と、会話を交している。そのときのことであろうというのである。新出の鄭玄注は、

まさにこの方氏の説とおなじく、哀公の十二年、BC四八三、魯と呉が槖皐に会したとき、呉の大宰嚭が、子貢に質問したとする。時に孔子は六十九歳。また子貢は孔子よりも三十一若かったはずであるから、三十八の働きざかりである。

さて、会議のあとの閑談としてであったであろう。大宰嚭が、子貢にたずねた、「夫子は聖者なるか、何んぞ其れ多能なるや」。ここの「聖」の字の意味は、全智全能というのに近いであろう。「あなたの先生の孔子は、世でうわさする通り、全能の人なのでしょうね。じつにいろいろの才能を、もっていられる。びっくりするほどたくさんの才能をもっていられる」。このように読むのは、新注の読み方であって、「多能」を「聖」の内容としたのである。古注の読み方はちがい、あなたの先生は本当に聖者なのかしら。それにしては、こまごました才能が多すぎる、といやみをまじえていったとするのが、古注に引く孔安国の説であり、新出の鄭注は、一そうはっきりと、「多能なる者は必ず聖ならじ」という。しかしここは、徂徠もいうように、新注のように読むのが、よいであろう。

子貢は、答えた。「そうです、天はその意志として、先生の人格を、充分のばせるだけのばして、聖人の地位に近づけようとしているのです。その上にまた、さまざまの才能をもっていられること、あなたのお説のとおりです」。以上もまた「天之れを縦にして将に聖ならしめんとす」という新注による。古注は、「将」を「大」と訓じ、「将聖」は「大聖」だとして、「天の縦せる将聖なり」などと読むが、いまそれに従わない。

後日、孔子はそのことを聞くと、いった。「大宰は、私のことを、よく知っていてくれる。私は若いころ貧乏であった。そのために、いろんなつまらないことに才能をもっている。しかし、そうした煩瑣な才能というものは、称揚すべきものではない。紳士は、煩瑣であっていいものであろうか。いやいや煩瑣ではなかるべきである」。じぶんが聖者であるかないかについては全く触れずに、多能ということだけを取り上げて、それを事実としては肯定しつつ、価値としては否定したところに、孔子の言葉のおもしろさがある。また、「君子は多からん哉、多からざる也」といういい方に、孔子の言葉の、文章としての、絶妙のおもしろさがある。

牢曰、子云、吾不試、故藝

牢曰わく、子云う、吾れ試いられず、故に芸なり。

牢とは人名であり、鄭玄、それは古注にも引くものであるが、それにはただ、「弟子子牢」とだけいう。朱子の新注には、「牢は孔子の弟子、姓は琴、字は子開、一の字は子張」。顓孫師、字は子張とは、むろん別人である。

さてこの子牢が、いつか先生のいった言葉として、人にかたった。「吾れ試いられず」、私は自分の才能を、充分に試し得べき地位を与えられなかった。つまり世の中の役に立つ重い地位につくことができなかった。「故に芸なり」、だから、かくもいろいろの技術を、知っている。

この条、新注は、まえの条とあわせて一条とするが、いま古注系統の本により、別条とする。

子曰、吾有知乎哉、無知也、有鄙夫問於我、空空如也、我叩其兩端而竭焉、

子曰わく、吾れ知ること有らんや。知ること無き也。鄙夫有りて我れに問う。空空如たり。我れ其の両端を叩いて竭くす。

はじめの、「吾れ知ること有らんや、知ること無きなり」についての、古注と新注の解釈は、同じでない。私はインテリぶることがあろうか。そうしてインテリの特権として、知識を自分だけの専有とし、人から問われた場合に、知識の出しおしみをするということがあろうか。そうした態度はない。そう読むのが古注であり、もってまわった解釈のようであるけれども、その方が、あと半分と、よくつづくように、思わ

れる。新注は、私は知識をもっている者と、いえるであろうか、そうではない、無知な人間なのだと、あっさりした謙遜の言葉と解する。劉宝楠の「正義」が、当時孔子は、大へんな知者だという評判があったので、それに対する謙遜の言葉と説くのも、新注を述べた説であるが、いまは徂徠とともに、古注に従おう。

　私はインテリぶって知識の出しおしみをすることがない。鄙夫というのは、身分のいやしい、したがって知識の乏しいおとこを意味するが、そうした鄙夫が私にものを問いかけたとき、その質問は、「空空如」である。空空の二字は、劉宝楠に従って、悾悾と同じであり、誠愨、馬鹿正直の意味に解したい。その質問は、素朴な、質問の態を成さないものであっても、私はかれの質問しようとする内容を察知し、その内容の両極端となるところを導き出して、充分に答えてやる。

　もっとも、新注によるならば、私は実際は知者ではないが、知者のように思われるのは、誰の質問に対しても、かく丁寧に答えるところから生まれた評判に過ぎない。そうした謙遜の言葉とする。

子曰、鳳鳥不至、河不出圖、吾已矣夫、

子曰わく、鳳鳥、至らず。河、図を出ださず。吾れ已んぬるかな。

鳳鳥すなわち鳳凰は、鳥類の王として空想された美麗な羽根をもつ大鳥である。それは聖天子がこの世に出て、理想的な政治を布くときに、やって来る、と伝説される。また、そうした聖天子が出現すると、黄河の中から、すぐれた法則を、図形によって示した文書が、浮かび出るという伝説がある。後者はいわゆる「河図」であって、「易」の「繋辞伝」にも、「河は図を出だし、洛は書を出だし、聖人之れに則る」と見える。

しかし、奇瑞の鳥である鳳凰も、いっこう飛んで来ない。天の啓示としての河図も、黄河から出て来ない。「吾れ已んぬるかな」、私は絶望のほかはない。それがこの条の意味であるが、絶望の言葉の意味するものとしては、古くから二つの解釈がある。

一つの解釈は、孔子は自分自身、その道徳によって帝王の地位を得、理想の世界を実現することを期待していたが、この期待の実現を証明すべき、天の啓示は、何もあらわれない。そうした嘆息であるとする。孔子が自分自身、帝王の地位を期待していたというのは、おどろくべき説のようであるが、漢の時代には有力な説であった。前漢第一の儒者である董仲舒が、漢の武帝が親しく行った試験に答えた答案、すなわちいわゆる「対策」には、「論語」のこの条が、そうした意味で引かれている。

いま一つの説は、鳳凰と河図の奇瑞に恵まれるべき聖王が、孔子の時代に、いないのをなげいた、とするのである。まえの説とこの説と、二つの説が、後漢の時代にすでにあったことは、後漢の特異な思想家、王充の著、「論衡」の、「問孔」篇、孔子への質問、という篇に、両説をあわせ記すことによって、知られる。

いずれの説が正しいかを判定することは、容易でない。どちらの説をも生むべき心情を、孔子はもっていたと、私は考える。何にしても、詩としては、大へん美しい一条である。司馬遷は、この条にもとづくのであろう、「河、図を出ださず、洛、書を出ださず、吾れ已んぬるかな」という言葉を、「孔子世家」のもっとも最後に近い部分に、掲げている。

子見齊衰者、冕衣裳者、與瞽者、見之雖少必作、過之必趨、

子、斉衰の者と、冕衣裳の者と、瞽者とを見れば、之れを見て少しと雖も必ず作つ。之れを過ぐれば必ず趨る。

斉衰とは喪服の一種であり、斉衰者とは、近親の喪に服して喪服を着ている人である。また冕とは、すでに説いたように、第一公式の冠であり、冕衣裳者とは、大礼服を着ている人である。それとめくら。この三種の人を、孔子が見かけたときには、たとえ年下の者であっても、きっと立ち上って、斉衰者に対しては同情を、冕衣裳者に対しては敬意を、瞽者に対しては哀憐の情を表した。またそのそばを通り過ぎるにあ

たっては、趨という足の運び方、それはここの鄭玄の注に「今時の吏歩」といい、「礼記」の鄭玄の注に、「歩みて足を張る」というように、敬虔な、おごそかな、歩き方であるが、その歩き方をして、敬意を表した。なお、皇侃の「義疏」に引く晋の范甯の説に、「趨とは之れに就くなり」、この三種の人のそばを通りすぎる場合には、必ずそのそばに立ち寄って、会釈をした、というのも、おもしろい説である。

顔淵喟然歎曰、仰之彌高、鑽之彌堅、瞻之在前、忽焉在後、夫子循循然善誘人、博我以文、約我以禮、欲罷不能、既竭吾才、如有所立卓爾、雖欲從之、末由也已、

顔淵、喟然として嘆じて曰わく、之れを仰げば弥よ高く、之れを鑽れば弥よ堅し。之れを瞻るに前に在り、忽焉として後に在り。夫子は循循然として善く人を誘う。我れを博むるに文を以ってし、我れを約するに礼を以ってす。罷まんと欲すれども能わず。既に吾が才を竭くすに、立つる所有りて卓爾たるが如し。之れに従わんと欲すと雖も、由る末きのみ。

この条は、最愛の弟子顔淵、すなわち顔回が、先生をたたえた言葉である。
顔淵が、はあっとため息をついていうには、先生の人格は、仰げば仰ぐほどいよいよ

よ高く、先生の人格のなかにつき入ろうとして、きり込めばきり込むほど、いよいよ堅い。ふと見れば、まえにいられるかと思えば、ふいにまたうしろにいられる。つまり先生の人格と、その人格にもとづく行動とは、自由自在である。夫子すなわち先生は、循循然と、秩序だった方法で、善に人間を誘って前の方へすすませる。文化ということで私の視野をひろめて下さり、また礼という法則で私を人間教養の中心へひきよせて下さる。そうした先生の教育に、私はついて行かざるを得ないのであり、途中で止めようと思っても、できないようになさる。前の雍也第六にいわゆる「君子は博く文に学び、之れを約するに礼を以ってす」である（二四〇頁）。私は才能のあるだけを出しつくしたつもりでいるのだが、先生はさらに新しいものを、卓爾、たかだかと、樹立されて、はるかかなたから、私をまねかれるように見える。ついて行こうと思っても、なかなかよるべき方法がない。新出の鄭注に、「天に登らんとするも階無きが猶し」。

「喟然」の喟は、古注に「嘆ずる声」。「弥」はいよいよ、ますますと訓ずる。「鑽」は、玉や石に穴をあけること。「瞻」は「視也」と「爾雅」にいい、「忽焉」は忽然、突然というのにひとしい。焉の字は前の喟然の然の字とおなじく、それが形容詞副詞であることを示す。循循然の然も、そうであり、「循循は、次序ある貌」、また「誘は進むる也」と古注に見える。「文」とは多様多面な諸種の文化的な事象であり、その中心となるものが「礼」である。「卓爾」の爾も、焉や然と同じく、その言葉が、形容詞もしくは副詞であることを示すが、卓爾とは、高くそびえることであって、「説文」に「卓は高也」と見える。「末」は「無」の古語、「由」はよるべ、みち、よすが。

子疾病、子路使門人爲臣、病間、曰、久矣哉、由之行詐也、無臣而爲有臣、吾誰欺、欺天乎、且予與其死於臣之手也、無寧死於二三子之手乎、且予縦不得大葬、予死於道路乎、

子の疾まい病なり。子路、門人をして臣と為らしむ。病まい間えたり。曰わく、久しいかな、由の詐を行うや。臣無くして臣有りと為す。吾れ誰をか欺かん。天を欺かん乎。且つ予れ其の臣の手に死せん与りは、無寧二三子の手に死せん乎。且つ予れ縦い大葬を得ざるも、予れ道路に死なん乎。

これはまえの述而第七（三〇三頁）、「子の疾まい病なり、子路禱らんことを請う」と同じく、いつか孔子大病のとき、子路との間におこった挿話である。「子の疾まい病なり」は、述而篇と同じく、孔子の病気が危篤になったこと。そのとき、例の気がはやくて大げさなことの好きな子路が、門人たちに、臨終から葬式にかけての、世話役をつとめさせようとした。「門人をして臣と為らしむ」とは、大体は

そういう意味であるが、それだけでは充分でない。「臣」とは諸侯およびその家老である大夫（たいふ）の「家臣」、それを意味する。諸侯、大夫の身分にある者は、家臣をもち、臨終から葬儀にかけて、それらの家臣が種種の役をつとめる。孔子も、かつては魯の大夫、すなわち家老であったが、いまはもはやそうでない。しかるに子路は、先生の死を鄭重にあつかうために、いまや家老でない先生に、家老同様のことをしてあげようとし、門人たちに家老の家臣同様の役割を割りつけたのである。

ところが「病まい間（い）えたり」、孔子の病気が小康を得て、意識をとりもどしたことである。古注に引いた孔安国に、「少しく差（い）ゆるを間と曰う」。意識をとり戻した孔子は、ことがらを知ると、それをとがめていった。「久しいかな由（ゆう）の詐を行うや」、由（ゆう）とは、子路の名である。由よ、お前はよくもそうしたでたらめを、平気でながくやっていられたものだ。「久しいかな」は、古注によれば、子路はずっと前から、そうした傾向をもっている。今度もまたやったな、という気持だとするが、孔子が意識不明であった時間、つまり子路がごまかしをやっている時間を、「久しいかな」といったと、読めぬことはない。

何（なに）が、詐（さ）、でたらめ、かといえば、私は臣の無い身分なのに、臣のある恰好をさせた。一たいそうしたことをしでかして、誰を欺そうというのだ。人間をだますのはまだよいとして、天までもだまそうというのか。人間はだませても、天はだませぬぞ。

ここの読み方も、皇侃の「義疏」、邢昺の疏、朱子の注、仁斎の「古義」、みな私とちがっており、世間のひとは、みな、私に臣のある筈がないことを知っている、だとすると、人間はだますことはできないから、天をだますつもりだったのか、と説くが、私は私のように読めると思う。

孔子の非難の言葉は、いっそう激しい語気で、さらにつづいた。「且つ」、そればかりではない。私は、そうしたにせの臣の手にいだかれて死ぬよりは、むしろ二三子、すなわち私の愛する諸君の手に、いだかれて死にたいのだ。「儀礼」の「既夕」という篇には、臨終の礼を記して、「御る者四人、皆坐して体を持す」、すなわち両手と両足をもち、「纊を属す」、綿を口と鼻の上において、「以って気の絶ゆるを俟つ、男子は婦人の手に絶えず、婦人は、男子の手に絶えず」と見える。

孔子の言葉はなおつづいた。「且つ」そればかりでなく、ともう一度「且」の字をかさねた上、私はたとい「大葬」、ものものしい葬式をして貰えなくとも、「予れ道路に死なんや」、私が道ばたでのたれ死にをする筈もないではないか。ばかな。且予縦不レ得二大葬一、予死二於道路一乎と、予の字が二つ重なっているところに、孔子の語気がよくうつされている。

与其……無寧……は、二つの事柄を比較し、後者の方を好むという語法であって、「無寧」は二字で「むしろ」と訓ずる。つまり「寧」の一字であるのと同じであって、

「無」は無意味の発声の語助である。ここのように「無寧」とあるよりも、「寧」だけである方が、むしろ普通であって、まえの八佾第三の、礼与其奢也寧倹、喪与其易也寧戚（九三頁）、述而第七の与其不孫也寧固（三〇五頁）、みなその例である。

子貢曰、有美玉於斯、韞匵而藏諸、求善賈而沽諸、子曰、沽之哉、沽之哉、我待賈者也、

子貢曰わく、斯に美玉有り。匵に韞めて諸れを蔵せんか。善き賈を求めて諸れを沽らんか。子曰わく、之れを沽らん哉、之れを沽らん哉。我れは賈を待つ者なり。

子貢がたずねた。ここに美しい宝石があるとします。それを箱の中に入れてしまい込んでおいたものでしょうか。よい値だんの買い手をさがして売ったものでしょうか。むろん比喩である。もし先生の才能を充分に認めて招聘するものがあれば、その招聘に応ぜられますか。

孔子はいった。売るよ、売るよ。私はよい値段を待っているのだ。

賈の字は人べんの価と同じく、「あたい」の意味とするのが、普通の説であるが、清儒や徂徠は、賈人、すなわち仲買人の意味とする。その方がよりすぐれると思うが、しばらく俗に従う。「経典釈文」には、「音嫁、一音は古」。

また沽之哉、沽之哉、を「之れを沽らん哉、之れを沽らん哉」と、あっさり売ることとするのは、新注の説であって、古注に引く包咸は、「之れを沽らん哉、之れを沽らん哉」、ものほしそうに売りかけはしない、よい値段もしくはよく目の見える仲買人があるまでは、というふうに読む。新出の鄭注も、包咸とおなじ。

　子欲居九夷、或曰、陋如之何、子曰、君子居之、何陋之有、

　子、九夷に居らんと欲す。或るひと曰わく、陋しきこと之れを如何。子曰わく、君子之れに居らば、何んの陋しきことか之れ有らん。

古注に馬融を引いて、「九夷とは東方の夷に九種有るなり」といい、新出の鄭注もおなじ。皇侃の「義疏」には、その九種を列挙して、一に玄菟、二に楽浪、そして八に倭人すなわち日本人という。何にしても九夷とは、東方の未開地域である。孔子がいっそのことそこへ行きたいという意向をもらしたのは、まえの公冶長第五の、「道行われず、桴に乗りて、海に浮かばん」と同じ思念であって（一六一頁）、鄭玄の注には、世の中にいや気がさして、こういったとする。

　するとある弟子が、それを聞いて、いった。「陋如レ之何」。「陋」とは、物理的な条件からも、心理的な条件からも、むさくるしいことである。そこへいらっしゃるのは

よいとして、そのむさくるしさにどう対処されますか。

孔子はこたえた。君子がそこに住めば、むさくるしさは消えてなくなる。何のむさくるしさがあるものか。

この条は、むろん日本の儒者たちの注意をかきたてた。仁斎の「古義」は、孔子はほかならぬ日本に来たがったのであるとし、吾が太祖すなわち神武天皇の開国元年は、実に周の恵王の十七年に丁る、「今に到るまで君臣相い伝えて、綿綿として絶えず、之れを尊ぶこと天の如く、之れを敬うこと神の如し。実に中国の及ばざる所、夫子の華を去りて夷に居らんと欲するは、亦た由有る也」云云というが、徂徠はそれに反撥して、「若し夫の吾が邦の美は、此れを外にして自のずから在る有り。何んぞ必ずしも論語に傅会して、妄りに稽りどころ無き言を作さんや」。

子曰、吾自衞反魯、然後樂正、雅頌各得其所、

子曰わく、吾れ衛より魯に反りて、然る後に楽正しく、雅頌各おの其の所を得たり。

「衛より魯に反る」とは、十三年にわたる失意の遊歴の最後の場所であった衛のくにから、故国の魯に、かえりついたことであって、古注に引く鄭玄の説のように、魯の

哀公十一年BC四八四の冬のことである。新出の鄭注が十二年とするのは、誤まりであろう。ときに孔子六十八歳、「史記」の「孔子世家」によれば、以後七十三歳の死にいたるまで、孔子はずっと故国にいて、もろもろの古典文学の整理に従事したが、整理された古典文学のうち、音楽はその重要な部分であった。ゆえに、「然る後に楽正し」という。またいま一つの重要な事業は、古典の他の一つである「詩」、すなわち「詩経」の整理であった。そうして「詩経」のうち、「雅」という部分、「頌」という部分が、それぞれ正しい分類に帰着するよう整理されたというのである。

周知のように、いまの「詩経」は、三つの部分に分れる。すなわち諸国の民謡である「風（ふう）」百六十篇が、第一の部分、西周の王室のうたである「雅（が）」百五篇が、第二の部分、周の王室その他の神楽うたである「頌（しょう）」四十篇が、第三の部分であるが、ここには「風」はあらわれず、「雅」と「頌」のみがあらわれる。「各おの其の所を得たり」の「所」とは、しかるべき所、しかるべき位置、という意味であって、それまでは、分類に多少の混乱があったのを、整理して、妥当な分類におちつけた、というのが普通の説である。

「史記」の「孔子世家」は、この条を、そのまま引いたあとに、孔子以前には、三千余篇の詩があったが、孔子はそれを選択して、現在われわれの見るのと同じく、三百五篇の形にしたという。「史記」のこの説によれば、孔子は選択と整理を同時に行ったことになるが、「史記」の説には、反対説もある。すなわち孔子以前から、詩はすでに大体三百篇であったとするのであって、その派の説によれば、「雅頌各おの其の所を得たり」とは、純粋に分類のみだれを正したことになる。また新出の鄭玄の注が、「雅と頌の声、各おの其の節に応じ、相いに倫を奪わず」というのは、詩篇の分類よりも、その音楽としての秩序のみだれを正したというのであって、そうした説は、鄭玄以外にもある。

子曰、出則事公卿、入則事父兄、喪事不敢不勉、不爲酒困、何有於我哉、

子曰わく、出でては則ち公卿に事え、入りては則ち父兄に事う。喪事は敢えて勉めずんばあらず。酒の困れを為さず。何んぞ我れに有らん哉。

外へ出ては、国の高官である「公」とか「卿」とかいう身分の人に奉仕し、家へかえっては、父と兄に奉仕し、葬式に参与すべきときには、懸命に誠意をかたむける。酒をのんでも乱れない。この四つのことは、私にとって何でもなくできる。とくべつに困難なことではない。

最後の「何有於我哉」は、まえの述而篇（二五三頁）と同じく、このように読むの

が、おだやかであろう。新注によれば、これら四つの平凡なよき行為さえも、私にはめぐまれていない、と、謙遜の言葉に読み、仁斎の「古義」は、この四つの行為だけは、私にあるけれども、その外には何のとりえもないと読み、徂徠は、この四つのことを、みな私は自然にできる、努力を要せずに自然にできる、私はつねに礼を生活の基本方針としているから、と、それぞれに、まえの述而篇と、一致させて読んでいる。また、ここの皇侃の疏は、二説をあげ、その一つとして、これらのことが私にだけできるような恰好になっているのはおかしい、というのは、述而の鄭玄の注と合致するが、さらに一つの説として、我れ何んぞ能くこれらの事を行わんや、というのは、のちの新注の説を、先だってひらくものである。文法家の、よりくわしい議論を期待する。

　子在川上曰、逝者如斯夫、不舍晝夜、
　子、川の上に在りて曰わく、逝く者は斯くの如き夫、昼夜を舍てず。

いわゆる孔子の「川上の嘆」として、たいへん有名な一章である。川上の上とは、「うえ」ではなくして、「ほとり」であり、つまり孔子が、流れゆく川の水をまえにして吐いた言葉であるが、全く相反した二つの解釈がある。

過ぎ去る者は、すべてこの川の水の如くであろうか。昼も夜も、一刻の止むときなく、過ぎ去る。人間の生命も、歴史も、この川の水のように、過ぎ去り、うつろってゆく。

以上のように、悲観の言葉として解するのが、一つの説である。古注に引く包咸が、「逝は往也、凡そ往く者は、川の流れの如し」というのは、すでにそのようにひびく。更にまた新出の鄭玄の注に、「逝は往也。人の年の往くこと水の流れの逝くが如きを言う。道有りて用い見れざるを傷む也」、というのは、一そうはっきりと、その意味である。且つそれによれば、悲観は、孔子自身の不遇によって生まれている。ついで梁の皇侃の「義疏」の説、また皇侃が引用する晋の江熙の説、同じく晋の孫綽の説、みな同じ方向にあり、不断に流れゆく水のごとく、不断に推移する時間の上に、空しく老いゆくわが身を、孔子が嘆いたものとする。もし傍証として、六朝人の詩文で、この条に言及するものを引用するならば、やはりみなその意味にこの条を読んでの言及である。一例として、晋の司馬彪が、山濤に贈った詩として、「文選」にのせるものをあげれば、

冉冉として三つの光り馳せ
逝く者は一に何んぞ速かなる
中夜　寐ぬる能わず

剣を撫して起ちて躑躅す
彼の孔聖の嘆きに感じ
此の年命の促しきを哀しむ

またかく時間の推移の上にいるなげきを、孔子自身の上にのみ集中していうのは、行きすぎであると感ぜられたためであろう、同じく古注を祖述した宋の邢昺の疏では、「凡そ時の事の逝く者は、此の川の流れの如き夫、昼夜を以っての故に、舎み止まること有らざるなり」と、一般の歴史の推移に対する詠嘆の言葉とする。

何にしても、それらの説は、悲観の語としてこの条を見るのである。ところが一方それらとは全く反対に、人間の希望を語る言葉として、見る説がある。それは宋儒の新注であって、「逝く者は斯くの如き夫、昼夜を舎めず」とは、昼も夜も一刻も停止することのない宇宙の活動は、この川の水によってこそ、示される。それは無限の持続であり、無限の発展である。人間もまたそうした持続、発展のなかにいる。つまり、「学ぶ者の時時に省察して、毫髪も間り断ゆることなきを欲する」のだと、朱子はいい、程子もまた、これすなわち「易」の「君子は自ずから強めて息まず」であるとする。要するに詠嘆の言葉ではなく、人間の無限の進歩に対する希望の言葉と見るのであって、仁斎が、「君子の徳は、日びに新たにして息わざること、川流の混混として已まざるごときを言う」というのも、宋儒の説におなじい。

以上、二つの見方は、それぞれに、それらの説の生まれた時代の、精神を反映する。人間は甚だ多くの限定を受けた存在であり、限定の最も大きなものとしてまずあるのは、時間の推移の上に人間がいるということである。推移する時間は、あまりにもしばしば人間の幸福を失墜させ、けっきょく最大の不幸である死へとみちびく。人間はそうした存在であるとするのが、後漢から六朝へかけての人間観の主流であって、「論語」のこの条を、悲観として解するのは、そうした時代にふさわしいものである。

それに対し、宋の儒学は、後漢以来の悲観的な人間観を改革して、人間は、つねに進歩の方向にあるとするのに傾く。宋儒および仁斎の説は、そうした人間観の産物である。また宋儒のような説は、古い時代にもないことはない。孔子の最初の祖述者である孟子が、「源泉は混混として、昼夜を舎めず、科に盈ちて、而る後に進み、四海に放る、本有る者は是くの如し」というのは、「論語」のこの章を、不断の努力、不断の進歩、として読んだからである、と仁斎はいう。また劉宝楠の「正義」の指摘するごとく、漢の揚雄の「法言」の説も、宋儒に近い。

二つの説のちがいを、別の形でいえば、悲観の語と見る説は、「逝者」の二字を、「すぎゆく者」と読むのであり、希望の語と見る説は、「逝者」を、「すすむ者」と読むのである。逝の字の訓詁については、古注を祖述する徂徠も強調するように、おそらく前者の方が正しいであろう。しかし私は、二説は、一方が正しくして、一方が正しくないと、いうのではなく、のちに二つの説となって分裂したごとき思想、あるいは思想というよりもむしろ感情が、元来の孔子の言葉には、円満に含蓄されているのではないかと、考える。われわれは時間のなかに生きている。そのために、無限の希望をいだきながら、希望はつぎつぎに裏切られつつ、老いにおもむき、死におもむくという、限定を受けているにはちがいない。しかしまた、時間のなかにいればこそ、われわれは個人としても、社会としても、進歩をもつのである。拙著「中国の知恵」の最後の章を参照されれば幸いである（全集五巻）。

「逝者如斯夫」の「夫」は、感嘆の助字である。「不舎昼夜」の「舎」については、明確な訓詁がない。孫綽が、「川流不舎」といい、邢昺が「舎は止也」と述べているのからいえば、「舎まざること昼夜なり」と訓ずる方が、いいかも知れない。

子曰、吾未見好徳如好色者也、
子曰わく、吾れ未まだ徳を好むこと、色を好むが如くする者を見ざる也。

「色を好む」とは、美人を愛することである。美人を愛するほどの熱烈さで、道徳を愛する人間に、私はまだ出あったことがない。それが普通の解釈であるが、「徳」の字は、道徳という抽象名詞ではなく、有徳の人、道徳者の意味であると、徂徠や劉宝楠は、主張している。

何にしても、相当思い切った言葉である。のちの衛霊公篇十五にも、全く同じ言葉がある（下冊二五五頁）。また「史記」の「孔子世家」では、さきの雍也篇の、「子、南子に見ゆ」の条（二四一頁）と同じく、孔子五十七歳、衛の霊公の淫蕩な美しい夫人、南子に謁見した際のものとして、この言葉をのせる。「中国の知恵」第四章参照（全集五巻）。

子曰、譬如爲山、未成一簣、止吾止也、譬如平地、雖覆一簣、進吾往也、

子曰わく、譬えば山を為るが如し。未まだ一簣を成さざるも、止むは吾が止む也。譬えば地を平かにするが如し。一簣を覆うと雖も、進むは吾が往く也。

行動は、あくまでも自己の努力に出で、自己の責任に帰することを、説いた章である。たとえば築山をつくるようなものであって、ほとんど完成に近づき、もう一もっこ分だけで完成するというときに、そこで止めてしまうとする。それは外ならぬ私自身が止めるのであって、責任を他に転嫁することはできぬ。またたとえば地ならしをするようなものであって、その完成はまだ程とおく、はじめの一もっこの土を、地上

にあけただけであっても、その進歩は、誰のものでもなく、私自身の前進である。

以上のように、「其の止まるも、其の往くも、皆我れに在りて人に在らざるなり」と読むのは、新注の説である。古注は、もう一もっこというところで止めた者に対しては、吾れすなわち孔子も賛成せず、逆にまた一もっこでも前進したものに対しては、吾れすなわち孔子も、その前進をたすけたい。「止まば吾れも止めん、進まば吾れも往かん」と読むが、いま従わない。新出の鄭注は、より一そうその方向にあり、少しでもおこたりの見える君主のところへは、たとい招聘されても、吾れは止まって行かず、逆にすこしでも善のきざしのある君主のところへは、招聘がなくとも私は往く、とするが、一そうむりな説と思われる。

子曰、語之而不惰者、其回也與、
子曰わく、之れに語げて惰らざる者は、其れ回なる与。

最愛の弟子である顔回、すなわち顔淵を、ほめた言葉である。学問の話をしていると、ほかの弟子は、ときどきたいくつそうな顔をするが、ただ一人たいくつしないもの、それは顔回であろうか。

なぜ顔回は退屈しなかったか。その理由を、古注新注とも、顔回は理解力が早く、孔子の言葉のすべてを理解し得たので、退屈しなかったのだと、説く。しかしそれ以外に、学問に対する熱情が、もっともゆたかだったからと考えては、いけないか。

子謂顔淵曰、惜乎、吾見其進也、未見其止也、

子、顔淵を謂いて曰わく、惜しいかな。吾れ其の進むを見る也。未まだ其の止まるを見ざる也。

「子、顔淵を謂いて曰わく」、の「謂」の字は、批評の意味である。残念だ、かれ顔淵が、日に日にたゆみなく進歩するのを、私はこの目で見た。その進歩が一つの到達点に達し、そこで停止するのを、見ることはなかった。

若死にした顔淵を惜しんだ言葉であると、おおむねの注釈が解く。もし彼が生きていたならば、ある到達を示していたであろうか。いや、かれは、その無窮の前進を、示しつづけてくれたであろう。そうした慟哭が、この条のうらにあると見るのは、なるほど、もっともな解釈である。

子曰、苗而不秀者有矣夫、秀而不實者有矣夫、

子曰わく、苗にして秀でざる者有り。秀でて実らざる者有り。

せっかく苗として植えられながら、穂を出さずじまいのものも、なるほど、この世の中にはある。またせっかく穂を出しながら、実をつけずに、枯れ死ぬものも、なるほどある。古注に引く孔安国は、はっきりいわないが、新注その他のおおむねの注釈は、やはり顔淵の夭折をいたんでの言葉とする。ただし、新出の鄭注は、「苗にして秀でざる」方は、七歳で孔子の師となったと、三五〇頁で言及した項託、「秀でて実らざる」方が、顔回だという。

「有矣夫」の三字は、はげしい感動をあらわす言葉つきであって、「有るかな」と読んでも、よいであろう。

子曰、後生可畏、焉知來者之不如今也、四十五十而無聞焉、斯亦不足畏也已、

子曰わく、後生畏るべし。焉くんぞ来者の今に如かざるを知らんや。四十五十にして聞こゆること無くんば、斯れ亦た畏るるに足らざるのみ。

後生とは、後輩、青年の意であり、いまの中国語でも、その意味に、なお使われている。「後生畏るべし」、青年こそは畏敬すべきである。来者すなわち未来の人間が、

現在の人間に及ばず、現在の人間より劣ると、どうして分るか。
人間はつねに進歩の過程にある、と孔子が信じていたことを、よく示す言葉である。しかし孔子は同時に、無条件に楽観的でない。「後生畏るべし」という原則に、一つの注意が附加されている。四十五十になっても、なんの名声をももたない人間、そういうのは、一向畏敬に値しない。四十という年齢が、その人についての結論を示す時期であることは、陽貨第十七にも、「年四十にして悪まる、其れ終らんのみ」（下冊三五六頁）。

もっとも、この条の解釈として、甚だ慎重な態度に立つならば、以上は新注の解釈である。古注は、ただ単に、「後生とは年少を謂う」と注するだけで、あとは何もいわぬ。新出の鄭玄注は、充分に読みとれぬ部分をもつが、この条も顔回の死にちなんでの言葉とし、畏る可き後生とは、顔回を指すとする。しかし、彼のような優秀な「後生」が将来再び出現しないとは限らぬ、と、やはり希望の言葉として解するごとくである。

子曰、法語之言、能無從乎、改之爲貴、巽與之言、能無說乎、繹之爲貴、說而不繹、從而不改、吾末如之何也已矣、

子曰わく、法語の言は、能く従う無からん乎。之れを改むるを貴しと為す。巽与

　の言は、能く説ぶ無からん乎。之れを繹ぬるを貴しと為す。説んで繹ねず。従うて改めざれば、吾れ之れを如何ともする末きのみ。

「法語の言」とは、具体的にはよく分らないが、権威ある教訓の言葉のことにはちがいない。それらは権威ある言葉であるから、「能く従う無からんや」、だれだって服従する気持になる。しかしただ服従するだけでは何にもならないのであって、それによって自己を改革することが、大切なのである。「巽与の言」というのも、いま一つ明らかでなく、徂徠などは、「未詳」とつっぱなしているが、古注の馬融の説によれば、「恭遜謹敬の言」であり、おだやかな、きびしくない言葉である。それは「能く説ぶ無からんや」、説は悦と同じであり、だれでもそれを聞くと、うれしくならずにはおれない。しかしうれしがるだけではいけないのであって、それを玩味することが、大切である。うれしがるだけで玩味せず、服従する気になるだけで改革しない、というようなのは、「吾れ之れを如何ともする末きのみ」、処置なし、手のつけようがない。「末」は「無」と同子音であり、意味も「無」と同じである。

子曰、主忠信、毋友不如己者。過則勿憚改、

子曰わく、忠信を主とし、己れに如かざる者を友とすること毋かれ。過てば則ち

改むるに憚ること勿かれ。

学而第一に、全く同じ言葉があり（三七頁）、ただ、あちらでは、「君主重からざれば則ち威あらず、学べば則ち固ならず」の二句が、上にかぶさっている。

子曰、三軍可奪帥也、匹夫不可奪志也、
子曰わく、三軍も帥を奪う可き也。匹夫も 志 を奪う可からざる也。

これは人間の主体性についての議論である。三軍とは、述而第七の「子三軍を行わば、則ち誰と与にせん」のところで説いたように（二六一頁）、大きな侯国の軍備としてある三個師団三万七千五百人である。それはこの地上におけるもっとも強力なものの一つのように見える。しかし烏合の衆であることもあり、また烏合でなくとも、単一の主体でない。だからその中心になっている「帥」、すなわち総大将を、どっかへ連れていってしまうことも、できる。それに対し、一人の人間の中心になるもの、それは「志」であるが、人間が、一旦こうときめた志、それをかえさせ、かすめとることは、できない。「匹夫」とは一人の人間の意であるが、一夫一妻が匹になり、貴族のように多妻でない、低い階級の人間というのが、原義とされる。

仁斎の「古義」に、「此れは人の、志無かるべからざるを、言うなり」。

子曰、衣敝縕袍、與衣狐貉者立、而不恥者、其由也與、
子曰わく、敝れたる縕袍を衣、狐貉を衣る者と立ちて、而も恥じざる者は、其れ由なる与。

ときどき突飛な言動もするが、大へん「志」のある人物である子路を、ほめた一条である。

縕袍とは、綿入れ羽織である。古注に引く孔安国の説に、「縕」とは「枲の著なり」という。当時まだ木綿の綿はなかった。また「袍」とは、裾のながい上衣である。そまつな綿入れ羽織、それがさらに「敝」と形容されている。敝は弊と同じであり、やぶれてぼろぼろになっていること。また「衣二敝縕袍一」の衣の字は、衣るという動詞であり、yì の去声に読む。あとの衣二狐貉一もおなじ。

そうしたぼろぼろの着物を、かりに着ているとして、狐や貉の毛皮の外套、それは貴族の着る立派な外套であるが、そうした美服をまとった紳士のとなりに、立っているとするならば、大ていのものは、引け目を感じ、恥ずかしがるものだが、そのとき毅然として恥ずかしがらないものがありとするならば、それはきっとうちの子路だろ

う。「由」とは、たびたび出て来るように、子路の実名である。「中国の知恵」では第二章でこの条に触れる（全集五巻）。

不忮不求、何用不臧、子路終身誦之、子曰、是道也、何足以臧、

忮わず求めず、何を用ってか臧からざらん。子路終身之れを誦す。子曰わく、是の道や、何んぞ以って臧しとするに足らん。

この条では、子路がまたたしなめられている。まえの章とあわせて一章とするテキストもあるが、いま徂徠と劉宝楠の説に従って、別の章とする。

「忮わず求めず、何を用ってか臧からざらん」、これは「詩経」の「邶風」の「雄雉」の詩の、最後の二句であって、人に害を与えず、無理な要求をしなければ、どうして不善が発生しよう、という意味に読める。古注に馬融を引いて、「忮は害なり、臧は善なり」といい、「詩」の「毛伝」の説も同じいこと、吉川「詩経国風」（全集三巻一三三頁）を参照されたい。子路は、この「詩経」の二句を、大変適切な教訓と思い、終身の戒律として、いつも口ずさんでいた。

すると、孔子はたしなめて、いった。「是の道や、何んぞ以ってか臧しとするに足らん」、その方法だけでは駄目だ、善に近づくことはできない。「是れよりも美なる者、

尚お復た有り」と、古注には説く。「忮わず求めず」だけでは、消極的であり、さらに積極的な心がまえこそ、子路に望ましいとしたのである。何足以臧とは、何用不臧を、はぐらかせていったのである、一種の語戯 play of word のようにも、ひびく。

子曰、歳寒、然後知松柏之後彫也、
子曰わく、歳寒くして、然る後に松柏の彫むに後るることを知る也。

「松」は日本の「まつ」とほぼ同じく、「柏」は日本の「かしわ」ではないというが、いずれにしても、常緑樹の代表として、あげられている。ほかの植物は、「歳寒く」なれば、すなわち気候が寒い冬になれば、みな彫むのに、松柏だけはしぼまない。そのことは、歳寒き冬になってはじめて分る。そのように、人間も、本ものとにせものとは、危難、混乱の時節になって、はじめて弁別される。以上のように読むのが普通の説のようである。つまり、歳寒とは、一年のうちで寒い季節、後彫とは、ほかのものはみな彫落するとき、松柏だけは彫落のそとにあること、そういう風に読むのであるが、古注の説はやや異なり、歳寒とは、寒気のことにきびしい年、後彫とは、そうした年には松柏もしぼみはするが、しぼみかたが少ないこと、とする。

子曰、知者不惑、仁者不憂、勇者不懼、
子曰わく、知者は惑わず。仁者は憂えず。勇者は懼れず。

義おのずから明らかである、説明を加えない。ただ下論の憲問第十四にも、ほぼ同じ語が見え、そこでは孔子自謙の語である。「子曰わく、君子の道なるもの三つ、我れ能くすること無し。仁者は憂えず。知者は惑わず。勇者は懼れず。子貢曰わく、夫子自ずから道う也」(下冊二二〇頁)。

子曰、可與共學、未可與適道、可與適道、未可與立、可與立、未可與權、
子曰わく、与に共に学ぶ可し、未まだ与に道に適く可からず。与に道に適く可し、未まだ与に立つ可からず。与に立つ可し、未まだ与に権る可からず。

その人と一緒に勉強をすることはできる。しかし勉強の結果として、同じく道徳の方向におもむきうるとは限らない。かりに同じく道徳の方向におもむきうるとしても、その人とともに、何か仕事をして、一つのことを樹立しうるとは限らない。かりに何かを樹立しうるとしても、臨機応変の処置をとらねばならぬ非常の場合、そうした行

動をも、その人と合致させうるとは限らない。

言葉の表面は、以上のようによめるが、より具体的に、何を意識しているかは、よくわからぬ。重点は、最後の「未まだ与に権るべからず」にあるらしい。「権」とは、儒家の哲学における相当重要な概念であって、「経」すなわち常道、それには反するが、常道に反すればこそ、よい効果を得る場合の、非常の処置をいう。「春秋公羊伝」の桓公十一年の条に、「権とは何ぞや。経に反して、然る後に善有る者なり」。また新出の鄭玄注に、「権なる者は、経に反して、義に合す。尤も知り難き也」。

なお訓詁的な問題として、劉宝楠は、「淮南子」の「氾論訓」は、この言葉を、「可以共学矣、而未可以適道也」と引くのを注意し、与と以とは、古代では同じ言葉であったことを注意する。

唐棣之華、偏其反而、豈不爾思、室是遠而、子曰、未之思也、夫何遠之有、

唐棣の華、偏として其れ反せり。豈に爾を思わざらんや、室の是れ遠ければなり。子曰わく、未まだ之れを思わざる也。夫れ何んの遠きことか之れ有らん。

はじめの四句は、歌謡の文句であり、それにちなんでの、孔子の感想であるが、古

注では前の章とつづけて、やはり「権」についての議論のつづきとし、新注では、前の章と無関係な、独立の一章とする。

この歌謡は、今の「詩経」には見あたらない。いわゆる「逸詩」である。唐棣とは植物の名、和名ニワザクラ。また「偏其反而」、「室是遠而」の、而の字は、ここでは句末の無意味な助字。おなじ例は、のちの微子第十八の狂人の歌にも見える（下冊三六二頁）。

前の条とつづけない新注によって、歌謡を読めば、はじめの二行は、

にわざくらの花は、
ひらりひらりとゆれてるげな

これは、いわゆる「興」の修辞であって、歌謡のはじめに、導入部としてある、無意味なはやし言葉。あとの二行、

おまえ恋いしと思わぬでないが
なにぶん家が遠いでな

これが歌謡の意味の主部である。子曰わくからあと、孔子の言葉は、それを受けて、ひっくりかえしたのであり、遠いと思うのは、恋の心が足りぬからのこと、一生けんめい思いつめれば、家の遠さぐらいはふっとぶぞ、何の遠いことがあるものか、というのであり、それはまえの述而篇の「仁遠からんや、我れ仁を欲すれば、斯に仁至

る」（二九七頁）と同じ趣旨の言葉であるとする。また新注が、偏其反而の偏の字を、翩の字に読みかえるがよいとするのは、「晋書」の劉喬の伝にもとづく。

一方、前の章とつらねて読む古注では、歌謡の四句は、前の「権」の議論と関連するとし、偏其反而、とは偏えに其れ反せる而、であって、にわざくらの花は、ふつうの花と咲き方が反対で、さきに開いて、のちに花弁がつぼみのように合わさる。つまり権が、「常に反して然る後に善有る」のと似るために、この歌を引いたとし、歌謡の後半二行の解釈は、新注と同じだが、それをうけた孔子の言葉は、権道というものは、遠いむつかしいもののように思われるけれども、それは、未まだ之れを思わざる也、よく考えてみないからのことであって、思いつめれば、権道というものも、「何んの遠きことか之れ有らん」。

要するに前とつづけるか、つづけないかで、解釈がちがって来るのであるが、いまいずれとも定めにくく感ずる。なお、唐の陸徳明の「経典釈文」には、最後の句の夫の字を、上につけ、未まだ之れを思わざる也夫、何んの遠きことか之れ有らん、と読む読み方もあると、注意する。

また新出の鄭注は、権道についての議論とすることは、古注とおなじだが、本文を翩其反而に作るのは、朱子の新注が、この字について下した推測と合致する。その注に、「其の華は翩翩と、風に順せて返る」といい、歌謡はそれによって、「豈に爾を思わざらんや」と歌われた美女の容貌を、たとえたのだと、説明している。

郷党第十

例によってはじめの二字をとって、篇名とするが、その内容は、これまでの諸篇とちがい、孔子が、その公的な生活、また私的な生活において、礼の規定、すなわち当時の意識における文化生活の様式を、どのように遵奉し、どのように解釈演繹して行動したかを、記す。つまり孔子の実践の記録である。あるいは徂徠のように、全部が孔子の実践でなく、一般的な礼の規定として説いた部分が、むしろ多いとする学者もある。要するに他の篇が、抽象的な教訓の言葉を中心とするのに対し、ぐっと実際的な行動の記録ないしは規定である。善意は単に精神として存在せず、日常の実践にも、調和を得た表現を得なければならぬという、孔子の態度を示す。なおこの特殊な篇がここに位することは、「論語」はさいしょここまでの十篇として結集されたとする説に、論拠を与えるが、皇侃の「義疏」によれば、漢の時代の古文学派のテキスト「古論」では、学而第一の次に、すぐこの篇が郷党第二として、あったという。

孔子於郷黨、恂恂如也、似不能言者、其在宗廟朝廷、便便言、唯謹爾、

孔子、郷党に於いて、恂恂如たり。言う能わざる者に似たり。其の宗廟・朝廷に在るや、便便として言い、唯えに謹しめり。

郷といい党というのは、やかましくいえば地方組織の単位であって、五百軒の部落が「党」、また「党」が二十五よりあつまった一万二千五百軒が「郷」であると、「周礼」の「大司徒」などに見えるが、ここでは軽く、孔子が居住してその私的生活を営む地域、つまり町内というほどの意味である。孔子は当時すでに偉人と認められていたが、郷党すなわち町内の寄り合いに出ると、ちっともたかぶらず、恂恂如としていた。恂恂は、古注に王粛を引いて、「温恭の貌」、新注に「真実の貌」、また新出の鄭玄注には、「恭順の貌」という。そうして弁舌がまわらぬような者のようにさえ見えた。ところが宗廟、すなわち君主が先祖の祭りをする霊屋、そこで祭祀があるとき、君主の介添えをするのが、当時の重臣の重要な任務の一つであったが、かく宗廟のなか、また朝廷、すなわち、君主が政務を執行する場所、そうして孔子が重臣の一人として論議にあずかる場所、この二つのところでは、「便便として言う」、てきぱきと、ものをいった。且つそのてきぱきとした言語は、一面では、唯えに謹厳であり、慎重

であった。「爾」の字は句末の助字、リズムを強める。孔子は五十代の中ごろ、魯の内閣の一員であった。

朝與下大夫言、侃侃如也、與上大夫言、誾誾如也、君在、踧踖如也、與與如也、

朝にして下大夫と言う、侃侃如たり。上大夫と言う、誾誾如たり。君在ませば、踧踖如たり、与与如たり。

これは朝廷における孔子のもののいい方の、よりこまかい記録である。はじめの朝とは、群臣が朝集所にあつまったときのことである。中国の閣議は、朝はなはだ早く開かれた。「礼記」の「玉藻」篇に、「朝は色を弁じて始めて入る、君は日出でて之れを視る」とあるように、太陽がまだ出ず、ものの色がはっきりしはじめた頃に、群臣は宮中の朝集所にあつまり、君主の出御を待つ。やがて太陽がさし昇るとともに、君主が奥むきから出て臨席する。この風習は、ごく最近、清朝にいたるまで、維持されたと聞く。またされればこそこの会議を「朝」というのであるが、この条の前半、朝の字で始まる部分は、参集して、君主の出御を待つまでの間のことであると、劉宝楠の「正義」は説く。その間に家老たちは、いろいろと予備の打ちあわせをするのである

が、孔子も家老の一人として、下大夫、すなわち家老のうち下位の者と会話するときは、おだやかな言葉つき、また上大夫、すなわち家老のうち上位の者との会話は、的確を旨とした。古注に引く孔安国に、「侃侃は和楽の貌、誾誾は中正の貌」といい、新出の鄭玄注もおなじい。

次に「君在ませば」とは、やがて太陽が出て君主が出御してのちのことと、やはり劉宝楠の「正義」にいう。踧踖は、子音を同じくする類似音を二つ重ねた形容詞であって、古注に引く馬融に、「恭敬の貌」、新出の鄭玄注に「謙譲の貌」、慎重敬虔の意味である。しかしそれは自由さを失わない慎重敬虔であって、同時にまた「与与如たり」、与与は、「威儀適に中う貌」であるというのが、馬融の説、「温和の貌」というのが、新出鄭注の説。

君召使擯、色勃如也、足躩如也、揖所與立、左右手、衣前後襜如也、趨進翼如也、賓退、必復命曰、賓不顧矣、

君、召して擯たらしむれば、色勃如たり。足躩如たり。与に立つ所を揖すれば、手を左右にす。衣の前後、襜如たり。趨り進むには翼如たり。賓退けば、必ず復命して曰わく、賓顧りみずと。

孔子の時代は、いわゆる春秋列国の世であり、諸侯すなわち多くの大名の君主が、各地に分封されていたが、君主たちは、相互の友好を深めるため、君主自身、あるいはその代理としての使臣が、他の国を訪問して、相手の君主の安否をたずねるという、儀礼を行った。いわゆる聘礼（へいれい）であって、そのくわしい次第は、いまの「儀礼（ぎらい）」の「聘礼」篇に見える。訪問を受けた国では、国賓を接待するため、君主の介添として、接待の役を任命する。それが「擯（ひん）」である。孔子も魯の家老であった頃、礼儀にくわしい重臣として、しばしばこの役目をおおせつかった。それが「君召して擯たらしむ」である。接待役である擯は一人でなく、数人であるが、第一の使命は、賓客の到着に先立ち、南面した城門内の東がわに、南北に一例に並んで、賓客を待ち受ける。やがて賓客が、これまた数人の介添を引きつれて到着し、城門外の西側に、やはり南北に一列に並びおわると、賓客がまず訪問についての口上をのべる。その口上はまず客の従者の間を、上位の者から下位の者へとつたえられ、その最下位の者から、主人がわの介添である擯の最下位の者に伝達される。するとこんどは、主人がわの擯が、やはり最下位の者から上位の者へと、順順に伝達し、最後に主人側の君主へと伝達される。というのがこの儀式のはじまりであるが、「色勃如たり」以下この章の前半は、そのときの孔子の挙動である。

「色」とは「顔色」であり、「勃如」とは、緊張する形容である。古注に引く孔安国は「必ず色を変ずる也」、新出の鄭注は「矜荘の貌」。「足躩如たり」は、古注に引く包咸に、「盤辟の貌」、また新出の鄭注は「逡巡の貌」、いずれもいま一つ明瞭でないが、「義疏」に江熙を引いて「速き貌」というのによれば、擯の一人として定位置につくまでの足の運び方である。次に「与に立つ所を揖す」とは、数人の擯の中の一人として立っているわけだが、左がわ下位の擯から、言葉をうけとるとき、またそれを右がわの上位の擯に、つたえるとき、いずれも手を組み合わせておじぎをする。すなわち「揖」をする。すなわち、組み合わされた手は、まず左に向き、次に右に向くわけだから、「其の手を左右にする」。また「揖」をするには、少しく体をかがめるが、そのとき着物のまえうしろが、美しくさばかれる。それが襜如であって、皇侃の「義疏」には江熙を引き、「襜如として動く也」という。また新出の鄭注では、揖をするときは、必ず磬折、すなわち上体を四十五度ほど前にかがめるが、かがんだ時は、着物が前に垂れ、上体をおこすと、着物が後ろに垂れる。それが襜如だという。

次の「趨り進むには翼如たり」。これは儀式がさらに次の段階に進んでのちのことである。口上の伝達がすむと、主人がわの君主が、訪問を受ける場所である先祖の廟まで、賓を誘導する。そうして宗廟の門から中庭に入ると、あるじは宗廟の中庭の東側を、賓は中庭の西側を、北に向かって進み、あるじは東側の階段から、客は西側の階段から、宗廟の堂に升り、賓が厚意の伝達のしるしとして、ことづかって来た玉をあるじにわたすのであるが、「趨り進むには翼如たり」とは、かく儀式が移動する間における、孔子の歩きかたをいうとするのが、普通の説である。「趨」とは必ずしもはしりかけることではなく、鄭重な儀式の際における特殊なあるき方である。その歩き方が「翼如」とは、古注に引く孔安国は、「端好」、きちんと立派であることとし、新注の鄭注は、「股と肱を舒べ張る貌」といい、朱子の新注は、「張拱して端好なること鳥の翼を舒ぶるが如し」という。なお清の江永の「郷党図考」では、移動の際における歩きかたというような漠然たることでなく、堂上であるじの君主が、玉を受けとろうとする直前、中庭の南の方にいた擯すなわち介添が、階段の下まで進み出、君主のために、階段の下から厚意を謝することが、「儀礼」に記載されているが、そのときの様子であるとする。江永あざなは慎修は、清儒のうちでも最も篤実な学者であり、この説も傾聴に値いする。

　最後に「賓退く」云云というのは、聘礼のすべてがおわって、賓が退出するとき、最後までその車を見送るのも、介添役の擯の役目であるが、賓客の車の退出を見とどけると、きっと君主の前へ出て、鄭重に復命した、「賓顧りみず」、お客さまは万事とどこおりなく終ったのに安心し、あとをふりかえらずに立ち去られました。

入公門、鞠躬如也、如不容、立不中門、行不履閾、過位、色勃如也、足躩如也、其言似不足者、攝齊升堂、鞠躬如也、屛氣似不息者、出降一等、逞顏色、怡怡如也、沒階趨進、翼如也、復其位、踧踖如也、

公門に入るに、鞠躬如たり。容れられざるが如くす。立つに門に中せず。行くに閾を履まず。位を過ぐれば、色勃如たり、足躩如たり。其の言うこと足らざる者に似たり。斉を摂げて堂に升るに、鞠躬如たり。気を屛めて、息せざる者に似たり。出でて一等を降れば、顔色を逞べて、怡怡如たり。階を没くせば、趨り進むこと翼如たり。其の位に復れば、踧踖如たり。

この条、普通の説では、魯の朝廷に出仕したときの孔子の挙動とする。「公門に入るに、鞠躬如たり、容れられざるが如くす」。公門というのは、宮城の門である。門は何重かあったはずであるが、一番外の門を入るときからすでに、そうであったのであろう。「鞠躬」は、いまの中国語では、上半身を曲げておじぎをすることであり、朱子の新注もその意味に説いているが、ここはおそらくそうでなく、同じくkを子音とする類似音の重なりであるから、まえの踧踖と同じく、おそれつつしむかたちであろう。新出の鄭注に、「自ずから翕め斂むる貌」。かく鞠躬とおそれつつしみ、まるで大きな門に自分のからだがはいりかねるかのように、敬虔な様子であった。

「立つに門に中せず、行くに閾を履まず」。門の中央の部分は、貴い個所であって、臣下のいるべき場所ではないから、その延長線の上に立つことはなかった。また、いまの中国の門がそうであるように、門の下には、相当たかい板が、敷居としてあるが、それをまたぎ越すだけで、その上に乗らなかった。なお当時の門は、必ず南向きであった。

「位を過ぐれば、色勃如たり、足躩如たり」。「位を過ぐ」とは、古注の包咸の説に、「君の空位を過ぐる也」とあり、門の内がわに、君主がそこへ出御したときには、定まってそこに立つ地点があるが、君主がいないときでも、そこを通りすぎるときは、顔色を勃如と緊張させ、足どりを躩如ととのえて、敬意を表した。

「其の言うこと、足らざる者に似たり」。これは一般に宮中にあってのようすであろうが、その言語は、満足にものいえぬ者のように、寡黙であった。

「斉を摂げて堂に升るに、鞠躬如たり、気を屛めて息せざる者に似たり」。こんどは宮殿にのぼるときの心得である。宮殿にのぼるのには、階段をのぼらねばならぬが、そのとき裾が汚れないように、袴のまえの裾を、手でからげるのが、「斉を摂ぐ」である。そのときの様子は、やはり鞠躬如とおそれつつしみ、且つ息づかいをつめて、息をしないもののようであった。

「出でて一等を降れば、顔色を逞べて怡怡如たり。階を没くせば、趨り進むこと翼如たり」。宮殿での用事が終って、宮殿から出るときは、階段を降らねばならぬが、最初の一段をおりると、いままでの緊張した顔いろをほぐし、怡怡如と、やすらかな、はれやかな、顔色になった。また、大名の御殿の階段は、七段あったというが、その七段目をおりつくして、歩き出すときには、翼如と、正しい美しい姿勢であった。「其の位に復れば、踧踖如たり」。こうして退出の途中、はいるときにも敬意を表したところの、例の君主のいるべき地点、そこを通り過ぎるときには、ふたたび踧踖如と、敬虔な様子をした。

以上が古注以来の普通の説であり、新出の鄭玄注も大たいは同じいが、清の劉台拱は、すべて自国の朝廷におけることではなく、使者として他国の朝廷におもむいたときのことであるとする。その説ははなはだすぐれるが、いまここに説かない。くわしくは劉台拱の甥である劉宝楠の「正義」について見られたい。

執圭、鞠躬如也、如不勝、上如揖、下如授、勃如戰色、足蹜蹜如有循、享禮有容色、私覿愉愉如也、

圭を執れば、鞠躬如たり。勝えざるが如し。上ぐることは揖するが如く、下すことは授くるが如し。勃如として戦色。足は蹜蹜として循う有るが如し。享礼には容色有り。私覿には愉愉如たり。

この条は、諸注ともに、君主の使者として、他国を訪問する際の心得であるとする。朱子によれば、孔子が魯の君主の代理として、他国へ使者に立ったことは、その伝記に一度も見えぬから、これはただ、その際の心得をいったものとし、仁斎は、「論語」にこう書いてある以上、たとい伝記には見えぬにせよ、実際そうした使命をおおせつかったことが、あるにちがいないとする。徂徠はさらに、仁斎の説を、無理押しであるとする。何にしても、君主の代理として他国へ使いするときの心得である。

「圭を執れば鞠躬如たり」。圭（けい）とは、玉を 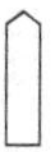 のかたちに、大きく削り上げたものであって、自国の君主の相手の君主に対する敬意のしるしとして、使者がたずさえてゆくものである。聘（へい）の礼、すなわち訪問の儀式のクライマックスは、門からみちびかれた使者が、西の階段から堂に升り、圭を手にして、東に進み出、訪問される側、すなわち主人がわの君主の手に、圭を手渡すことにあるが、執レ圭、圭を手にする、とは、その際のことをいう。そのときの使臣の様子は、鞠躬如としておそれつつしむ。「勝（た）えざるが如し」、まるでその行為に対する能力がない、つまり手に持ちきれずに、落っことしはせぬかと心配しているかと思われるほど、敬虔である。さらにいよいよ圭を、主人がわの君主に手渡すときは、一度上にさし上げたのを、下に下げて、相手に手渡すが、さし上げるときは、揖（ゆう）のおじぎをするように鄭重にし、それを下げて手わたすときには、すべてのものを正式に人に手わたしするときのように、鄭重にする。「上如レ揖、下如レ授」の六字は、難解であって、さまざまの説があるが、かりにいちおう、以上のように解しておく。「勃如戦色」とは、そのときの顔色が、極度の緊張状態にあることをいうのであって、「勃如」は、すでに二度見えたように、顔色を緊張させる形容、「戦」は戦慄の戦であって、おそれ戦(おのの)かんばかりであるというのである。また「足は蹜蹜(しゅくしゅく)として循(したご)う有るが如し」。結論から先にいえば、そのときの足の運び方は、しずしずと、すりあしである。蹜蹜(しゅくしゅく)の意味を、古注は明説せず、新注が、「足を挙ぐること促狭なり」というのは、充分な根拠を知らぬが、何にしても、やはり敬虔慎重さの形容詞であろう。「循う有るが如し」とは、古注の引く鄭玄が、「前を挙げ踵を曳きて行く」といい、新出の鄭注には、更に「圏豚(けんとん)して行く」と一句多いのによれば、いまの能舞台の上での、足の運び方である。それを「循う有るが如し」というのは、何か下にレールがあり、そのレールに密着してすべって行くようだというのであろう。なおこの句、「蹜蹜として循う有るが如し」と読みならわしているが、「蹜蹜如として循う有り」と読めぬこともなかろう。

　以上は聘礼のいちばん中心であるところの圭を、相手の君主に手わたす際のことであって、その際はかく最も緊張し、もっとも敬虔な態度なのであるが、圭をわたす儀式のあとにも、なおいくつかの儀式が、それに附随してある。まずあるのは、「享(きょう)」

という儀式である。それは自国の君主から相手の君主への、実質的な贈り物、というのは、まえの圭は、いわばただ厚意の象徴であって、儀式がすめば返還され、今度は、さらに別の玉、それから馬、獣皮、などから成る数数の土産物を、自国の君主からの実質的な贈り物として進呈する儀式が、行われる。一度外に出た使者が、もう一度中へはいりなおして、それを行うのであり、それが「享（きょう）」であるが、この段階になると、「享礼には容色有り」、緊張をやや解いて、活潑な顔色を示す。

さらにまたその次には、「私覿（してき）」といって、今度は使臣が、君主の代理としての資格でなく、使臣自身の敬意の表現として、使臣自身の土産物を、捧呈する儀式が行われる。この段階になると、緊張はさらにほぐれて、「愉愉如（ゆゆじょ）たり」、にこやかに、たのしげに、した。

君子不以紺緅飾、紅紫不以爲褻服、當暑袗絺綌、必表而出之、緇衣羔裘、素衣麑裘、黄衣狐裘、褻裘長、短右袂、必有寝衣、長一身有半、狐貉之厚以居、去喪無所不佩、非帷裳、必殺之、羔裘玄冠、不以弔、吉月必朝服而朝、齊必有明衣、布、

君子は紺緅（かんしゅう）を以（も）って飾（かざ）らず。紅紫（こうし）は以（も）って褻服（せっぷく）と為（な）さず。暑（しょ）に当（あた）っては袗（ひとえ）の絺綌（ちげき）。必（かなら）ず表（ひょう）して之（こ）れを出（い）だす。緇衣（しい）には羔裘（こうきゅう）。素衣（そい）には麑裘（げいきゅう）。黄衣（こうい）には狐裘（こきゅう）。褻裘（せっきゅう）は

長し。右の袂を短かくす。必ず寝衣有り、長け一身有半。狐貉の厚き以って居る。喪を去けば佩びざる所無し。帷裳に非ざれば、必ず之れを殺す。羔裘玄冠しては以って弔せず。吉月には必ず朝服して朝す。斉するときは必ず明衣有り、布なり。

この条は、衣服についての規定である。はじめの君子の二字は、すなわち孔子を意味し、孔子自身の服飾のきまりは以下の如くであったとする説と、一般に君子はこうすべきだと、孔子がいったのだとする説と、二通りある。

「紺緅を以って飾らず」。紺は紺いろ、緅は雀のあたまに似た色といえば、赤茶である。また「飾」とは、古注に引く孔安国の説に、領や袖の縁どりであるとする。なぜえりやそで口にこの二つの色をつかわないかといえば、紺は祭祀のときの大礼服の上衣の色である玄、緅はその袴の色である纁、すなわち赤に似るから、普通の着物のえりやそで口にしないのだというのが、近ごろ見うるようになった鄭玄の注の説。一方また、紺は斎服の色、緅は喪があけかけたときの着物の縁どりの色だから、普通の着物のふちどりとしては避けるというのが、古注に引く孔安国の説である。

「紅と紫は以って褻服と為さず」。紅も紫も、正色ではなく間色であるから、褻服、すなわち平服に、仕立てない。礼服はなおさらのことであるというのが、古注に引く王粛の説。王粛より古い鄭玄は、紅はやはり斎服の袴の色の纁にまぎらわしく、紫は斎服の上衣の色の玄にまぎらわしいから、平服につかわないとする。また鄭玄では、その他に、紺と緅とは石の染料であり、紅と紫は草の染料であるということが、この禁忌と関係しているようである。また鄭玄は「褻衣は袍襗也」と注している。何にしても褻は正式でないものをいう形容詞。ワイセツということではない。「暑に当っては」、暑い季節には、「袗の絺綌」、袗は「単也」と鄭注。絺綌とは、葛の布の着物であって、いとが細くて目のつまったのが絺、いとが太くて目のあらいのが綌である。暑さのおりからであるから、そうした涼しい着物を着てもいいが、身体がすけて見えると失礼だから、「必ず表して之を出だす」、この五字で、上にもう一枚着物を着ることとするのが、古注の孔安国の説。「表」の字だけが、上に一枚着ることをあらわし、「而出レ之」の「出」とは、戸外に出ること、つまりいえの中ではシャツ一枚でいてもいいが、外出のときは、必ず上着を着る、とするのが皇侃の「義疏」の説。そうして皇侃は、鄭玄の注にもとづくと、劉宝楠はいうが、敦煌本の鄭注は、そこのところの文章が乱れていて、よく読めない。また、上に一枚ひっかけるが、下に着た絺綌も手首のところなどに、ちょっとのぞかせる、それが「之れを出だす」だとは、徂徠の別説。

「緇衣には羔裘」。以下みな冬の装束である。緇衣すなわち黒い木綿の上着を着るときは、その下に羔、すなわち黒い小羊の、毛皮を着込む。「素衣には麑裘」、素の上着ならば、その下に麑の白い毛皮。「黄衣には狐裘」、黄な上着ならば、その下には黄色い狐の毛皮。要するに、外の上着と、中がわの毛皮の色を一致させる。なお、裘すなわち毛皮は、衣すなわち上着の下に着込むとするのが、正しいようであって、邢昺の疏のように、衣の方が中で、裘が外とするのは、よくない。

以上三つの衣と裘は、いずれも公式の服であるが、褻裘、すなわち家にいるときの、ふだんの皮ごろもは、丈を長目につくる。それが「褻裘は長し」である。そうして「右袂を短かくす」、右のそでを短くする。右手はよく使うから便利なようにと、普通説明されている。右がわのそでだけというのはおかしいとし、「右」の字はすなわち手の意味であり、右の袂を左右とも短かくするのだと見る説も、清儒にはある。

「必ず寝衣有り」。寝るときの着物とは、鄭玄の注に、「今時の臥被也」、古注に引く孔安国に、「今の被也」。つまりかけぶとんである。その「長け一身有半」といえば、身の丈一つ分と有に半分、つまり身の丈の二分の三の長さということになる。有は又とおなじ。いまの中国のかけぶとんは、日本のとちがって大へん長く、くるりと足をつつめるようになっている。私は中国滞在中、「論語」の定めは、いまもたしかに生きていると、大いに感心したものであるが、清の王引之の説はちがい、寝間着のことだとする。

「狐貉の厚き、以って居る」。普通の説は、居を、へいぜいの家居の意味にとり、狐や貉（むじな）の厚い毛皮を、ふだん着には着る。とするが、清の閻若璩（えんじゃくきょ）の「四書釈地又続」では、居は坐ることであり、厚い毛皮を、座ぶとんにすることと読む。おそらくその方がよいであろう。なお仁斎の「古義」も、閻若璩と同じく、敷き皮と見たように読めるのを、徂徠はとっつかまえ、これは居の字の意味をよく知らぬための誤解、倭人は字を識らずと、例によって仁斎への反感を爆発させているが、あにはからんや、閻若璩の説は、仁斎と合致する。

「喪を去（のぞ）けば佩（お）びざる所無し」。古代の中国の人人は、いろんなものを、帯にくくりつけて腰にさげていた。まず佩玉、それは道徳の象徴であって、さまざまのかたちの玉をつづりあわせた玉のくさりである。また実用の品としてハンカチーフ、小型のやすり、ものの結び目を解くための象牙の小楊枝、くわしくは、「礼記」の「内則」篇といって、家庭生活の掟を記した巻に見える。これらは、佩（はい）、おびものと総称され、いつも必ず腰にさげているのであるが、親の喪に服して喪服を着ている期間中は、これらをさげない。しかしさげないのは、服喪という特別な期間だけのことであって、「喪を去（のぞ）けば」、「去は除也」と、古注にいうが、喪が明ければ、「佩びざる所無し」、すべてを佩びる。

「帷裳に非ざれば、必ず之れを殺（さい）す」。この条、よくはわからない。まず裳とは、はかまであって、男子の着物は、原則として、ワンピースでなく、ツーピースであって、うち、上着が衣、はかまが裳である。ところで、はかまの仕立方は、上の腰がせばまり、下のすそが広まっていなければならぬ。つまり梯形でなければならぬが、梯形に仕立てる方法として、普通のはかまは、上の方すなわち腰の方にひだをつくることがなされた。つまり、下半身の長さに裁ったきれが、何枚か横につらねられ、はじめはずんべらぼうの行灯（あんどん）のような恰好であるのを、上の方は襞でしぼるのである。そうした仕立方のはかまは、帷裳（いしょう）と呼ばれた。帷とはカーテンの意味であって、上をひだでしぼらぬ前は、カーテンを吊りさげたような恰好だからである。

ところで、はかまにはまた別に、より略式な仕立方があった。はじめから下を広く上をせまく裁ったきれを、何枚か横に縫いつらねる方法である。「必ず之れを殺（そ）ぐ」の殺の字は、サイと発音し、この略式な仕立方により、きれを、ななめに裁つこととされる。

要するに、全体の意味は、正式の仕立方である帷裳は別として、あとのはかまは、きれを斜めに裁つということになるが、詳しくはよく分らない。また以上は、江永その他清儒の説によったのであって、清儒の説は、当時は他書に引かれた断片しか見るを得なかった鄭注にもとづいている。古注に引いた王粛の説はちがい、殺を縫い目と読み、帷裳だけは縫い目がないが、ほかの衣類はみな縫い目がある、と読んでいる。

「羔裘玄冠しては以って弔せず」。羔裘とは、前にも見えたように黒い小羊の毛皮、玄冠とは、黒いきぬをかぶせた冠である。いずれもくろい色の衣服であるが、当時の習慣として、黒は吉事の色であり、凶事の色ではないので、他家の葬式を弔問に行くときには、それらを着用しなかった。凶事の色は白であり、家族が主人のために服喪するときの喪服はすべて白であるが、弔問客の着物の色はよく分らぬ。とにかく羔裘と玄冠は、あまりにもきわ立った吉事の色であるので、遠慮すべしと、したのであろう。

「吉月には必ず朝服して朝す」。吉月とは、毎月のついたちのこと、また朝服とは、朝廷に出仕するときの制服、下の朝は動詞で、朝廷へ出仕すること。つまり毎月のついたち、孔子は必ず麻裃に威儀を正して魯のくにの朝廷に出仕したというのが、一条の意味であるが、孔子は、魯の大臣を罷免され、在野の人となったのちも、毎月のついたちには、そうしたのだと、朱子の新注にはいう。さらにまた、毎月ついたちに行わるべき礼儀、それは元来たいへん重要な礼儀であるが、それが当時、魯のくにでは、名のみのものとなっていたこと、すでに八佾篇（一一〇頁）にも見えるごとくであるので、それに対するやわらかな抗議として、孔子はそうしたのだというのは、皇侃と邢昺の説である。なお、朝服とは、普通には、玄冠すなわち黒いきぬをかぶせたかんむり、緇(くろ)いぬの衣(うわぎ)、素(しろ)い裳(はかま)、しろいくつ、のスーツをいうのであるが、古注に引く孔安国、また新出の鄭玄の注では、ここの朝服とは、より上級の服である皮弁(ひべん)、すなわち、しろい鹿のかわの烏帽子、白い布の上着、素い積のはかま、であるという。「斉するときは必ず明衣有り、布なり」。斉は斎とおなじく、祖先その他の祭りの準備として、斎戒沐浴することである。くわしく分ければ、散斉すなわちゆるやかなものいみが七日間、致斉すなわちもっとも厳格なものいみが三日間、あわせて十日間である。この期間は、たびたび風呂にはいったと思われるが、風呂から上ると、必ず身体をかわかすために、ゆかたをつかった。それが「明衣」である。それは布でつくられ、きぬ製でない。なお朱子の注では、上の「必有㆓寝衣㆒、長一身有半」は、元来この次にあり、したがってやはり、ものいみの際の掟であったのが、上の方へまぎれ込んだのだとする。

齊必變食、居必遷坐、食不厭精、膾不厭細、食饐而餲、魚餒而肉敗、不食、色惡不食、臭惡不食、失飪不食、不時不食、割不正不食、不得其醬不食、肉雖多、不使勝食氣、唯酒無量、不及亂、沽酒市脯不食、不撤薑食、不多食、

斉するときは必ず食を変じ、居は必ず坐を遷す。食は精げを厭わず。膾は細きを厭わず。食の饐して餲せる、魚の餒れて肉の敗れたる、食らわず。色悪しき、食らわず。臭の悪しき、食らわず。飪を失える、食らわず。時ならざる、食らわず。

割り目正しからざれば、食らわず。其の醤を得ざれば、食らわず。肉は多しと雖も、食の気に勝たしめず。惟だ酒は量無し。乱に及ばず。沽う酒、市う脯は、食らわず。薑を撤てずして食ろう。多く食らわず。

以下は、孔子の食生活についての記録であるが、その心づかいは、なかなか細かい。あまりにも細かいので、これは全部、ものいみをしたときの特別の状態と、新出の鄭玄の注では、はっきりいい、何晏の古注もそうであるらしい。朱子の新注はちがい、はじめの二句だけがものいみのときのことだとして、前の「斎必有明衣、布」と連ねて一章とし、「食は精を厭わず」からあとは、平常もそうであったとする。「斉するときは必ず食を変じ、居は必ず坐を遷す」。ものいみのときは、平常の食事とはちがった食事をとるのがきまりであった。より質素な食事をという意味ではない。よりととのった立派なご馳走を食べたのだと、清儒は説く。また、ものいみのときには、居り場所も、平常の坐ではなく、坐を遷した。平常の居り場所は燕寝すなわちふだんの寝室であるが、ものいみのときは正寝にいるのだと、清儒の説。徂徠はまた別の説であるが、ここには説かない。

「食は精げを厭わず、膾は細きを厭わず」。この食の字は「めし」の意味であって、シと発音し、ショクと発音しない。「精」とは精白された上等のこめである。めしはせいぜい上等を食べ、どんな上等のこめでも、いやがらない。また「膾」とは、獣肉あるいは魚肉のさしみであって、それらはせいぜい細かく切ってあるのがよいとした。生の肉を、いまの中国人は食べないが、朱子の新注に「牛羊と魚の腥を、聶ぎて切りしを膾と為す」とあり、十二世紀の宋人は、いまの中国人の如くではなかったことを、思わせる。また朱子は、上等のこめは滋養になるが、ぶあつなさしみは、衛生によくないからだと、二句の意味を説明している。なお、これより以下おしまいまで、朱子は、ふだんからそうであったとし、鄭玄は、ものいみのときだけそうだとすること、前述の如くである。つまり朱子による方が、孔子は食生活に対して、より多く神経質であったことになる。

「食の饐して餲せる、魚の餒れて肉の敗れたる、食らわず」。この食もシであり、めしである。古注に、「孔安国曰、饐餲臭味変也」とあるのを、劉宝楠が「饐臭、餲味変也」の誤倒であるとするのによれば、饐とは、めしが変なにおいのすること、「餲」とは、味が変になったことである。そうしためし、また魚のくさったの、肉のくさったのは、食べなかった。古注に「魚の敗れたるを餒と曰う」。

「色悪しき、食らわず。臭の悪しき、食らわず、飪を失える、食らわず」。飪とは、調理して煮ることであり、飪を失うとは、生にえであったり、煮すぎたもの、それも食べない。

「時ならざる、食らわず」。二説ある。あさひるばんと三度の食事以外は食べなかったというのが、古注にも引く鄭玄の説。季節はずれの食べ物は食わなかったというのが、朱子の新注の説。温室で早づくりの野菜を、紀元前の漢の時代にすでにつくっていたことは、「漢書」「循吏伝」の召信臣の条に見える。

「割(き)りめ正しからざれば食らわず」。動物のあらゆる部分を、舌や心臓まで食べたのであるが、部分部分に応じて、それぞれに切り方がある。その切り方が正しくないものは、やはりたべない。衛生に害のあるおそれがあるからである。

「其の醤を得ざれば、食らわず」。古注に引く馬融の説に、「魚の膾(さしみ)は、芥(からし)の醤(みそ)に非ずんば食らわず」。それは一例であって、食べ物に応じてそれぞれにソースがちがっていた。しかるべきソースがついていなければ、食べなかった。今の料理にたとえれば、野菜は、マヨネーズ・ソース、ないしは、フレンチ・ソースがついていなければ、食べてはいけない、ということである。

「肉は多しと雖も、食(し)の気に勝たしめず」。この句、実は難解である。食をシと読み、肉がどんなに沢山出ても、めしの分量以上に食ってはいけない、と普通解されている。しかし気の字の意味は、明説がない。また陸徳明の「釈文」が、食の字を「如(ノ)レ字(シ)」、つまりショクの音に読み、めしを意味するシの音に読まないのは、一そうその説の詳を知りがたい。

「惟だ酒は量無し、乱に及ばず」。はじめに「惟だ」というのは、まえに、肉とめしとの割合いをいったので、しかし酒については、というつもりで、「惟」というのであろう。めしのときにのむ酒については、一定の量は無い。ただ、適度であって、乱すなわち身体と精神の秩序が乱れるという程度に、達しないようにする。

「沽(か)う酒、市(か)う脯(ほしにく)は、食らわず」。市販の酒、ソーセージを食べなかった、という ち、脯の方は、うちでつくったのでなければ、何の肉が入っているか分らないからだと、皇侃の「義疏」にいう。しからばいまの市販のソーセージがもつような危険が、当時すでにあった。なお徂徠はいう、酒や乾肉は自家製をこそ用い、市販の品などはないのが、理想の社会であって、「礼記」の「王制」篇に、「衣服飲食は市に粥(う)らず」とあるのは、すなわちこの理想を示すと。

「薑(はじかみ)を撤(す)てずして食ろう」。はじかみは肉のそばにそえてある。この条の全部をものいみのときのこととする古注では、ものいみの期間には、強い刺激性のものを食べないが、はじかみだけは例外だとする。また平常の食事のこととする朱注では、はじかみの高い香気は、「神明(しんめい)に通じ穢悪(かいあく)を去る」から、のけずに食う、とする。また新発見の鄭注の説は、全く別であって、「薑食を撤(す)てず」と読み、「薑食」とは、みじんにしたはじかみをまぶした牛羊肉のソーセージとする。

「多く食らわず」。一般に食べすぎないのだという説と、上とつづけて、はじかみについてのこととし、はじかみを食べはするけれども、刺激物だから、沢山はとらない、とする説とがある。

祭於公、不宿肉、祭肉不出三日、出三日、不食之矣、

公に祭れば、肉を宿せず。祭りの肉は三日を出でず。三日を出づれば、之れを食らわず。

「公に祭る」とは、君主の先祖の祭祀を、臣下の義務として、手つだうことである。祭りがすむと、お供えの牛、羊、豚の丸煮の一部分が、お下りとして分配され、めいめい自分のうちへもってかえるのであるが、それはその日のうちに食べてしまい、夜を越させない。

次の「祭りの肉」とは、自分のうちで祭祀を行った際の、お供えの肉であって、それは「三日を出でず」、三日間以内に食べる。裏返していえば、「三日を出づれば、之れを食らわず」。

すべてお下りの肉を早く食べてしまうのは、神様のお下りの肉を、くさらせては、神に対する敬意を失するからである。

食不語、寝不言、

食ろうに語らず。寝ぬるに言わず。

「語」と「言」は、近似した言葉であるが、区別すれば、対話が語であり、ただの発音が言である。古注には、注が全くない。「寝ぬるに言わず」の方はともかくとして、「食ろうに語らず」は、そのままに読めば、食卓での会話を禁ずることになり、あまりにも厳格な教えである。徂徠は、解釈していう、ここの「語」の字も、さきの述而篇の「子不㆑語㆓怪力乱神㆒」の語と同じく（二八四頁）、「誨言也」、教訓の言葉という特殊な意味なのであって、教訓めいた言葉を、食事のときにはひかえたのだとする。

雖疏食菜羹瓜、祭必齊如也、

疏食と菜羹と瓜と雖も、祭れば必ず斉如たり。

この場合の「祭」の字は、特殊な意味であって、すべてものを食べるとき、その一部分をつまんで皿の外におき、むかしはじめてその食物を食べることを考えついた人に、敬意をささげることである。わが国の初穂を取るという風習と、相い通ずるであろう。敬虔な孔子は、いかなる食べ物に対しても、それを行った。疏食、すなわちわるいこめ、菜羹、すなわち野菜を実にしたスープ、瓜、そうした粗末な食べ物でも、初穂を取るときは、きっと、斉如と敬虔な様子で行った。古注に引く孔安国に、「斉は厳敬の貌」。

なお、疏食がわるい米であることについては、述而篇二七一頁参照。ここも蔬食となっているテキストがあり、それならば野菜のおかず。また瓜の字が、漢の頃の「魯論語」のテキストでは、「必」の字になっていたことが、陸徳明の「経典釈文」に示されており、朱子はそれを採用して、この条を「雖二疏食菜羹一必祭、必斉如也」と読んでいる。

席不正、不坐、
席正しからざれば、坐せず。

いまの中国人は椅子を用いているけれども、これは唐ごろからおこった風習であって、それまではいまの日本人のように、坐っていた。孔子のころも、無論そうであった。ただし、いまの日本とちがうところは、いまの日本では、床いたの上に、すっかりたたみが敷きつめてあるが、古代の中国では、坐る場所だけに、たたみがおかれ、坐る場所がうつるのに応じて移動した。それがすなわち「席」である。つまりわれわれの生活では、座ぶとんの役目をする。席の材料は草であることが多いが、竹のたたみもあった。拙訳「尚書正義」岩波版第四冊「顧命」篇（全集十巻）などを参照。また天子諸侯など、身分のたかい者は、三重にかさねた席に坐り、大夫と士とは、二かさねであった、などという記載もある。

　さてところで「席正しからざれば坐せず」とは、たたみの位置が、きちんとした方向に向いていなければ、坐らない、という風にも読め、しからば孔子は、非常な潔癖家であって、座ぶとんがひんまがっていると、腹を立てて、ぷいと横を向いた、という風に読まれがちであるが、そうではなく、坐る前には、たたみの位置をきちんとするのが、当時の礼儀であったため、きっと、きちんと向きを直してから坐った。そうしないうちは坐らなかったことだと、劉宝楠は説く。劉宝楠の説は、恐らく正しいであろう。したがってこの条は、「席正しからざれば坐せず」というのが、伝統的な日本の読み方であるけれども、「席は正さざれば坐せず」と読むほうが、より適当であろう。

　郷人飲酒、杖者出、斯出矣、
郷人の飲酒に、杖つく者、出づれば、斯に出づ。

「郷」とは、はじめに述べたように、一万二千五百戸を単位とする地方体をいうのが、原義であるが、ゆるめてはひろく地方の村落共同体を意味する。村の人たちは、時期をきめて、公民館で、宴会を開いた。それが「郷人の飲酒」であって、そのくわしい儀式の次第は、いまの「儀礼」の、「郷飲酒礼」篇に見える。この儀式のもつおもな意味は、有能なわかものを弁別することにあるといわれるが、また一つには、敬老会的な意味をも、もっていた。それで、宴会の儀が終り、一同が退出するとき、杖をついている老人が、退出すると、孔子はそのあとから退出し、老人に対する敬意を表した、というのである。中国の杖は、われわれのステッキのように短かくなく、いまの京劇の舞台でも見られるように、身のたけほどの杖である。杜甫、その他、唐人の詩にしばしばあらわれる杖も、そうであり、ちかく我が国では、西園寺公望が、それをついていた。「礼記」の「王制」篇には、「五十は家にて杖つき、六十は郷（むら）にて杖つき、七十は国にて杖つき、八十は朝廷にても杖つく」と、年に応じた杖のつき方を規定する。

郷人儺、朝服而立於阼階、
郷人（きょうじん）の儺（おにやらい）には、朝服（ちょうふく）して阼階（そかい）に立（た）つ。

「儺(だ)」とは、いまのわが国では、節分の儀式としてのこっている追儺(ついな)である。疫病神を追っぱらうために、村びとが、あちこちの家をまわって、それを行った。年末のほかに、旧暦の三月、十月にも行われたというが、かく「おにやらい」が村中をまわるとき、孔子は朝服、すなわち前に見えたように、宮中に出仕するときの第一公式の礼服、それを着て、わが家の先祖を祭った廟、それは古代の家のならわしとして、南を向き、その南がわの縁側の東と西に、庭から堂上にのぼる階段があったが、うち東の階段である阼階(そかい)のところに立っていた。おにやらいは、けっこうな風俗であるが、わが家の先祖の神霊まで、びっくりしてはいけないからであると、古注には説いている。新注は二説をあげる。うち、一説は古注と同じいが、もう一説として、儺の祭りは、一種の馬鹿さわぎであるが、孔子はインテリとしてそれを侮蔑せず、礼服を着て、家廟の前に立ち、そうすることによって、村びとに協力したのだとする。

問人於他邦、再拝而送之、
人(ひと)を他邦(たほう)に問(と)えば、再拝(さいはい)して之(こ)れを送(おく)る。

「人を他邦に問う」とは、他国の友人のところへ、使者を派遣することである。使者は自分より目下の者であったろうが、その出発の際には、必ず二度お辞儀をして、それを見送った。使者に対する敬意ではなく、はるかなる友人に対しての敬意であった。「拝」とは、地に跪いてする鄭重なお辞儀、「再拝」といえば、それを二度するのである。また「問」とは言葉を伝えるだけでなく、必ず手土産をもってゆかせる、それが「問」であると、清儒は注意する。

康子饋薬、拝而受之、曰、丘未達、不敢嘗、

康子、薬を饋る。拝して之れを受く。曰わく、丘未まだ達せずと。敢えて嘗めず。

康子とは、魯のくにの家老筆頭であった季康子、「饋」の字は新出の鄭注に「遺る也」とあるように、人にものを贈与することである。季康子が、薬というのは薬草であるに相違ないが、それを孔子に贈ったことがあった。孔子はそれに対し、丁寧なお辞儀をして受取りはした。しかしいった、わたしはこの薬の性質、効き目を、よく知らない、「丘未まだ達せず」。そういって嘗めて見ようとはしなかった。「丘」は孔子の実名。季康子が孔子と交渉をもったのは、まえの為政第二（八一頁）、雍也第六（二一二頁）でも触れたように、孔子晩年のことである。

廐焚、子退朝曰、傷人乎、不問馬、

廐焚けたり。子、朝より退きて曰わく、人を傷ないたり乎と。馬を問わず。

孔子は重臣であるから、馬車をひかせる馬を入れる廐を、その家にもっていた。そのうまやが、あるとき火事で焼けた。おりから孔子は、政府に出勤していたが、政府から帰って来ると、「人間に怪我はなかったか」。ただ、それだけをたずね、馬がどうなったかは、たずねなかった。

以上が普通の読み方であるが、唐の陸徳明の「経典釈文」には、「傷人乎不」までを一句にする読み方もあったと、注意する。しからば、不は「否」と同じく、すなわちまた今の中国語の「嗎」と同じく、「人を傷つけたり乎否や」と問うたのちに、馬のことをも、たずねたことになる。ただしこの読み方は、祖述者が少ない。

君賜食、必正席、先嘗之、
君、食を賜えば、必ず席を正しくして、先ず之れを嘗む。

「君食を賜えば」とは、魯の君主から孔子の宅へ、下賜のご馳走がとどくことである。そのときには必ず席の位置を正し、つまりわれわれの生活でいえば、座ぶとんの位置をきちんとした上、自分でまず毒見した。「嘗」は「なむ」と訓じているが、じつは舌でなめるだけのことではなく、食物の小部分をまずたべることである。「先ず之れを嘗む」というのは、自分がまず毒見してから、一家眷属に分け与えるのであると、古注に引く孔安国はいう。

君賜腥、必熟而薦之、君賜生、必畜之、

君腥きを賜えば、必ず熟して之れを薦む。君生けるを賜えば、必ず之れを畜う。

君主からの頂戴物が、生肉である場合は、必ずそれを熟て、家廟に祭ってあるわが家の先祖たちに薦えた。また生きた牛、豚、羊、などを頂戴したときは、必ずそれを飼育した。皇侃いう、自分の家の祭祀が行われるときまで飼育し、そのときに屠った。

侍食於君、君祭先飯、

君に侍食するに、君祭れば先ず飯す。

これは君主のディナーに陪食したときの礼儀である。「侍食」は陪食の意。「君祭れば」とは、前の四一八頁に見えた「祭」であり、食事の一部をお初穂として取り分けること。君主が、めしやおかずに手をつけようとして、まずそれをやりはじめると、孔子は、もはやめしを食いはじめた。君主のために、食物の毒見をするかたちになりうるからである。

疾、君視之、東首、加朝服、拖紳、
疾まいあるとき、君之れを視れば、東首して、朝服を加え、紳を拖く。

重臣が病気のときは、君主が見舞に来る。孔子の病気のときも、魯の君主が見舞に来たが、そのとき孔子は、東枕に寝、朝服すなわち大礼服を体の上にのせ、その上に紳を横たえて、君子の見舞を受けた。寝間着のままで会うのは失礼である。といって病中の身はきちんと礼装をととのえるわけにも行かぬ。だからそうしたのである。「紳」とは、いまの日本の婦人の丸帯のように、はばのひろい絹のおびであって、一名を大帯という。まず、大帯をしめ、その上に帯じめのような革帯をしめるのが、平時の男子の服装であった。なお細かなことであるが、東枕におかれたベッドの位置につき、古注に引く包咸が、寝室の「南の牖の下」というのは、まえの雍也第六の「伯牛疾まい有り」の条（二一五頁）から割り出してのことであろうが、新出の鄭注では、寝室の「北の墉の下」という。また東枕であるのは、東は生長の方角であるからと、これは朱子の説。

君命召、不俟駕行矣、
君命じて召せば、駕を俟たずして行く。

「駕」は、動詞。馬車を引く馬を、ちゃんと装備すること。「俟」は「まつ」である。普通の外出のときは、馬車の用意がちゃんと出来てから外へ出たが、君主のところから、自宅に呼び出しがあるときには、馬車の用意が出来ないうちに、外へ出て歩き出した。そうしてその間に用意をととのえた馬車が、あとから道で追いついた。

入大廟、毎事問、
大廟に入るに、事ごとに問う。

まえの八佾篇にも、同じ記載があった（一〇八頁）。「大廟」とは魯のくにの始祖周公をまつった賢所であり、君主の助祭者として、その神社へはいったとき、礼に精通しているはずの孔子が、慎重にも、すべてのことを質問し、そののちに行動したというのであること、彼の条と同じであり、一事重出のようであるが、皇侃は旧説として重出の理由を説き、八佾はこのことにからんで生まれた挿話を記すのが、目的であり、ここはいつもそうであるのを記すのが目的であるとする。仁斎は、皇侃「義疏」を読んでいない筈であるが、その説も、ほぼ皇侃と同じい。

朋友死、無所歸、曰、於我殯、
朋友死して、帰する所無し。曰わく、我れに於いて殯せよ。

友だちが死んで、たよるところが無い場合には、いった。うちに棺おけを置きなさい。「殯」とは「もがり」と和訓するが、中国の古代の葬礼は、いまのわれわれのそれのように、早ければ死んだ翌くる日か、せいぜいおそくて数日後、埋葬するというような、簡単なものでない。身分によってちがいがあるが、少なくとも一か月は、棺おけを座敷においておく。それが殯である。

朋友之饋、雖車馬、非祭肉、不拜、
朋友の饋りものは、車馬と雖も、祭りの肉に非ざれば、拝せず。

新出の鄭玄の注に、「朋友は財を通ずる義有り」といい、古注に引く孔安国も同じい。朋友からのおくりものは、そのいえの祭祀のお下りをとどけられたときだけは、丁寧にお辞儀をして受け取ったが、それ以外は、車をもらおうとも、馬をもらおうとも、「拝」をして謝意を表することはなかった。鄭玄の注にいう「財を通ずる」とは、財産を共有する意味である。つまり朋友という人間関係は、それほど親しい。

寝不尸、居不容、
寝ぬるに尸せず。居るに容ちつくらず。

尸とは死体である。ねるときには死体のように、あお向けに手足をのばし、大の字になっては寝なかった。縁起がわるいのでそうはせず、横向きになって少し足をかがめたと、劉宝楠は皇侃にもとづきつつ、いう。

また「居る」とは、私的にくつろいでいる場合のことである。その場合には、むつかしい顔色、様子を、しなかった。「居」の字がプライヴェイトなくつろいだ生活を意味することは、「礼記」の篇名になっている「仲尼燕居」「孔子閒居」が、その意味であることによって、立証される。また徂徠のいうごとく、「孝経」の開巻第一冒頭の句の「仲尼居る、曽子侍す」の「居」も、やはりその意味である。

なお、徂徠は、「寝不尸」についても別説を立てるが、いま従わない。また北野本が、この句を「寝ぬるにうつぶしねせず」と訓ずるのは、古注の包咸の説に、「四体を偃臥せず」とある偃の字を、そう解したのであろうが、偃とは、体をながくのばすことであって、必ずしもうつぶせではない。あおむけに寝るのも、偃臥である。もっとも「礼記」の「曲礼」には、「寝ぬるに伏す毋かれ」という語があり、これはたしかに、うつぶせにねるな、ということである。

見齊衰者、雖狎必變、見冕者與瞽者、雖褻必以貌、凶服者式之、式負版者、有盛饌、必變色而作、迅雷風烈必變、

斉衰の者を見ては、狎れたりと雖も必ず変ず。冕者と瞽者とを見ては、褻と雖も必ず貌を以ってす。凶服の者には之れに式す。負版の者に式す。盛饌有れば、必ず色を変じて作つ。迅雷風烈には必ず変ず。

「斉衰」の二字はシサイと読み、五段階に分れた喪服のうち、二番目に重い喪服であって、たとえば母の死にあった者はそれを着る。つまりこの喪服を着ている者は、深い悲しみのうちにいる者であるから、それにあったときには、「狎」すなわち親密な関係にある者であっても、きっと居ずまいを正して、同情の意を表した。また冕という第一公式の冠をかむった者にあったとき、またくらにあったときには、「褻」というのも上の「狎」と同じく、親密な関係を示すというのが古注、非公式な会見とい

うのが新注であるが、それらの場合でも、きちんとした容貌をした。

以上は、さきの子罕第九に、「子、斉衰の者と冕衣裳の者と瞽者とを見れば、之れを見て少しと雖も必ず作つ、之れを過ぐれば必ず趨る」とあるのと、同じ内容のことである（三六二頁）。日本の伝本には、はじめの句を、「子見二斉衰者一」につくるものがあり、それならば一層かの条と近い。また新出の鄭注の本文は「子見斉縗者」となっている。

次に「凶服」というのも喪服であるが、それはまえの斉衰よりも軽い喪服であり、「大功以下」、すなわち大功、小功、緦麻、この三種の喪服を着たものであると、鄭玄はいう。それらに出あった場合には、「式」という敬礼をした。「式」、それは車上でする敬礼である。当時の男子の乗る車は、立って乗るように設計されていたが、車の箱の前の枠に、較という横木があり、いつもはそれにつかまっているが、その下にもう一本、「式」とよばれる横木があり、敬意を表すべき者に出会った場合には、やや身体を前にかがめ、手は下の横木の式によりかからせる。それが「式をする」という動詞であると、皇侃の説である。

「負版の者に式す」。車の上から「式」のお辞儀をする対象としては、もう一種の人があった。「版」すなわち戸籍簿をもっている者というのが、古注以来の普通の解釈であり、朱子の新注ではその理由を、国家の人口統計は尊重すべきものであるから、と、説明しているが、必ずしも安定した解釈とは感ぜられない。喪服の一部分として、背中に縫いつけられる四角なきれで、負版と呼ばれるものが、「儀礼」「喪服」篇の注に見える。「式二負版者一」とは、やはり服喪中の者に敬意を表することであり、かつこの四字は、まえの「凶服者式レ之」の解釈として、書き加えられたものが、本文にまぎれ込んだのであろうとする徂徠の説は、大胆なようであるが、傾聴にあたいする。「盛饌」とは立派な料理である。人のご馳走になった場合、すばらしい料理が出て来ると、きっと顔色をととのえて、立ち上り、主人に敬意を表した。ただいまの中国に、この通りの風習はないようであるが、似たものはある。主人が所蔵の書物や、自作の詩文を、客に示した場合には、客は必ず立ち上って、敬意を表し、主人が辞退して、「請坐」といってから、坐って拝見するのが、礼儀である。「迅雷」は突然のはげしい雷、「風烈」は暴風、それらのときには必ず居ずまいを正した。

升車、必正立執綏、車中不内顧、不疾言、不親指、
車に升るときは、必ず正しく立ちて綏を執る。車の中にては内顧せず、疾言せず、親しく指ささず。

当時の車は、車箱の後方に入口があり、そこから乗るのであるが、車箱の台は、地上三尺三寸の高さにある。そのため車にのるときには、履石という踏み台の石、もしくは几、すなわち小さなつくえをおいて、途中の踏み台とするほかに、馭者が、車の上から、なわを下へおろして、それにすがらせた。そのなわを「綏」という。「車に升るときは、必ず正しく立ちて綏を執る」とは、このときのことであって、途中でよろめいたりなどしないように、きちんと不動の姿勢で立ってから、綏のなわを、手にした。

また車にのってしまってからは、うしろをふり向かなかった。大声でものをいわなかった。また自分自身で指ささなかった。車にのるのは、身分ある人である。それが以上のような行為をすれば、道ゆく人は、何事がおこったかと、びっくりするであろうからである。またうしろを振り向かないのは、人の不意を襲わぬようにという顧慮であったと、説かれている。

色斯擧矣、翔而後集、曰、山梁雌雉、時哉、時哉、子路共之、三嗅而作、

色みて斯に挙り、翔りて而る後に集まる。曰わく、山梁の雌雉、時なるかな、時なるかな。子路之れを共す。三たび嗅ぎて作つ。

上論最後のこの一条は、大変難解である。この郷党一篇は、これまで見て来たように、孔子の実践生活を記録して来たのに、この一条のみは、何にしても、性質のちがった記載である。そのことがまず、理解しがたいし、その内容は、一層難解である。朱子が、この一条はきっと不完全なのであろうというのは、なかなかに正直な見解である。しばらく文字だけを、解する。

まず最初の「色みて斯(ここ)に挙(あが)り、翔(かけ)りて而(しか)る後に集(とど)まる」は、鳥の振舞いをいう言葉には、ちがいない。鳥は人の顔色を見て何か危害を加えられそうであれば、すぐ飛びたつ。またその辺をとびまわって、よく偵察してから、木にとまる。「集」の字は、隹(ふるとり)の下に木が書いてあり、とりが木にとまることである。

そういう風にしている雉を、孔子が山の中で見かけた、というのが新出の鄭玄の注の説。またこの二句は、いまは伝わらない何かの詩の二句であろうというのが、徂徠の説であるが、何にしても、そうした情景そのもの、あるいはそれをいった言語に対しての、孔子の感想が、「曰わく、山梁の雌(し)雉、時なる哉、時なる哉」である。「梁」は「橋」と訓ぜられる。山の中の丸木橋にいるめすの雉よ。彼女は時節をよく知っている。時間の流れの上に起こる環境の変化に応じて、うまく自分の身を処置している。つまり鳥はうまく歴史の変化に応じうるのに、人間はそうでない。「言うこころは、山梁の雌雉は其の時を得たるに、人は其の時を得ず、故に之れを嘆ず」というのが、何晏の古注の説。新出の鄭玄の注に、「時なる哉、時なる哉とは、感じて自ずから傷むなり」というのも同趣旨である。

ところが弟子の子路は、「時なる哉、時なる哉」という先生の言葉を、飛んでもない方向に誤解した。「あれは時節の食べ物じゃ」、そういったと誤解したため、雉をつかまえて殺し、煮て先生にさしあげた。「子路之れを共す」の「共」は、「供」の字に読みかえるのが、ふつうの説である。

孔子は大へん複雑な気もちで、子路のさしだす雉の料理を受けとったが、もとより食べようとはせず、といって誤解にもとづく子路の好意をむげに退けもせず、皿の中の雉を三度嗅ぐと、そのまま起ち上った。

以上大体古注の説であり、鄭玄の説、また朱子が一まずの解釈としていうものも、同じである。朱子はまた別の説として、「子路之れを共す」の「共」は、手へんの「拱」と同じであり、手で雉をとりかこんだのだという説、また「三嗅」の「嗅」は「臭」の字の誤まりで、それは羽ばたきすること、つまり雉は子路の手をすりぬけ、三度羽ばたきしてとび立ってしまった、という説をもあげる。

要するによく分らない、謎のような章である。「論語」二十篇の前半十篇、すなわちいわゆる上論は、この謎のような章で終っている。

本書は一九九六年に朝日選書として刊行されました。

本文中に、「盲」「めくら」「狂人」といった、今日の人権意識に照らして不適切と思われる表現があります。著者が故人であること、また扱っている題材の歴史的状況を正しく理解するためにも、底本のままとしました。

論語 上

吉川幸次郎

令和2年 10月25日　初版発行
令和6年 12月15日　5版発行

発行者●山下直久

発行●株式会社KADOKAWA
〒102-8177　東京都千代田区富士見2-13-3
電話　0570-002-301（ナビダイヤル）

角川文庫 22396

印刷所●株式会社KADOKAWA
製本所●株式会社KADOKAWA

表紙画●和田三造

ISBN 978-4-04-400627-3　C0110

◆◇◇

角川文庫発刊に際して

角川源義

第二次世界大戦の敗北は、軍事力の敗北であった以上に、私たちの若い文化力の敗退であった。私たちの文化が戦争に対して如何に無力であり、単なるあだ花に過ぎなかったかを、私たちは身を以て体験し痛感した。西洋近代文化の摂取にとって、明治以後八十年の歳月は決して短かすぎたとは言えない。にもかかわらず、近代文化の伝統を確立し、自由な批判と柔軟な良識に富む文化層として自らを形成することに私たちは失敗して来た。そしてこれは、各層への文化の普及滲透を任務とする出版人の責任でもあった。

一九四五年以来、私たちは再び振出しに戻り、第一歩から踏み出すことを余儀なくされた。これは大きな不幸ではあるが、反面、これまでの混沌・未熟・歪曲の中にあった我が国の文化に秩序と確たる基礎を齎らすためには絶好の機会でもある。角川書店は、このような祖国の文化的危機にあたり、微力をも顧みず再建の礎石たるべき抱負と決意とをもって出発したが、ここに創立以来の念願を果すべく角川文庫を発刊する。これまで刊行されたあらゆる全集叢書文庫類の長所と短所とを検討し、古今東西の不朽の典籍を、良心的編集のもとに、廉価に、そして書架にふさわしい美本として、多くのひとびとに提供しようとする。しかし私たちは徒らに百科全書的な知識のジレッタントを作ることを目的とせず、あくまで祖国の文化に秩序と再建への道を示し、この文庫を角川書店の栄ある事業として、今後永久に継続発展せしめ、学芸と教養との殿堂として大成せんことを期したい。多くの読書子の愛情ある忠言と支持とによって、この希望と抱負とを完遂せしめられんことを願う。

一九四九年五月三日

角川ソフィア文庫ベストセラー

菜根譚
ビギナーズ・クラシックス 中国の古典
湯浅邦弘

「一歩を譲る」「人にやさしく己に厳しく」など、人づきあいの極意、治世に応じた生き方、人間の器の磨き方を明快に説く、処世訓の最高傑作。わかりやすい現代語訳と解説で楽しむ、初心者にやさしい入門書。

孟子
ビギナーズ・クラシックス 中国の古典
佐野大介

論語とともに四書に数えられる儒教の必読書。人の上に立つ者ほど徳を身につけなければならないとする王道主義の教えと、「五十歩百歩」「私淑」などの故事成語の宝庫をやさしい現代語訳と解説で楽しむ入門書。

大学・中庸
ビギナーズ・クラシックス 中国の古典
矢羽野隆男

国家の指導者を目指す者たちの教訓書である『大学』。人間の本性とは何かを論じ、誠実を尽くせと説く『中庸』。わかりやすい現代語訳と丁寧な解説で、今の時代に生きる中国思想の教えを学ぶ、格好の入門書。

貞観政要
ビギナーズ・クラシックス 中国の古典
湯浅邦弘

中国四千年の歴史上、最も安定した唐の時代「貞観の治」を成した名君が、上司と部下の関係や、組織運営の妙を説く。現代のビジネスリーダーにも愛読者の多い、中国の叡智を記した名著の、最も易しい入門書！

呻吟語
ビギナーズ・クラシックス 中国の古典
湯浅邦弘

皇帝は求心力を失い、官僚は腐敗、世が混乱した明代末期。朱子学と陽明学をおさめた呂新吾が30年かけて綴った人生を諭す言葉。「過ちを認める勇気」「冷静沈着の大切さ」など、現代にも役立つ思想を説く。

角川ソフィア文庫ベストセラー

ビギナーズ・クラシックス 日本の古典
うつほ物語
編／室城秀之

異国の不思議な体験や琴の伝授にかかわる奇瑞などの浪漫的要素と、源氏・藤原氏両家の皇位継承をめぐる対立を絡めながら語られる。スケールが大きく全体像が見えにくかった物語を、初めてわかりやすく説く。

ビギナーズ・クラシックス 日本の古典
和泉式部日記
和泉式部
編／川村裕子

為尊親王の死後、弟の敦道親王から和泉式部へ手紙が届き、新たな恋が始まった。恋多き女、和泉式部が秀逸な歌とともに綴った王朝女流日記の傑作。平安時代の愛の苦悩を通して古典を楽しむ恰好の入門書。

ビギナーズ・クラシックス 日本の古典
更級日記
菅原孝標女
編／川村裕子

平安時代の女性の日記。東国育ちの作者が京へ上り憧れの物語を読みふけった少女時代。結婚、夫との死別、その後の寂しい生活。ついに思いこがれた生活を手にすることのなかった一生をダイジェストで読む。

ビギナーズ・クラシックス 日本の古典
大鏡
編／武田友宏

老翁二人が若侍相手に語る、道長の栄華に至るまでの藤原氏一七六年間の歴史物語。華やかな王朝の裏の権力闘争の実態や、都人たちの興味津津の話題が満載。『枕草子』『源氏物語』への理解も深まる最適な入門書。

ビギナーズ・クラシックス 日本の古典
新古今和歌集
編／小林大輔

伝統的な歌の詞を用いて、『万葉集』『古今集』とは異なった新しい内容を表現することを目指した、画期的な第八番目の勅撰和歌集。歌人たちにより緻密に構成された約二〇〇〇首の全歌から、名歌八〇首を厳選。

角川ソフィア文庫ベストセラー

角川ソフィア文庫ベストセラー

梁塵秘抄
ビギナーズ・クラシックス 日本の古典

後白河院
編／植木朝子

平清盛や源頼朝を翻弄する一方、大の歌謡好きだった後白河院が、その面白さを後世に伝えるために編集した歌謡集。代表的な作品を選び、現代語訳して解説を付記。中世の人々を魅了した歌謡を味わう入門書。

西行 魂の旅路
ビギナーズ・クラシックス 日本の古典

編／西澤美仁

平安末期、武士の道と家族を捨て、ただひたすら和歌の道を究めるため出家の道を選んだ西行。その心の軌跡を、伝承歌も含めた和歌の数々から丁寧に読み解く。桜を愛し各地に足跡を残した大歌人の生涯に迫る！

堤中納言物語
ビギナーズ・クラシックス 日本の古典

編／坂口由美子

気味の悪い虫を好む姫君を描く「虫めづる姫君」をはじめ、今ではほとんど残っていない平安末期から鎌倉時代の一〇編を収録した短編集。滑稽な話やしみじみした話を織り交ぜながら人生の一こまを鮮やかに描く。

太平記
ビギナーズ・クラシックス 日本の古典

編／武田友宏

後醍醐天皇即位から室町幕府細川頼之管領就任まで、史上かつてない約五〇年の抗争を描く軍記物語。強烈な個性の新田・足利・楠木らの壮絶な人間ドラマが錯綜する南北朝の歴史をダイジェストでイッキ読み！

謡曲・狂言
ビギナーズ・クラシックス 日本の古典

編／網本尚子

変化に富む面白い代表作「高砂」「隅田川」「井筒」「敦盛」「鵺」「末広かり」「千切木」「蟹山伏」を取り上げ、現代語訳で紹介。中世が生んだ伝統芸能を文学として味わい、演劇としての特徴をわかりやすく解説。